westermann

Daniela Demolt, Melanie Gerner, Hans Jecht, Peter Limpke, Daniela Reinders

Alles versichert Kaufmann/Kauffrau für Versicherungen und Finanzanlagen

1. Ausbildungsjahr

Arbeitsheft

2. Auflage

Bestellnummer 10185

Die in diesem Produkt gemachten Angaben zu Unternehmen (Namen, Internet- und E-Mail-Adressen, Handelsregistereintragungen, Bankverbindungen, Steuer-, Telefon- und Faxnummern und alle weiteren Angaben) sind i. d. R. fiktiv, d. h., sie stehen in keinem Zusammenhang mit einem real existierenden Unternehmen in der dargestellten oder einer ähnlichen Form. Dies gilt auch für alle Kunden, Lieferanten und sonstigen Geschäftspartner der Unternehmen wie z. B. Kreditinstitute, Versicherungsunternehmen und andere Dienstleistungsunternehmen. Ausschließlich zum Zwecke der Authentizität werden die Namen real existierender Unternehmen und z. B. im Fall von Kreditinstituten auch deren IBANs und BICs verwendet.

Zusatzmaterialien zu „Alles versichert - Kaufmann/Kauffrau für Versicherungen und Finanzanlagen, 1. Ausbildungsjahr – Arbeitsheft"

Für Lehrerinnen und Lehrer:

Lösungen zum Arbeitsheft: 978-3-427-10191-8
Lösungen zum Arbeitsheft Download: 978-3-427-10188-8

BiBox Einzellizenz für Lehrer/-innen (Dauerlizenz)
BiBox Klassenlizenz Premium für Lehrer/-innen und bis zu 35 Schüler/-innen (1 Schuljahr)
BiBox Kollegiumslizenz für Lehrer/-innen (Dauerlizenz)
BiBox Kollegiumslizenz für Lehrer/-innen (1 Schuljahr)

Für Schülerinnen und Schüler:

Arbeitsheft: 978-3-427-10185-7

BiBox Einzellizenz für Schüler/-innen (1 Schuljahr)
BiBox Einzellizenz für Schüler/-innen (4 Schuljahre)
BiBox Klassensatz PrintPlus (1 Schuljahr)

Dieses Werk bezieht sich auf:
Proximus 5 Privatkunden
München: Berufsbildungswerk der Deutschen Versicherungswirtschaft (BWV) e. V., [2022], Auflage 2022

Das vollständige Bedingungswerk Proximus 5 kann im BWV-Shop unter https://bwv.hcteam.de/proximus bezogen werden.

Die Seiten dieses Arbeitshefts bestehen zu 100 % aus Altpapier.

Damit tragen wir dazu bei, dass Wald geschützt wird, Ressourcen geschont werden und der Einsatz von Chemikalien reduziert wird. Die Produktion eines Klassensatzes unserer Arbeitshefte aus reinem Altpapier spart durchschnittlich 12 Kilogramm Holz und 178 Liter Wasser, sie vermeidet 7 Kilogramm Abfall und reduziert den Ausstoß von Kohlendioxid im Vergleich zu einem Klassensatz aus Frischfaserpapier. Unser Recyclingpapier ist nach den Richtlinien des Blauen Engels zertifiziert.

Druck und Bindung: Westermann Druck GmbH, Georg-Westermann-Allee 66, 38104 Braunschweig

ISBN 978-3-427-**10185**-7

Vorwort

Der Unterricht in der Berufsschule soll die Schülerinnen und Schüler zur Mitgestaltung ihrer Berufs- und Arbeitswelt befähigen. Um diesem Anspruch gerecht zu werden, muss im schulischen Handeln von beruflichen Handlungssituationen ausgegangen werden. Dies sind relevante berufstypische Aufgabenstellungen und Handlungsabläufe, die die Auszubildenden in ihrem späteren Berufsleben antreffen werden.

Im Unterricht wird daher die Arbeit mit entsprechend strukturierten Lernsituationen erforderlich. Sie konkretisieren die Lernfelder in Form von komplexen Lehr- und Lernarrangements. Dies geschieht durch didaktische Reflexion von beruflichen Handlungssituationen.

Für das vorliegende Arbeitsheft wurden Handlungssituationen zum 1. Ausbildungsjahr des Ausbildungsberufes Kaufmann/-frau für Versicherungen und Finanzanlagen konzipiert, die auf die Durchführung eines handlungsorientierten Unterrichts ausgerichtet sind. Für den optimalen Einsatz dieses Werkes wird das Lehrbuch „Alles versichert - Kaufmann/-frau für Versicherungen und Finanzanlagen, 1. Ausbildungsjahr" (ISBN 978-3-427-10182-6) empfohlen. Die Gliederung dieses Arbeitshefts ist generell an das Lehrbuch angelehnt, allerdings werden aus methodischen und didaktischen Gründen einige Kapitel zusammengefasst oder an passender Stelle nachgeholt.

Als Ausgangspunkt haben wir Situationen konzipiert, die für die Berufsausübung in der Versicherungsbranche bedeutsam sind. Daraus ergeben sich Handlungen, die gedanklich nachvollzogen oder möglichst selbst ausgeführt werden müssen **(Lernen durch Handeln)**. Der Unterrichtsverlauf und die Lerninhalte sind an die Struktur der jeweiligen Handlungssituation angelehnt. Die Schülerinnen und Schüler sollen zunächst ihr weiteres Vorgehen bei der Bearbeitung selbstständig planen, bevor sie die erforderlichen Handlungen aufgrund der eigenen Planung ebenfalls in eigener Verantwortung durchführen und kontrollieren – soweit dies aufgrund der jeweiligen Klassensituation möglich ist.

Bei der Konzipierung der Lernsituationen wurde Wert daraufgelegt, dass darin eine Problemstellung (Handlungssituation) enthalten ist, die einen klaren Bezug zu einer oder mehreren typischen beruflichen Handlungssituation(en) aufweist. Wir haben darauf geachtet, dass die Handlungsaufgaben, die zur Problemlösung bearbeitet werden sollen, eine ausreichend hohe, aber nicht überfordernde Komplexität aufweisen.

Zur Problemlösung müssen mithilfe des Lehrbuches zunächst theoretische Lerninhalte erarbeitet werden. Die darauf aufbauende Problemlösung führt zu einem Handlungsprodukt. Dies ist das geistige oder materielle Ergebnis des Unterrichts. Daran kann der Erfolg des individuellen Lösungsweges gemessen werden. Es kann Folgendes kontrolliert werden:

- Ist die anfängliche Problemstellung erfolgreich gelöst worden?
- Welche Fehler (z. B. Informationsdefizite) waren die Ursachen für ein unzureichendes Handlungsprodukt?

Nach Durcharbeiten der Lernsituationen sollte Zeit für Übungs-, Anwendungs- und Transferphasen eingeplant werden, in denen das neu erworbene Wissen reorganisiert und gesichert werden kann. Im Rahmen der Anwendungs- und Vertiefungsaufgaben zu vielen Handlungssituationen haben wir derartige Übungs- und Wiederholungsaufgaben konzipiert. Darüber hinaus werden in den Anwendungs- und Vertiefungsaufgaben auch Inhalte bearbeitet, die aufgrund der Wahrung des Handlungsstrangs der Lernsituation nicht im Rahmen der Handlungsaufgaben bearbeitet werden konnten.

Hinweise zur Bearbeitung der Aufgaben

Für die Aufgabenbearbeitung ist es wichtig, dass die Aufgabenstellungen möglichst ausführlich beantwortet werden.

Das Wort „Prüfen" bei Aufgabenstellungen bedeutet in diesem Zusammenhang, dass die Antworten fachgerecht und begründet sein müssen. Die Antworten sollten zudem so aufgeschrieben werden, dass jeder Laie diese verstehen kann.

Für Verbesserungsvorschläge und Anregungen sind Verlag und Autoren stets dankbar.

Sommer 2024 — Die Verfasserinnen und Verfasser

Inhalt

Lernfeld 1

Die eigene Rolle im Betrieb und Arbeitsleben mitgestalten

Zielbeschreibung:

Sie verfügen über die Kompetenz, Ihre Rolle als Auszubildende, als Mitarbeiterinnen und Mitarbeiter und Ihre eigene Stellung im Arbeitsleben selbstverantwortlich wahrzunehmen und mitzugestalten.

1

Es folgen die Inhalte des Rahmenlehrplans für Lernfeld 1:

Die eigene Rolle im Betrieb und Arbeitsleben mitgestalten

Die Schülerinnen und Schüler orientieren sich, in der für sie neuen Lebenssituation, in ihrem Betrieb. Dazu **analysieren** sie unter Verwendung einschlägiger Gesetzestexte ihre Rechte und Pflichten im dualen System der Berufsausbildung *(Berufsbildungsgesetz, Ausbildungsordnung, Ausbildungsvertrag, Jugendarbeitsschutzgesetz*) und setzen sich mit ihren Mitbestimmungsrechten durch die Jugend- und Auszubildendenvertretung *(Betriebsverfassungsgesetz)* auseinander. Dabei artikulieren sie ihre Interessen sachlich und sprachlich angemessen und vertreten gegenüber anderen überzeugend ihre Meinung.

Die Schülerinnen und Schüler **planen** ihre berufliche Tätigkeit. Hierzu informieren Sie sich über wichtige arbeitsvertragliche Regelungen *(Inhalt, Abschluss, Kündigung eines Arbeitsvertrages)*, über Schutzvorschriften für Arbeitnehmer und Arbeitnehmerinnen *(Kündigungsschutz, Arbeitszeit, Urlaub, Mutterschutz, Elternzeit, Elterngeld, Schwerbehinderung)*, über Betriebsvereinbarungen und über das geltende Tarifrecht. Sie überprüfen mittels digitaler Medien die Positionen der eigenen Entgeltabrechnung. Sie bewerten und reflektieren Beurteilungen und Arbeitszeugnisse.

Die Schülerinnen und Schüler nehmen eine aktive Rolle im Betrieb ein, berücksichtigen dabei gesellschaftliche, ökologische und ökonomische Anforderungen und leiten daraus eigene Wertvorstellungen ab. Sie erläutern die Notwendigkeit des lebenslangen Lernens für sich und zeigen wachsende Anforderungen des gesellschaftlichen und technologischen Wandels auf. Sie **beschreiben** Möglichkeiten der beruflichen Fort- und Weiterbildung.

Die Schülerinnen und Schüler bereiten auch im Team Präsentationen ihrer Arbeitsergebnisse vor und wählen zwischen analogen und digitalen Medien aus, **präsentieren** strukturiert und adressatengerecht. Dabei beachten sie die Vorschriften zum Datenschutz in Bezug auf betriebliche Daten und des Urheberrechts.

Die Schülerinnen und Schüler **beurteilen** das eigene Verhalten selbstkritisch und nehmen konstruktives Feedback an. Sie reflektieren eigene Arbeitsprozesse und formulieren Konsequenzen für ihre persönliche Arbeitswelt.

1 Die Orientierung im neuen Unternehmen

Handlungssituation

Carolin Saager

Shirin Gül

Jakub Novak

Am ersten Tag in der Berufsschule. Morgens treffen sich die neuen Auszubildenden vor dem Klassenzimmer.

Jakub Nowak:
„Morgen! Ich bin der Jakub!"

Carolin Saager:
„Hallo! Ich bin die Carolin ...

Tamara Nestmann:
... und ich bin die Tamara!"

Shirin Gül:
„... und ich heiße Shirin. Sag mal Jakub, warst du nicht auch auf der Freiherr-von-Stein-Schule vorher?"

Jakub Nowak:
„Ja, ich war zuletzt in der 10c. Dann kenn ich ja jetzt wenigstens schon einmal jemanden. Ansonsten ist hier alles ziemlich neu, groß und unübersichtlich. Ich muss mich hier überhaupt erst einmal orientieren."

Informationen zum Lösen der Handlungsaufgaben finden Sie im Lehrbuch „Alles versichert – Kaufmann/Kauffrau für Versicherungen und Finanzanlagen, 1. Ausbildungsjahr", in Lernfeld 1 Kapitel 1.

Handlungsaufgaben

1. Vor welchem Problem stehen die neuen Auszubildenden?

____

____

____

____

2. Welches Ziel sollten die ausbildenden Unternehmen verfolgen, damit das Problem gelöst werden kann?

____

3. Aus welchen Informationen können die neuen Auszubildenden Informationen zur schnellen Orientierung in ihrem Unternehmen gewinnen?

____

____

____

____

____

____

____

4. **Um z. B. Geschäftspartnern einen Überblick über Ihr Ausbildungsunternehmen geben zu können, benötigen Sie wichtige Informationen über Ihren Betrieb. Diese werden in einem Unternehmensprofil zusammengefasst. Erstellen Sie ein Unternehmensprofil Ihres Ausbildungsbetriebs, indem Sie die Tabelle ergänzen.**

Unternehmensprofil für meinen Ausbildungsbetrieb ...	
Branche	
Produkte und Leistungen	
Rechtsform	
Standort(e)	
Anzahl der Mitarbeiter	
Anzahl der Auszubildenden	
Anzahl der Kunden	
Jahresumsatz	
Besonderheiten	

5. Bereiten Sie ein Referat für die Präsentation Ihrer Ergebnisse aus Aufgabe 4 vor. Beachten Sie bei der Vorbereitung folgende Dinge:

- Denken Sie bei der Vorbereitung an Ihre Zuhörenden. Ein Referat kann für das Publikum schnell langweilig werden.
- Wählen Sie für das Referat interessante Aspekte aus Ihrem Unternehmen, damit das Publikum Ihnen zuhören möchte.
- Erstellen Sie ein Plakat mit den Ergebnissen aus Aufgabe 4. Dieses Plakat beziehen Sie in Ihre Präsentation ein.
- Wenn Sie es für notwendig erachten, erstellen Sie sich Moderationskarten zu den einzelnen Punkten auf dem Plakat. Schöner ist es natürlich, wenn Sie das Referat halten, ohne Moderationskarten zu verwenden. Moderationskarten führen schnell dazu, dass die Inhalte abgelesen werden.
- Beschriftung von Moderationskarten:
  Notieren Sie sich das Schlagwort Ihres Referats/Plakats auf der Moderationskarte. Schreiben Sie sich in Stichpunkten die Erklärungen zu dem Schlagwort, die Sie im Rahmen Ihrer Präsentation geben wollen, auf die Karte. Schreiben Sie keine ganzen Sätze auf, da diese zum Ablesen führen. Ein Vorteil von Moderationskarten ist, dass sie während der Präsentation Ihre Hände binden. Oft wissen Präsentierende nicht, wohin sie mit ihren Händen sollen. Sie werden dann häufig in die Tasche gesteckt. Dies sollte niemals passieren.

Vertiefungs- und Anwendungsaufgaben

Sie haben den Beruf Kaufmann/Kauffrau für Versicherungen und Finanzanlagen gewählt. Um sich Ihre Entscheidung nochmals bewusst zu machen, beantworten Sie bitte die folgenden Fragen.

a) Warum haben Sie eine Ausbildung in diesem Beruf gewählt?

____

____

____

____

b) Welche Klischees sind manchmal noch für den Beruf zu beobachten, für den Sie gerade ausgebildet werden?

____

____

____

c) Wie sieht das Berufsbild heute tatsächlich aus?

____

____

____

2 Handlungskompetenzen am Arbeitsplatz

Handlungssituation

Zu Beginn des ersten Auszubildendenseminars der Proximus Versicherungsagentur begrüßt die Ausbildungsleiterin Julia Fischer die neuen Auszubildenden. In ihrer Rede geht sie auch auf die sich verändernde Wirtschaft und die damit verbundenen Auswirkungen ein.

Julia Fischer:

„... Die Wirtschaft unterlag in den vergangenen Jahren zahlreichen, zum Teil gewaltigen Veränderungsprozessen. Das hat unterschiedliche Gründe, zum Beispiel eine fortschreitende Globalisierung. Insgesamt nimmt der Wettbewerbsdruck auf unseren Märkten stark zu. Es kommt zu Preiskämpfen. Innovationen lösen traditionelle Produkte ab. Die Kundinnen und Kunden werden ebenfalls immer anspruchsvoller. Sie sind zunehmend kritisch gegenüber dem Preis-Leistungs-Verhältnis von Produkten. Die Treue zu bisherigen Geschäftspartnern nimmt stetig ab. Die Märkte werden also unübersichtlicher und schwieriger.

Damit ein Unternehmen wie unseres auf einem solchen Markt bestehen kann, brauchen wir Mitarbeitende, die über ein Qualifikationsprofil verfügen, das den neuen Umständen angepasst ist. Deshalb ist es für uns als Unternehmen – aber erst recht für Sie als Arbeitnehmerinnen und Arbeitnehmer – wichtig, dass Sie über möglichst viele Schlüsselqualifikationen verfügen.

Liebe neue Auszubildende, Schlüsselqualifikationen ermöglichen Ihnen eine umfassende Handlungsfähigkeit in Ihrem zukünftigen Beruf. Um die Arbeit in Ihrem späteren Berufsleben selbstständig planen, ausführen und kontrollieren zu können, sollten Sie also bereits in der Berufsausbildung die Möglichkeit nutzen, neben der selbstverständlichen Fachkompetenz auch Methoden- und Sozialkompetenz zu erwerben. Sie sollten sich also mit den wichtigsten Lern-, Arbeits-, Gesprächs- und Kooperationstechniken vertraut machen. Das wird Sie in die Lage versetzen, an die komplexen Arbeitsaufgaben, die in Ihrer beruflichen Zukunft auf Sie warten, routiniert und kompetent heranzugehen ...“

In der Pause stehen Carolin Saager, Jakub Nowak und Tamara Nestmann zusammen.

Tamara Nestmann:

„Ich konnte dem eigentlich nicht so recht folgen, was Frau Fischer da gesagt hat. Wie bisher in der Schule sind möglichst viele Fakten wichtig ... und dass man sie auswendig kann. Das wird auch so an den Arbeitsplätzen gelten.

Ich befürchte, statt dass mir die Fakten durch Lehrerinnen und Lehrer und Ausbildungsleitung vorgestellt werden, soll ich sie mir womöglich noch selbst erarbeiten. Und das sollen wir dann wahrscheinlich auch noch in Gruppen machen. Bisher konnte ich immer alleine am besten arbeiten. Tja, und am Schluss muss man vorne auch noch rumhampeln. Präsentation wird das ja immer genannt. Warum sollen wir das denn machen? Und dann wird man darüber auch benotet. Dabei weiß ich ja am besten, wie gut ich da bin ...“

Carolin Saager:

„Ich glaube, du hast die neue Situation in der Wirtschaft noch nicht erkannt. Also, dazu muss ich mal Folgendes sagen ...“

Vier Wochen später haben die Auszubildenden auf dem Auszubildendenseminar den Auftrag erhalten, zu verschiedenen Themen Referate zu erstellen. Carolin Saager und Jakub Nowak entscheiden sich, die ihnen zugeteilten Themen zu zweit zu bearbeiten und anschließend zu präsentieren. Tamara Nestmann dagegen lehnt den Vorschlag einer anderen Auszubildenden ab, mit ihr zusammenzuarbeiten.

Heute, auf dem zweiten Auszubildendenseminar, hält sie 70 Minuten lang ihren Vortrag. Obwohl sie 26 Seiten handschriftliche Aufzeichnungen hat, liest sie den Text von ihrer 52 Folien umfassenden PowerPoint-Präsentation ab. Sie schaut dabei lieber auf den Computer als die Zuschauenden an. Diese würden sie nur nervös machen.

Tamara Nestmann:

„Ich soll jetzt einen Vortrag über Kompetenzen halten. Zu den Schlüsselqualifikationen eines Unternehmers gehören ...

...

Tamara Nestmann *(69 Minuten später):*

Damit habe ich alles über die Schlüsselqualifikation Konfliktfähigkeit gesagt. Das war es!“

Informationen zum Lösen der Handlungsaufgaben finden Sie im Lehrbuch „Alles versichert – Kaufmann/Kauffrau für Versicherungen und Finanzanlagen, 1. Ausbildungsjahr“, in Lernfeld 1 Kapitel 2.

1. **Führen Sie auf, vor welchen Herausforderungen die Proximus Versicherungsagentur und die Auszubildenden stehen.**

2. **Geben Sie an, wie die Versicherungsagentur und die Auszubildenden diese Herausforderungen angehen können.**

3. **Erläutern Sie die Bedeutung von Schlüsselqualifikationen.**

4. **Nennen Sie Ursachen für die zunehmende Bedeutung von Schlüsselqualifikationen.**

5. Unterscheiden Sie fünf Bereiche der Schlüsselqualifikationen. Bringen Sie jeweils fünf Einzelqualifikationen für jeden Bereich.

Schlüsselqualifikationen					
Dimension					
Zielbereich					
Einzelqualifikation					

6. Beurteilen Sie die Schlüsselqualifikationen von Tamara Nestmann.

7. **Beurteilen Sie den Vortrag von Tamara Nestmann.**

8. **Erstellen Sie eine Liste mit Gesichtspunkten, die für Sie in einer Präsentation oder einem Vortrag wichtig sind.**

9. **Erstellen Sie einen Feedbackbogen für Präsentationen, durch den Präsentierende eine möglichst gute Rückmeldung zu ihren Präsentationen erhalten.**

10. Geben Sie an, warum Feedback für Präsentierende wichtig ist.

11. Welche Regeln gelten bei der Gruppenarbeit?

12. Wozu dienen Mindmaps?

13. Aus welchen Teilen besteht eine Präsentation?

14. Welche Vorteile hat eine Kartenabfrage?

15. Erläutern Sie das aktive Lesen.

16. **Erläutern Sie den Ablauf eines Rollenspiels.**

17. **Die Lösung dieser Aufgabe soll in Gruppenarbeit erfolgen. Bilden Sie deshalb in Ihrer Klasse eine angemessene Anzahl von Arbeitsgruppen.**

a) **Bereiten Sie sich in Ihrer Gruppe darauf vor, ein kurzes Referat zu einer in diesem Kapitel aufgeführten Methode zu halten. Versuchen Sie dabei, auch andere Informationsquellen zu nutzen, z. B. aus der Schulbücherei oder aus dem Internet.**

b) **Versuchen Sie Ihr Referat unter Zuhilfenahme verschiedener Medien zu visualisieren.**

c) **Halten Sie Ihr Referat unter Beachtung der Regeln für eine Präsentation.**

18. **Führen Sie ein Brainstorming durch. Wenden Sie dabei die Kopfstandmethode an. Die Problemstellung lautet: „Was muss ich tun, um bei einer Bewerbung erfolgreich zu sein?"**

19. Führen Sie eine Pro-Kontra-Diskussion als Rollenspiel durch. Diskutiert werden soll über die „Ausweitung der Geschäftszeiten".

3 Sozialkompetenz in bestimmten beruflichen Situationen

Handlungssituation

Die Ausbildungsleiterin Julia Fischer möchte allen neuen Auszubildenden nach den ersten vier Wochen ihrer Ausbildung in einem persönlichen Gespräch ein erstes Feedback aus Sicht des ausbildenden Unternehmens zu Auftreten und Leistungen geben. Bis auf eine Auszubildende beurteilt sie alle Auszubildenden bisher positiv. Bei Tamara Nestmann wurden dagegen eklatante Mängel beobachtet und gemeldet.

Tamara Nestmann ist einige Mal zu spät zur Arbeit gekommen. Auch die Berufsschule hat schon Fehlzeiten angemahnt.

Tamara Nestmann ist momentan im Außendienst eingesetzt und betreut dort mit einer ihr zur Seite gestellten Kollegin verschiedene Kundengruppen. Seit zwei Wochen hat sie vier neue Piercings, ihre Haare sind pink gefärbt und sie trägt jeden Tag eine verblichene Jeans mit Löchern. In der Betriebsordnung der Proximus Versicherungsagentur steht u.a., dass die Mitarbeiter „sich gegenüber Kunden seriös" präsentieren sollen.

Tamara Nestmann hatte vor einer Woche einen Arbeitsauftrag bekommen, den sie bis gestern für die Abteilungsleitung erledigen sollte. Diese fragt heute höflich nach, wann denn mit der Erledigung zu rechnen sei. Tamara Nestmann reagiert unwirsch.

Seit Tagen schlägt sich Tamara Nestmann mit der Bearbeitung dieses Arbeitsauftrags herum. Sie kommt einfach nicht weiter. Ihre Vorgesetzten oder Kollegen/Kolleginnen möchte sie nicht um Rat fragen. Sie glaubt, dass diese dann denken würden, sie sei ihren Aufgaben nicht gewachsen.

Jakub Nowak möchte Tamara Nestmann um ein Gespräch unter vier Augen bitten. Auf dem Azubi-Seminar war er mit ihr in einer Arbeitsgruppe. Er störte sich an ihrem Verhalten. Dies führte nach seiner Meinung dazu, dass keine optimalen Ergebnisse abgeliefert wurden. Er hat den Satz noch nicht mal beendet, da schreit Tamara Nestmann schon: „Deine Meinung interessiert mich überhaupt nicht!", und zieht von dannen.

Informationen zum Lösen der Handlungsaufgaben finden Sie im Lehrbuch „Alles versichert – Kaufmann/Kauffrau für Versicherungen und Finanzanlagen, 1. Ausbildungsjahr", in Lernfeld 1 Kapitel 3.

Handlungsaufgaben

1. Führen Sie auf, vor welchen Problemen

a) Tamara Nestmann,

b) die Ausbildungsleiterin Julia Fischer

stehen.

2. **Machen Sie Vorschläge, wie Julia Fischer und Tamara Nestmann bei der Problemlösung vorgehen können.**

3. **Erläutern Sie den Begriff Sozialkompetenz.**

4. **Geben Sie an, warum die Sozialkompetenz von Unternehmen als immer bedeutender eingeschätzt wird.**

5. **Geben Sie drei Fertigkeiten an, die zur Sozialkompetenz gehören.**

	Fähigkeit, sich mit anderen effektiv und konstruktiv zu verständigen
	Fähigkeit, wirkungsvoll mit Kollegen/-innen und Vorgesetzten, mit Kunden und Lieferanten zusammenzuarbeiten
	Fähigkeit, sich mit anderen fair, sachlich, strukturiert und lösungsorientiert auseinandersetzen zu können

6. Zwischen Tamara Nestmann und vielen anderen gibt es Spannungen und Auseinandersetzungen. Da solche Konflikte negative Auswirkungen haben, überlegt sich Frau Fischer die Vorgehensweise in solchen Konfliktfällen.

a) Führen Sie negative Auswirkungen von Konflikten auf.

____

____

____

____

____

____

b) Geben Sie an, in welchen vier Schritten Frau Fischer in diesem Konfliktfall vorgehen kann.

	Erkennen des Konflikts Erkennen der Eskalationsstufe Erkennen der Parteien
	offenes Angehen des Konflikts geregelte Austragung
	Anstreben einer kooperativen Problemlösung
	Einhaltung der Vereinbarungen Lerneffekt

7. Frau Fischer bereitet das Konfliktgespräch vor. Sie möchte einzelne Fälle aufgreifen und diese mit Tamara Nestmann besprechen.

a) Als Erstes thematisiert Frau Fischer die Situation, dass auf die höfliche Frage der Abteilungsleitung, wann denn eine Aufgabe erledigt sei, unhöflich und unwirsch reagiert wird. Sie möchte Tamara Nestmann klarmachen, dass die Frage der Abteilungsleitung auch anders verstanden werden konnte.

Führen Sie die vier Ebenen des 4-Ohren-Modells von Schulz von Thun auf. Beschreiben Sie diese vier Ebenen kurz. Erläutern Sie, wie die Anfrage der Abteilungsleitung jeweils verstanden werden könnte.

Ebene	Erläuterung	Botschaft

Ebene	Erläuterung	Botschaft

b) **Erläutern Sie, warum es zu dem Konflikt zwischen Tamara Nestmann und der Abteilungsleitung kommen konnte.**

____

____

____

c) **Auch auf die anderen Fälle möchte Frau Fischer eingehen.**
Beurteilen Sie die jeweilige Situation und machen Sie Vorschläge zur Konfliktlösung.

Situation	Beurteilung	Vorschlag für eine eventuelle Konfliktlösung
Tamara Nestmann ist einige Male zu spät zur Arbeit gekommen. Auch die Berufsschule hat schon Fehlzeiten angemahnt.		
Tamara Nestmann ist momentan im Außendienst eingesetzt und betreut dort mit einer ihr zur Seite gestellten Kollegin verschiedene Kundengruppen. Seit zwei Wochen hat sie vier neue Piercings, ihre Haare sind pink gefärbt und sie trägt jeden Tag eine verblichene Jeans mit Löchern. In der Betriebsordnung der Proximus Versicherungsagentur steht u. a., dass die Mitarbeiter „sich gegenüber Kunden seriös" präsentieren sollen.		
Tamara Nestmann sollte seit einer Woche bis gestern einen Arbeitsauftrag für die Abteilungsleitung erledigen. Diese fragt heute höflich nach, wann denn mit der Erledigung zu rechnen sei. Tamara Nestmann reagiert unwirsch.		

Situation	Beurteilung	Vorschlag für eine eventuelle Konfliktlösung
Seit Tagen schlägt sich Tamara Nestmann mit der Bearbeitung dieses Arbeitsauftrags herum. Sie kommt einfach nicht weiter. Ihre Kollegen/-innen und ihre Mitarbeiter/-innen möchte sie nicht um Rat fragen. Sie glaubt, dass diese dann denken würden, sie sei ihren Aufgaben nicht gewachsen.		
Jakub Nowak möchte Tamara Nestmann um ein Gespräch unter vier Augen bitten. Auf dem Azubi-Seminar war er mit ihr in einer Arbeitsgruppe. Er störte sich an ihrem Verhalten, dass nach seiner Meinung dazu führte, dass keine optimalen Ergebnisse abgeliefert wurden. Er hat den Satz noch nicht mal beendet, da schreit Tamara Nestmann schon: „Deine Meinung interessiert mich überhaupt nicht“, und zieht von dannen.		

Vertiefungs- und Anwendungsaufgaben

1. **Sie arbeiten mit anderen in einem Team zusammen. Dabei machen Sie einen aus Ihrer Sicht vernünftigen Vorschlag, wie bei der Arbeit weiter vorgegangen werden könnte.**
Ein anderes Teammitglied sagt: *„Wir haben das aber bisher immer anders gemacht.“*
Geben Sie an, wie diese Mitteilung auf den vier Ebenen der Kommunikation verstanden werden könnte.

Ebene	Botschaft
Sachebene	
Beziehungsebene	
Appellebene	
Selbstoffenbarungsebene	

2. **Führen Sie Einflussgrößen auf, die eine positive Teamentwicklung begünstigen.**

4 Rechte und Pflichten in der Berufsausbildung

Handlungssituation

Die 18-jährige Carolin Saager und der 16-jährige Martin Klages haben im August dieses Jahres ihre Ausbildung begonnen.

Carolin Saager ist zurzeit im Außendienst eingesetzt. Sie arbeitet dort am Montag, Dienstag und Donnerstag von 09:30 Uhr bis 12:00 Uhr und von 13:00 Uhr bis 19:00 Uhr, am Mittwoch von 16:00 Uhr bis 19:00 Uhr und am Freitag von 13:30 Uhr bis 19:00 Uhr. Sie besucht die Berufsschule am Mittwoch von 07:45 Uhr bis 14:30 Uhr und am Freitag von 07:45 Uhr bis 11:00 Uhr. Am Samstag hat sie frei.

Martin Klages ist momentan im Innendienst tätig. Er arbeitet dort am Montag, Dienstag und Donnerstag von 09:30 Uhr bis 12:00 Uhr und von 13:00 Uhr bis 18:00 Uhr, am Freitag von 13:30 Uhr bis 18:00 Uhr und am Samstag von 13:00 Uhr bis 17:00 Uhr. Ebenso wie Carolin Saager besucht er die Berufsschule am Mittwoch von 07:45 Uhr bis 14:30 Uhr und am Freitag von 07:45 Uhr bis 11:00 Uhr.

Sowohl Carolin Saager als auch Martin Klages sind mit ihren Arbeitszeiten sehr unzufrieden. Außerdem fühlt sich Carolin gegenüber Martin benachteiligt, weil sie am Mittwoch nach der Berufsschule noch im Betrieb arbeiten muss. Martin fühlt sich benachteiligt, weil er auch am Samstag arbeiten muss.

Carolin Saager und Martin Klages bitten deshalb die Vorsitzende der Jugend- und Auszubildendenvertretung, Britta Krombach, um Rat.

Informationen zum Lösen der Handlungsaufgaben finden Sie im Lehrbuch „Alles versichert – Kaufmann/Kauffrau für Versicherungen und Finanzanlagen, 1. Ausbildungsjahr“, in Lernfeld 1 Kapitel 4.

Handlungsaufgaben

1. Welche Probleme muss Britta Krombach klären, um Carolin Saager und Martin Klages helfen zu können?

2. Aus welchen Unterlagen kann Britta Krombach Informationen über die Arbeitszeit und die Anrechnung des Berufsschulbesuchs auf die wöchentliche Arbeitszeit entnehmen?

3. Welche gesetzlichen und vertraglichen Regelungen müssen bei der Festsetzung der Arbeitszeiten von Martin Klages beachtet werden?

4. Welche Gesetze und vertraglichen Regelungen müssen bei der Festsetzung der Arbeitszeiten von Carolin Saager berücksichtigt werden?

5. Erstellen Sie eine Übersicht der Regelungen des Jugendarbeitsschutzgesetzes, die bei der Gestaltung der Arbeitszeit von Martin Klages berücksichtigt werden müssen.

6. **Vergleichen Sie die Vereinbarungen im Ausbildungsvertrag von Martin Klages mit den Regelungen des Jugendarbeitsschutzgesetzes.**

A Die Ausbildungszeit beträgt nach der Ausbildungsordnung 36 Monate.

Die vorausgegangene

schulische Vorbildung

abgeschlossene betriebliche Berufsausbildung als

abgebrochene betriebliche Berufsausbildung als

abgeschlossene Berufsausbildung in schulischer Form mit Abschluss als

wird mit [ ] Monaten angerechnet, bzw. es wird eine entsprechende Verkürzung beantragt.

Das Berufsausbildungsverhältnis beginnt am 01.09.2022 endet am 31.07.2025

B Die Probezeit (§ 1 Nr. 2) beträgt 4 Monate.

C Die Ausbildung findet vorbehaltlich der Regelungen

Berlin

und den mit dem Betriebssitz für die Ausbildung üblicherweise zusammenhängenden Bau-, Montage- und sonstigen Arbeitsstellen statt (§ 3 Nr. 12)

D Ausbildungsmaßnahmen außerhalb der Ausbildungsstätte (§ 3 Nr. 12) (mit Zeitraumangabe):

E Der Ausbildende zahlt dem/der Auszubildenden eine angemessene Vergütung (§ 5); diese beträgt zur Zeit monatlich brutto

€	1.070,00	1.145,00	1.230,00	
im	ersten	zweiten	dritten	vierten

Ausbildungsjahr.

F Die regelmäßige Ausbildungszeit in Stunden beträgt täglich[4] 8,00 und/oder wöchentlich[4]. 37,50

Teilzeitberufsausbildung wird beantragt (§ 6 Nr. 2)

ja [ ] nein [x]

G Der Ausbildende gewährt dem/der Auszubildenden Urlaub nach den geltenden Bestimmungen. Es besteht ein Urlaubsanspruch

im Jahr	2022	2023	2024	2025	
Werktage	15,00	36,00	36,00	21,00	
Arbeitstage					

H Hinweis auf anzuwendende Tarifverträge und Betriebsvereinbarungen; sonstige Vereinbarungen:

Gehaltstarifvertrag für die Versicherungswirtschaft für ...

Manteltarifvertrag für die Versicherungswirtschaft für ...

1) Vertretungsberechtigt sind beide Eltern gemeinsam, soweit nicht die Vertretungsberechtigung nur einem Elternteil zusteht. Ist ein Vormund bestellt, so bedarf dieser zum Abschluss des Ausbildungsvertrages der Genehmigung des Vormundschaftsgerichtes.
2) Solange die Ausbildungsordnung nicht erlassen ist, sind gem. § 104 Abs. 1 BBiG die bisherigen Ordnungsmittel anzuwenden.
3) Die Probezeit muss mindestens einen Monat und darf höchstens vier Monate betragen.
4) Das Jugendarbeitsschutzgesetz sowie für das Ausbildungsverhältnis geltende tarifvertragliche Regelungen und Betriebsvereinbarungen sind zu beachten.

J Die beigefügten Vereinbarungen sind Gegenstand dieses Vertrages und werden anerkannt

Ort, Datum: Berlin, 25.06.2022

Der/Die Ausbildende: *i. A. Julia Fischer*
Stempel und Unterschrift

Der/Die Auszubildende: *Martin Klages*
Vor- und Familienname

Der/Die gesetzlichen Vertreter/in des/der Auszubildenden:
Claudia Klages
Vater und Mutter/Vormund

	Ausbildungsvertrag	Jugendarbeitsschutzgesetz
Arbeitszeit – täglich – wöchentlich		
Urlaub		

7. **Erstellen Sie eine Übersicht der Bestimmungen des Arbeitszeitgesetzes, die bei der Gestaltung der Arbeitszeit von Carolin Saager berücksichtigt werden müssen.**
Nutzen Sie dazu die Informationen zum Arbeitszeitgesetz.

Gültigkeitsbereich des Arbeitszeitgesetzes

Die Bestimmungen des Arbeitszeitgesetzes gelten in der Industrie, im Handwerk (außer in Bäckereien und Konditoreien), im Handel und in sonstigen Dienstleistungsbetrieben für alle Arbeiter/-innen, Angestellten und Auszubildenden über 18 Jahre. Sie gelten nicht für:

- leitende Angestellte,
- Chefärzte/-innen,
- Leiter/-innen öffentlicher Dienststellen und deren Vertreter/-innen,
- Arbeitnehmer/-innen im öffentlichen Dienst, die selbstständig in Personalangelegenheiten entscheiden dürfen.

Für Beschäftigte unter 18 Jahren gelten die Bestimmungen des Jugendarbeitsschutzgesetzes.

Höchstarbeitszeit

Das Arbeitszeitgesetz bestimmt, dass die regelmäßige Arbeitszeit an Werktagen die Dauer von acht Stunden nicht überschreiten darf. Dabei sind die Ruhepausen nicht Bestandteil der täglichen Arbeitszeit. Das Arbeitszeitgesetz erlaubt eine Verlängerung der täglichen Höchstarbeitszeit auf bis zu zehn Stunden nur, wenn dadurch die durchschnittliche werktägliche Arbeitszeit innerhalb von sechs Monaten oder vierundzwanzig Wochen nicht überschritten wird. Ohne Ausgleich kann der 8-Stunden-Tag durch Tarifvertrag an höchstens 60 Werktagen auf bis zu zehn Stunden verlängert werden.

Ruhezeiten und Ruhepausen

Die Beschäftigten haben bei einer täglichen Arbeitszeit von mehr als sechs Stunden Anspruch auf mindestens eine halbstündige oder zwei viertelstündige Ruhepausen. Bei einer täglichen Arbeitszeit von mehr als neun Stunden müssen die Ruhepausen mindestens 45 Minuten betragen.

Die einzelnen Ruhepausen müssen mindestens fünfzehn Minuten lang sein.

Zwischen zwei Arbeitstagen muss die ununterbrochene Ruhezeit für die Beschäftigten mindestens elf Stunden betragen.

Im Hotel- und Gaststättengewerbe, im Verkehrsgewerbe, in Krankenhäusern und anderen Behandlungs-, Pflege- und Betreuungseinrichtungen, beim Rundfunk, in der Landwirtschaft und in der Tierhaltung darf die ununterbrochene Ruhezeit auf zehn Stunden verkürzt werden. Diese Ruhezeitverkürzung muss allerdings innerhalb eines Monats oder innerhalb von vier Wochen durch eine Verlängerung einer anderen Ruhezeit auf mindestens zwölf Stunden ausgeglichen werden.

Sonn- und Feiertagsruhe

An Sonn- und Feiertagen dürfen Arbeiter/-innen, Angestellte und Auszubildende grundsätzlich nicht beschäftigt werden.

Ausnahmen lässt das Arbeitszeitgesetz jedoch u.a. für das Verkehrsgewerbe, das Gast- und Schankgewerbe, Krankenhäuser und die Landwirtschaft zu.

Gewerbeaufsicht

Die Einhaltung der Arbeitsschutzbestimmungen wird durch die regionalen Gewerbeaufsichtsämter überwacht.

Die Beamten/-innen des Gewerbeaufsichtsamtes dürfen alle Betriebe in ihrer Region zu den Betriebs- und Arbeitszeiten unangemeldet betreten, besichtigen und prüfen. Das zuständige Gewerbeaufsichtsamt kann erforderliche Arbeitsschutzmaßnahmen anordnen oder notfalls zwangsweise durchsetzen.

8. **Vergleichen Sie die Vereinbarungen im Ausbildungsvertrag von Carolin Saager mit den Regelungen des Arbeitszeitgesetzes.**

A Die Ausbildungszeit beträgt nach der Ausbildungsordnung 36 Monate.

Die vorausgegangene

schulische Vorbildung

abgeschlossene betriebliche Berufsausbildung als

abgebrochene betriebliche Berufsausbildung als

abgeschlossene Berufsausbildung in schulischer Form mit Abschluss als

wird mit ___ Monaten angerechnet, bzw. es wird eine entsprechende Verkürzung beantragt.

Das Berufsausbildungsverhältnis beginnt am 01.09.2022 endet am 31.07.2025

B Die Probezeit (§ 1 Nr. 2) beträgt 4 Monate.

C Die Ausbildung findet vorbehaltlich der Regelungen ___ und den mit dem Betriebssitz für die Ausbildung üblicherweise zusammenhängenden Bau-, Montage- und sonstigen Arbeitsstellen statt (§ 3 Nr. 12)

D Ausbildungsmaßnahmen außerhalb der Ausbildungsstätte (§ 3 Nr. 12) (mit Zeitraumangabe):

E Der Ausbildende zahlt dem/den Auszubildenden eine angemessene Vergütung (§ 5); diese beträgt zur Zeit monatlich brutto

€	1.070,00	1.145,00	1.230,00	
im	ersten	zweiten	dritten	vierten

Ausbildungsjahr.

F Die regelmäßige Ausbildungszeit in Stunden beträgt täglich[4] 8,00 und/oder wöchentlich[4]. 37,50

Teilzeitberufsausbildung wird beantragt (§ 6 Nr. 2)

ja ☐ nein ☒

G Der Ausbildende gewährt dem/der Auszubildenden Urlaub nach den geltenden Bestimmungen. Es besteht ein Urlaubsanspruch

im Jahr	2022	2023	2024	2025	
Werktage	15,00	36,00	36,00	21,00	
Arbeitstage					

H Hinweis auf anzuwendende Tarifverträge und Betriebsvereinbarungen; sonstige Vereinbarungen:

Gehaltstarifvertrag für die Versicherungswirtschaft für ...

Manteltarifvertrag für die Versicherungswirtschaft für ...

1) Vertretungsberechtigt sind beide Eltern gemeinsam, soweit nicht die Vertretungsberechtigung nur einem Elternteil zusteht. Ist ein Vormund bestellt, so bedarf dieser zum Abschluss des Ausbildungsvertrages der Genehmigung des Vormundschaftsgerichtes.
2) Solange die Ausbildungsordnung nicht erlassen ist, sind gem. § 104 Abs. 1 BBiG die bisherigen Ordnungsmittel anzuwenden.
3) Die Probezeit muss mindestens einen Monat und darf höchstens vier Monate betragen.
4) Das Jugendarbeitsschutzgesetz sowie für das Ausbildungsverhältnis geltende tarifvertragliche Regelungen und Betriebsvereinbarungen sind zu beachten.

J Die beigefügten Vereinbarungen sind Gegenstand dieses Vertrages und werden anerkannt

Ort, Datum: Berlin, 25.06.2022

Der/Die Ausbildende: *i. A. Julia Fischer*
Stempel und Unterschrift

Der/Die Auszubildende: *Carolin Saager*
Vor- und Familienname

Der/Die gesetzlichen Vertreter/in des/der Auszubildenden:

Vater und Mutter/Vormund

	Ausbildungsvertrag	Arbeitszeitgesetz
– täglich – wöchentlich		

9. **Stellen Sie fest, welche Regelungen des Berufsbildungsgesetzes bei der Festlegung der täglichen und wöchentlichen Arbeitszeit beachtet werden müssen.**

10. Überprüfen Sie, ob die in der Ausgangssituation beschriebenen Arbeits- und Pausenzeiten von Carolin Saager mit den gesetzlichen Regelungen vereinbar sind.

	Gesetzliche Regelungen	Arbeits- und Pausenzeiten von Carolin
– tägliche Arbeitszeit:		
– wöchentliche Arbeitszeit:		
– Berufsschule:		
– Ruhepausen:		
– Samstagsarbeit		

11. Überprüfen Sie, ob die in der Handlungssituation beschriebenen Arbeits- und Pausenzeiten von Martin Klages mit den gesetzlichen Regelungen vereinbar sind.

	Gesetzliche Regelungen	Arbeits- und Pausenzeiten von Martin
– tägliche Arbeitszeit:		
– wöchentliche Arbeitszeit:		
– Berufsschule:		
– Ruhepausen:		
– Samstagsarbeit		

12. Britta Krombach wird von Carolin Saager und Martin Klages in ihrer Funktion als Vorsitzende der Jugend- und Auszubildendenvertretung angesprochen.
Beschreiben Sie die Aufgaben der Jugend- und Auszubildendenvertretung.

13. Stellen Sie fest, welche Möglichkeiten die Jugend- und Auszubildendenvertretung hat, Carolin Saager zu helfen.

14. **Britta Krombach berichtet im Rahmen der wöchentlichen Sitzung des Betriebsrats über das Problem von Carolin Saager. Stellen Sie fest, welche Rechte der Betriebsrat in Angelegenheiten der Berufsausbildung und der Arbeitszeitgestaltung hat.**

15. **Geben Sie an, zwischen welchen Personen ein Ausbildungsvertrag abgeschlossen wird.**

16. **Führen Sie auf, wer die ordnungsgemäße Durchführung der Berufsausbildung überwacht.**

17. **Geben Sie an, wodurch das Ausbildungsverhältnis beendet wird.**

18. **Beurteilen Sie die sieben Fälle**

a) **Janina Pflüger meint, nach zehn Schuljahren genug gelernt zu haben. Sie bittet ihren Ausbilder, sie von der Berufsschule abzumelden.**

b) **Ein Auszubildender erzählt seiner Freundin, welche Geldbeträge jeden Abend in der Firmenkasse sind.**

c) **Eine Versicherungsagentur untersagt ihren Auszubildenden den Berufsschulbesuch, weil diese während des Jahresschlussgeschäfts in ihrem Ausbildungsbetrieb gebraucht werden.**

d) **Frau Jürgens erklärt sich nach langem Bitten von Herrn Jonas bereit, dessen Tochter Saskia in ihrem Betrieb auszubilden. Da sie aber eigentlich keine Auszubildende benötigt, will sie Saskia keine Ausbildungsvergütung bezahlen.**

e) **In einem Berufsausbildungsvertrag ist eine Probezeit von vier Monaten vereinbart. Nach zwei Monaten kündigt der Auszubildende fristlos.**

f) **Eileen Strate gefällt die Ausbildung zur Kauffrau für Versicherungen und Finanzanlagen nicht mehr. Sie möchte daher ihr Ausbildungsverhältnis nach nunmehr sechs Monaten fristlos kündigen.**

g) **Nach sechs Monaten kündigt ein Ausbildender fristlos mit der Begründung: „Die Leistungen des Auszubildenden reichen nicht aus."**

5 Die duale Berufsausbildung

Handlungssituation

Carolin Saager und Jakub Nowak haben vor drei Monaten ihre Ausbildung zur Kauffrau oder zum Kaufmann für Versicherungen und Finanzanlagen bei der Proximus Versicherungsagentur begonnen. Jana Bang und Jorlando Hartmann haben vor drei Monaten ihre Ausbildung zur Kauffrau oder zum Kaufmann für Versicherungen und Finanzanlagen bei einem anderen Unternehmen begonnen.

In der Mittagspause treffen sie sich immer in der Mensa ihrer Berufsschule. Dabei unterhalten sie sich auch über ihre tägliche Arbeit.

Heute macht Jorlando Hartmann einen sehr unzufriedenen Eindruck.

Jakub:
„Hallo Jorlando, welche Laus ist dir denn über die Leber gelaufen?"

Jorlando:
„Ach, jeden Tag das Gleiche. Von morgens bis abends mache ich Papierkram. Nur wenn Not am Mann ist, darf ich auch mal Kontakt zu Kunden haben. Und über unsere möglichen Versicherungsleistungen weiß ich noch gar nichts. Ich möchte mal wissen, was das mit Ausbildung zu tun hat? Wie sieht das denn bei euch aus?"

Jakub:
„Bei mir ist das ähnlich. Ich kümmere mich darum, dass immer genügend Papier im Kopierer ist. Verhandeln und Verträge abschließen darf ich noch gar nicht. Und was wir in der Berufsschule machen, hat damit auch nichts zu tun."

Jana:
„Ich muss auch jeden Tag das Gleiche machen. Seit zwei Wochen mache ich nur Telefondienst."

Carolin:
„Nun regt euch mal nicht auf. Das, was ihr zurzeit macht, gehört alles zu unseren Aufgaben als Versicherungskaufleute. Mir macht die Arbeit echt Spaß. Ich darf die Kunden beim Abschluss von Versicherungsleistungen beraten. Und die anderen wichtigen Tätigkeiten werde ich bestimmt auch noch machen."

Jakub:
„Das sagst du so. Ich möchte erst mal schwarz auf weiß sehen, dass meine Arbeit für die Ausbildung notwendig ist."

Jorlando:
„Und ich möchte wissen, was die Berufsschule mit meiner Ausbildung bei meinem Ausbildungsunternehmen zu tun hat."

Jana:
„Ja, irgendwo muss das ja stehen. Da sollten wir uns mal schlau machen."

Carolin:
„Gut, fragen wir doch Yasemin. Die ist schon im zweiten Ausbildungsjahr und weiß sicher besser Bescheid."

Informationen zum Lösen der Handlungsaufgaben finden Sie im Lehrbuch „Alles versichert – Kaufmann/Kauffrau für Versicherungen und Finanzanlagen, 1. Ausbildungsjahr", in Lernfeld 1 Kapitel 5.

Handlungsaufgaben

1. **Welche Fragen müssen Jana, Carolin, Jakub und Jorlando klären?**

2. **Aus welchen Unterlagen können die Auszubildenden Informationen zu den Inhalten der betrieblichen und schulischen Berufsausbildung entnehmen?**

3. **Begründen Sie, warum man die Berufsausbildung in der Versicherungswirtschaft „duales Berufsausbildungssystem" nennt.**

4. **Geben Sie an, wer die Inhalte des Berufsschulunterrichts festlegt.**

5. **Unterscheiden Sie Teilzeitunterricht und Blockunterricht.**

6. **Welche Unterrichtsfächer werden in der Berufsschule angeboten?**

---

7. **Die in der Berufsausbildung im Betrieb zu vermittelnden Fertigkeiten, Kenntnisse und Fähigkeiten sind im Ausbildungsrahmenplan genannt.**
In dem folgenden Auszug des Ausbildungsrahmenplans für den Ausbildungsberuf „Kaufmann/Kauffrau für Versicherungen und Finanzanlagen" sind die im Ausbildungsbetrieb zu vermittelnden Fertigkeiten, Kenntnisse und Fähigkeiten aufgelistet. Tragen Sie in den beiden rechten Spalten jeweils die passenden Lernfelder des Rahmenlehrplans sowie die Lernfelder und Kapitel aus dem Lehrbuch ein.

Ausbildungsrahmenplan (Auszug) → Übersicht über die im Ausbildungsbetrieb zu vermittelnden Fertigkeiten und Kenntnisse	Rahmenlehrplan → Vorgabe der in der Berufsschule zu vermittelnden Kompetenzen	Lehrbuch
Fertigkeiten, Kenntnisse und Fähigkeiten der Berufsausbildung	Lernfelder	Lernfeld/Kapitel
6		
Wohnen und Wohneigentum absichern		
8		
Mobilität und Reisen absichern		

8. **Jakub Nowak ist der Meinung, dass das, was er in der Berufsschule lernen muss, nichts mit seiner Tätigkeit im Betrieb zu tun hat.**
Widerlegen Sie diese Behauptung. Nutzen Sie dabei die von Ihnen vervollständigte Übersicht in der Aufgabe 7.

---

9. **In welchen Lernfeldern werden Sie in der Berufsschule unterrichtet?**

---

10. **Beantworten Sie die Fragen zu Ihrem Ausbildungsberuf.**

a) **Wie lange dauert normalerweise die Ausbildung?**

b) **Wann müssen die Auszubildenden den ersten Teil der gestreckten Abschlussprüfung (GAP 1) ablegen?**

c) **Was wird im ersten Teil der gestreckten Abschlussprüfung (GAP 1) geprüft?**

d) **In welchen Prüfungsbereichen werden die Auszubildenden in Teil 2 der gestreckten Abschlussprüfung (GAP 2) schriftlich geprüft?**

e) **Was wird in Teil 2 der gestreckten Abschlussprüfung (GAP 2) mündlich geprüft?**

Vertiefungs- und Anwendungsaufgaben

a) **Tragen Sie die von Ihnen in Ihrem Ausbildungsbetrieb bisher ausgeübten Tätigkeiten in die Tabelle ein.**

Ausgeübte Tätigkeiten	Fertigkeiten und Kenntnisse des Ausbildungsrahmenplans

b) **Ordnen Sie diesen Tätigkeiten die Fertigkeiten und Kenntnisse des Ausbildungsrahmenplans zu, die Sie durch diese Tätigkeiten erwerben.**

6 Der Tarifvertrag

Handlungssituation

Shirin Gül liest in ihrem Ausbildungsvertrag, dass für die Höhe ihrer Ausbildungsvergütung der jeweils gültige Tarifvertrag der privaten Versicherungswirtschaft maßgebend ist.

Informationen zum Lösen der Handlungsaufgaben finden Sie im Lehrbuch „Alles versichert – Kaufmann/Kauffrau für Versicherungen und Finanzanlagen, 1. Ausbildungsjahr“, in Lernfeld 1 Kapitel 6.

Handlungsaufgaben

1. **Stellen Sie fest, welche Ausbildungsvergütung einer Auszubildenden zur Kauffrau für Versicherungen und Finanzanlagen im ersten Ausbildungsjahr nach dem Tarifvertrag zusteht.**

2. **Erläutern Sie den Einfluss tarifvertraglicher Regelungen auf die Ausbildung von Shirin Gül.**

3. **Nennen Sie die beiden Tarifparteien.**

4. **Geben Sie an, für wen die Bestimmungen eines Tarifvertrages gelten.**

5. **Stellen Sie fest, wer Tarifverträge für allgemein verbindlich erklären darf.**

6. **Führen Sie die Bedeutung für die Arbeitnehmer/-innen auf, wenn ein Tarifvertrag für allgemein verbindlich erklärt wird.**

7. **Nennen Sie die Arbeitskampfmaßnahmen der Gewerkschaften und der Arbeitgeberverbände.**

8. **Beschreiben Sie den möglichen Ablauf von Tarifverhandlungen.**

9. **Klären Sie, unter welcher Voraussetzung eine Gewerkschaft einen Streik erklären kann.**

10. **Führen Sie die Auswirkungen von Arbeitskampfmaßnahmen auf die betroffenen Arbeitgeber auf.**

11. **Erläutern Sie die Auswirkungen von Arbeitskampfmaßnahmen auf gewerkschaftlich organisierte Arbeitnehmer/-innen.**

12. **Klären Sie, welche Auswirkung Arbeitskampfmaßnahmen für die Arbeitnehmer/-innen haben, die nicht in Gewerkschaften organisiert sind.**

13. Erläutern Sie die Regelungen eines Manteltarifvertrags.

14. Geben Sie an, welche Regelungen ein Entgelttarifvertrag enthält.

15. Stellen Sie die Arbeitszeit-, Pausen- und Urlaubsregelungen des für Sie geltenden Tarifvertrages zusammen.

16. Erläutern Sie die Friedenspflicht.

17. Erklären Sie die Tarifautonomie.

18. Geben Sie an, wann im Rahmen von Tarifverhandlungen ein Schlichtungsverfahren durchgeführt wird.

7 Arbeitsverträge

Handlungssituation

Claudia Rothe hat sich bei der Proximus Versicherungsagentur beworben. Während des Vorstellungsgesprächs vereinbart Frau Harder, die Personalleiterin, lediglich, dass Claudia ab dem 1. Oktober 20.. als Angestellte beschäftigt werden soll.

Informationen zum Lösen der Handlungsaufgaben finden Sie im Lehrbuch „Alles versichert – Kaufmann/Kauffrau für Versicherungen und Finanzanlagen, 1. Ausbildungsjahr", in Lernfeld 1 Kapitel 7.

1. **Überlegen Sie, welche weiteren Punkte Claudia Rothe und die Personalleiterin während des Vorstellungsgesprächs hätten unbedingt klären sollen.**

2. **Führen Sie auf, zwischen welchen Personen ein Arbeitsvertrag abgeschlossen wird.**

3. **Geben Sie an, durch welche Regelungen die Gestaltungsfreiheit der Arbeitsvertragsinhalte eingeschränkt wird.**

4. **Zwischen einem Arbeitnehmer und einem Arbeitgeber wird ein vertraglicher Jahresurlaub von 30 Werktagen vereinbart. In einer Betriebsvereinbarung zwischen Betriebsrat und Arbeitgeber wurde für alle Betriebsangehörigen ein Jahresurlaub von 28 Werktagen vereinbart. Wie viele Tage Urlaub stehen dem Arbeitnehmer zu?**

5. **Geben Sie die Pflichten aus dem Arbeitsvertrag an, die in folgenden Fällen verletzt werden.**

a) **Eine Versicherungskauffrau weigert sich, einen Kunden zu beraten, mit dem sie in der Vergangenheit schon einmal Schwierigkeiten hatte.**

b) **Der Pausenraum einer Versicherungsagentur wird im Winter nicht geheizt.**

c) **Der Arbeitgeber zahlt das März-Gehalt erst am 15. April.**

d) **Ein Vertriebsmitarbeiter informiert ein Konkurrenzunternehmen über ablaufende Verträge, damit deren Außendienstmitarbeiter bei diesen Kunden neue Verträge platzieren können.**

e) **Ein Arbeitgeber weigert sich, einer Angestellten für zwei Wochen, in denen sie arbeitsunfähig erkrankt war, Gehalt zu zahlen.**

f) **Ein Arbeitgeber weigert sich, einem Angestellten, der gekündigt hat, ein schriftliches Zeugnis auszustellen.**

6. **Geben Sie die Voraussetzungen an, unter denen ein Angestellter auch nach Beendigung eines Arbeitsverhältnisses seinem bisherigen Arbeitgeber keine Konkurrenz machen darf.**

7. **Claudia Rothe soll als neue Kundenbetreuerin bei der Proximus Versicherungsagentur eingestellt werden. Erstellen Sie einen Entwurf für den Arbeitsvertrag zwischen Claudia Rothe und der Proximus Versicherungsagentur mithilfe eines Textverarbeitungsprogramms. Präsentieren Sie Ihren Entwurf in Ihrer Klasse als PowerPoint-Präsentation, Folienbild oder mithilfe eines Beamers.**

8. **Stellen Sie die gesetzlichen und tarifvertraglichen Vorschriften, die bei der Gestaltung des Arbeitsvertrags für Claudia Rothe beachtet werden müssen, in einer Mindmap zusammen.**

8 Entgeltabrechnungen

Handlungssituation

Lena Krüger hatte nach ihrer Schulzeit zunächst eine dreijährige Ausbildung zur Kauffrau für Versicherungen und Finanzanlagen absolviert und danach noch zwei Jahre in der Kundenbetreuung gearbeitet. Nun wurde sie als neue Kundenbetreuerin bei der Proximus Vesicherungsagentur eingestellt.

Frau Krüger ist 23 Jahre alt, evangelisch, ledig, hat keine Kinder und wohnt in Köln. Laut Arbeitsvertrag wird sie nach dem zurzeit gültigen Gehaltstarifvertrag bezahlt.

Jakub Nowak, wird beauftragt,

- die erste Entgeltabrechnung für die neue Mitarbeiterin zu erstellen und
- der neuen Mitarbeiterin anschließend die Entgeltabrechnung in einem persönlichen Gespräch genau zu erläutern.

Informationen zum Lösen der Handlungsaufgaben finden Sie im Lehrbuch „Alles versichert – Kaufmann/Kauffrau für Versicherungen und Finanzanlagen, 1. Ausbildungsjahr“, in Lernfeld 1 Kapitel 8.

Handlungsaufgaben

1. Welche Fragen muss Jakub Nowak klären, um die geschilderten Aufträge erfüllen zu können?

2. Ermitteln Sie das Bruttomonatsgehalt (ohne Zulagen) von Frau Krüger.

3. Stellen Sie fest, welche Gehaltsabzüge Jakub Nowak bei der Ermittlung des Nettogehalts von Frau Krüger berücksichtigen muss.

4. Ermitteln Sie die Lohnsteuerklasse von Frau Krüger.

5. **Ermitteln Sie die Lohnsteuer, die Kirchensteuer und den Solidaritätszuschlag, die vom Bruttogehalt abgezogen werden müssen. Nutzen Sie hierzu den Lohn-und Einkommensteuerrechner des Bundesministeriums der Finanzen unter www.bmf-steuerrechner.de.**

6. **Ermitteln Sie die Sozialversicherungsabzüge, die vom Gehalt von Frau Krüger einbehalten werden müssen.**

7. **Erstellen Sie die Entgeltabrechnung für Frau Krüger.**

8. **Bereiten Sie ein Rollenspiel vor, in dem Sie in der Rolle von Jakub Nowak einer Mitschülerin in der Rolle von Frau Krüger die Zusammensetzung der Entgeltabrechnung genau erläutern.**

Vertiefungs- und Anwendungsaufgaben

1. **An welche Stelle muss der Arbeitgeber die Lohn- und die Kirchensteuer sowie den Solidaritätszuschlag seiner Arbeitnehmer überweisen?**

2. **Bis zu welchem Termin muss der Arbeitgeber die Lohnsteuer-Anmeldung abgeben?**

3. **An welche Stelle müssen die Sozialversicherungsbeiträge der Arbeitnehmer abgeführt werden?**

4. **Bis zu welchem Termin muss der Arbeitgeber die monatlichen Sozialversicherungsbeiträge der Arbeitnehmer/-innen abführen?**

9 Motivation und Weiterbildung

Handlungssituation

Fünf Maßnahmen zur Mitarbeitermotivation – Mit einfachen Mitteln die Leistung steigern

Gute Mitarbeiter gehören zum Kapital eines Unternehmens: Sie arbeiten schneller, effektiver und generieren neue Ideen, die die Produktivität und auch den Umsatz des Unternehmens steigern. Daher ist es von großer Bedeutung, entsprechende Maßnahmen zur Mitarbeitermotivation umzusetzen und ihre Motivation hoch zu halten. Grundsätzlich gilt: Wer Spaß an der Arbeit hat und sich damit identifizieren kann, ist viel stärker bestrebt, seine Aufgaben bestmöglich zu erfüllen. Angenehme Rahmenbedingungen, ein angemessener Umgang sowie Ausflüge und Feiern – es gibt viele Möglichkeiten, für ein entspanntes Arbeitsklima zu sorgen.

1. Firmeninterne Events – Mehr Motivation durch Abwechslung

Um die Motivation der Belegschaft insgesamt zu fördern, ist es hilfreich, hin und wieder firmenintern für mehr Abwechslung vom Arbeitsalltag zu sorgen. Diese internen Events bieten Unternehmen die Chance, den Teamgeist ihrer Mitarbeiter und die zwischenmenschlichen Beziehungen unter ihnen zu stärken. Eine Zusammenkunft außerhalb des Unternehmens bewirkt außerdem, dass die Leistung innerhalb zunimmt. Denn wer das Gefühl hat, in einem Team zu arbeiten, das auch als solches funktioniert, ist wesentlich motivierter, seinen Beitrag dazu zu leisten. Um diese Effekte zu erreichen, sind beispielsweise betriebliche Ausflüge geeignet.

Bei einer gemütlichen Wanderung mit der Belegschaft gibt es viel Gelegenheit, auch mit Kollegen ins Gespräch zu kommen, mit denen man auf der Arbeit nicht viel Kontakt hat, oder das Verhältnis zu den direkten Mitarbeitern weiter auszubauen. Dadurch lernen sich die Mitarbeiter untereinander besser und auf einer anderen Ebene als nur im Büro kennen.

[...]

Betriebsfeiern werden oftmals zum Jahreshöhepunkt eines Betriebs ausgerichtet und dazu genutzt, besondere Verdienste auszuzeichnen. Sie dienen auch dazu, die Motivation der Mitarbeiter zu fördern. Denn in einem gut geführten Unternehmen werden der Zusammenhalt sowie der Teamgeist im Rahmen einer Betriebsfeier weiter gestärkt und das Arbeitsklima verbessert. In diesem Zusammenhang wirkt sich eine solche Veranstaltung auch positiv auf die Leistungsbereitschaft für das und die Identifikation mit dem Unternehmen aus. Ein Klassiker unter den firmeninternen Veranstaltungen ist die jährliche Weihnachtsfeier.

[...]

2. Lob und Anerkennung – Der Schlüssel zur Motivation

Lob hat bekanntermaßen einen positiven Effekt auf die Motivation. Für die eigene Arbeit wertgeschätzt zu werden, ist für viele ein wesentlicher Faktor, wenn es darum geht, sich am Arbeitsplatz wohlzufühlen. Ein ehrlich gemeintes Lob bildet zugleich die Grundlage für einen weiteren wesentlichen Aspekt, die konstruktive Kritik.

Denn Mitarbeiter schätzen es sehr, eine Rückmeldung über ihre bisherigen Leistungen zu bekommen und zu erfahren, was sie in Zukunft noch besser machen können und worauf sie verstärkt achten sollen. Fühlen sich Mitarbeiter allgemein für ihre Arbeit wertgeschätzt, werden sie Verbesserungsvorschläge viel eher annehmen und umsetzen.

Eine Form der Anerkennung ist beispielsweise das Auszahlen von Boni für besondere oder besonders gute Leistungen der Mitarbeiter. Außerdem ist es wichtig, den Mitarbeitern immer wieder mitzuteilen, dass ihre Arbeit wert- und sinnvoll ist. Als Indikator dafür ist vor allem der Erfolg des Unternehmens ausschlaggebend.

In diesem Zusammenhang sollten Arbeitgeber ihre Mitarbeiter immer wieder fördern und fordern und dafür Maßnahmen zur Weiterbildung anbieten. Neue Kenntnisse bewirken eine erhöhte Motivation, diese im Arbeitsprozess einzubringen und umzusetzen. Ein solches Angebot bekundet Wertschätzung gegenüber den Angestellten und zeigt ihnen, dass sich die Firma weiterentwickelt und die Arbeit nicht in einen Gewohnheitstrott übergeht.

3. Mit Vertrauen motivieren

Neben dem Lob und der Anerkennung erbrachter Leistungen gilt das Vertrauen als wichtige Basis, um Mitarbeiter motivieren zu können. Das Vertrauen muss dafür von beiden Seiten her aufgebaut werden. Wer dabei als Unternehmensleiter seinen Mitarbeitern Vertrauen entgegenbringt, wird auch umgekehrt Vertrauen erfahren.

Dazu gehört es beispielsweise, die Mitarbeiter über alles zu in Kenntnis zu setzen, was ihren Arbeits- und Aufgabenbereich betrifft. Werden sie entsprechend eingebunden und mit Informationen versorgt, entsteht ein engerer Bezug zu ihren Aufgaben. Und Mitarbeiter, die sich persönlich mit ihrer Aufgabe identifizieren, haben eine viel größere Motivation, diese bestmöglich zu bearbeiten.

Wird dem Mitarbeiter Vertrauen in seine Leistungen entgegengebracht, steigert das zudem sein Selbstwertgefühl. Er glaubt dadurch stärker an sich und seine Fähigkeiten, was ihn motiviert und seine Leistungen steigert. Das gilt auch schon für neue Mitglieder eines Teams, die sich noch in der Einarbeitungsphase befinden. Ein Vertrauensvorschuss ihnen gegenüber wirkt sich positiv auf ihre Leistungen und persönliche Entfaltung innerhalb des Teams aus.

4. Gute Arbeitsbedingungen schaffen gute Mitarbeiter

Um dauerhaft leistungsorientiert und produktiv arbeiten zu können, ist ein gut ausgestatteter Arbeitsplatz unablässig. Dazu gehört eine anständige Einrichtung mit ergonomischen Stühlen, die Rückenschmerzen, haltungsbedingten Ermüdungserscheinungen und damit einhergehender Unzufriedenheit vorbeugen. Das bewahrt dem Unternehmen eine gesunde Arbeitskraft. Zu guten Arbeitsbedingungen tragen auch ergonomische Tastaturen und PC-Mäuse sowie augenschonende Bildschirme und eine angenehme Beleuchtung bei.

Wichtig ist ebenfalls eine separate Küche, in der sich die Mitarbeiter verpflegen können. Sie kann zugleich als Rückzugsort dienen, um sich sozial mit Kollegen auszutauschen. Kurze Entspannungsphasen zwischendurch bauen Stress ab und liefern den Mitarbeitern neue Energie, um produktiv weiter arbeiten zu können. Außerdem kommen in einer lockeren Gesprächsrunde oftmals neue kreative Ideen auf, die für das Unternehmen von Nutzen sein können. Den gleichen Effekt erzielt die Möglichkeit, in der Mittagspause Sport zu machen, beispielsweise in einem dafür vorgesehenen Fitnessraum.

Auch die Arbeitsaufträge an sich tragen wesentlich zur Motivation bei. Denn so gut das Betriebsklima und die Arbeitsbedingungen auch sein mögen: Sieht der Mitarbeiter keinen Sinn in seinen Aufgaben, weil es sich um stupide repetitive Tätigkeiten handelt, verliert er schnell die Lust an seiner Arbeit. Daher sollten Arbeitgeber dafür sorgen, dass die Arbeitsaufträge ihrer Mitarbeiter möglichst abwechslungsreich sind und immer wieder Neues mit sich bringen, um Langeweile zu vermeiden.

5. Auch auf die kleinen Dinge kommt es an

Für eine dauerhafte Motivation bei den Mitarbeitern sind neben den genannten größeren Aspekten auch unscheinbar wirkende Dinge wichtig. Laut der Studie „Arbeitsmotivation 2016“ des Personaldienstleisters Manpower sind beispielsweise für 45 Prozent der Befragten kostenlose Getränke wie Kaffee und Tee, die vom Arbeitgeber bereitgestellt werden, ein Motivationsfaktor.

40 Prozent fühlen sich wohler, wenn grüne Pflanzen im Büro sind. Generell ist die Raumgestaltung ein wichtiger Aspekt. 64 Prozent der Studienteilnehmer finden flexible Arbeitszeiten wie ein Gleitzeitsystem motivierend. Selbstbestimmtes Arbeiten ist ebenfalls für viele Mitarbeiter bedeutend. Auch kleine Aufmerksamkeiten wie Schokolade zu Ostern oder Blumen zum Valentinstag sind für 38 Prozent ein Ansporn für gute Leistung.

Ein gewisses Mitspracherecht bei Neuanschaffungen oder Renovierungsarbeiten im Büro des Mitarbeiters sorgen dafür, dass er sich ernst genommen und als vollwertiges Firmenmitglied fühlt. Wer beispielsweise selbst über die Wandfarbe oder bestimmte Einrichtungsgegenstände entscheiden darf, fühlt sich an seinem Arbeitsplatz viel wohler. Das erhöht das Selbstwertgefühl und die Arbeitsmotivation.

Quelle: Radeke, Roul: Fünf Maßnahmen zur Mitarbeitermotivation – Mit einfachen Mitteln die Leistung steigern. In: www.selbststaendigkeit.de. 20. März 2018. https://selbststaendigkeit.de/news/grundertipps/fuenf-massnahmen-zur-mitarbeitermotivation-einfachen-mitteln-leistung-steigern [01.12.2020].

Informationen zum Lösen der Handlungsaufgaben finden Sie im Lehrbuch „Alles versichert – Kaufmann/Kauffrau für Versicherungen und Finanzanlagen, 1. Ausbildungsjahr“, in Lernfeld 1 Kapitel 9.

Handlungsaufgaben

1. **Überlegen Sie, durch welche der in dem Artikel dargestellten Maßnahmen die Geschäftsführung der Proximus Versicherungsagentur die Einsatzbereitschaft ihrer Mitarbeiterinnen und Mitarbeiter erhöhen könnte.**

2. **Stellen Sie fest, durch welche Anreize sich die Leistungsbereitschaft der Arbeitnehmer/-innen in einem Versicherungsunternehmen erhöhen lässt.**

3. **Begründen Sie, warum Beschäftigte im Versicherungswesen an Anpassungsfortbildungen teilnehmen sollten.**

4. **Erstellen Sie eine Liste von Weiterbildungsmaßnahmen, die den beruflichen Aufstieg eines Kaufmanns/ einer Kauffrau für Versicherungen und Finanzanlagen fördern.**

Vertiefungs- und Anwendungsaufgaben

Ermitteln Sie, wodurch Ihre Mitschülerinnen und Mitschüler an ihrem Arbeitsplatz besonders motiviert werden können.

a) **Entwickeln Sie mit Ihren Mitschülerinnen und Mitschülern einen Fragebogen zur Erfassung der Arbeitsmotivation.**

b) **Beantworten Sie den Fragebogen anonym.**

c) **Werten Sie die Fragebögen aller Schülerinnen und Schüler Ihrer Klasse aus und stellen Sie das Ergebnis als tabellarische Übersicht auf einer Folie dar.**

10 Beendigung von Arbeitsverhältnissen

Handlungssituation

In einer Nebengeschäftsstelle der Proximus Versicherungsagentur sind die Umsätze stark zurückgegangen. Die Geschäftsleitung beschließt deshalb, die Tätigkeiten dort herunterzufahren und die Büroflächen zu verringern. Aufgrund dieser Maßnahmen verringert sich auch der Personalbedarf von bisher acht Personen auf fünf Personen. Die Geschäftsleitung entschließt sich daher, drei der acht Angestellten am 01.06.20.. zu kündigen:

- Michaela Karstens, 22 Jahre alt, 2 Jahre im Betrieb, ledig, keine Kinder
- Jürgen Weber, 39 Jahre alt, 7 Jahre im Betrieb, verheiratet, 2 schulpflichtige Kinder
- Antje Müller, 25 Jahre alt, 6 Jahre im Betrieb, alleinerziehend, 1 Kind, im 3. Monat schwanger
- Anna Schrader, 52 Jahre alt, 17 Jahre im Betrieb, verheiratet, 2 erwachsene Kinder
- Paul Henkel, 30 Jahre alt, 7 Jahre im Betrieb, ledig, 1 schulpflichtiges Kind, schwerbehindert (Grad der Behinderung 60 %)
- Thorsten Keller, 42 Jahre alt, 5 Jahre im Betrieb, verheiratet, 3 schulpflichtige Kinder
- Jutta Meise, 35 Jahre alt, 20 Jahre im Betrieb, verheiratet, keine Kinder, Mitglied des Betriebsrats
- Frank Höhler, 19 Jahre alt, 5 Monate im Betrieb, ledig, keine Kinder

Der Geschäftsstellenleiter beauftragt die Personalleiterin, die notwendigen Maßnahmen durchzuführen.

Informationen zum Lösen der Handlungsaufgaben finden Sie im Lehrbuch „Alles versichert – Kaufmann/Kauffrau für Versicherungen und Finanzanlagen, 1. Ausbildungsjahr“, in Lernfeld 1 Kapitel 10.

Handlungsaufgaben

1. Welche Maßnahmen muss die Personalleiterin ergreifen, um den Auftrag des Geschäftsstellenleiters zu erfüllen?

2. Stellen Sie fest, ob es der in der Handlungssituation genannte Grund erlaubt, Mitarbeiterinnen oder Mitarbeiter zu entlassen.

3. Stellen Sie fest, für welche Mitarbeiterinnen und Mitarbeiter ein besonderer Kündigungsschutz gilt.

4. Legen Sie die Kriterien für eine Sozialauswahl fest und gewichten Sie diese Kriterien mit Punkten.

Kriterium	Punkte

5. Führen Sie die Sozialauswahl von drei Beschäftigten unter Nutzung der von Ihnen in Aufgabe 4 festgelegten Kriterien und Punkte durch.

a) Beschäftigte, die bei der Sozialauswahl nicht berücksichtigt werden, weil sie keinen Kündigungsschutz nach dem Kündigungsschutzgesetz besitzen:

b) Beschäftigte, die bei der Sozialauswahl nicht berücksichtigt werden, weil sie einen besonderen Kündigungsschutz nach dem Kündigungsschutzgesetz besitzen:

c) Sozialauswahl unter Nutzung der in Aufgabe 4 festgelegten Kriterien und Punkte:

Kriterien	Frau Karstens	Herr Weber	Frau Schrader	Herr Henkel	Herr Keller

d) **Beschäftigte, denen gekündigt werden sollte:**

6. **Ermitteln Sie die Kündigungstermine, zu denen die in Aufgabe 5 ausgewählten Mitarbeiterinnen und Mitarbeiter gekündigt werden können.**

7. **Erstellen Sie das Kündigungsschreiben für eine(n) der zu kündigenden Mitarbeiterinnen oder Mitarbeiter.**

Proximus Versicherungsagentur

XXX

Ihr Zeichen, Ihre Nachricht vom	Unser Zeichen, unsere Nachricht vom	Telefon, Name	Datum

Vertiefungs- und Anwendungsaufgaben

1. **Im Rahmen der geplanten Rationalisierungs- und Kosteneinsparungsmaßnahmen möchte die Proximus Versicherungsagentur am 4. Februar 20.. aus betriebsbedingten Gründen dem 37-jährigen Sachbearbeiter Herrn Esser zum nächstmöglichen Termin kündigen. Manfred Esser ist seit 15 Jahren Mitarbeiter. Vertraglich bestehen keine besonderen Vereinbarungen hinsichtlich der Kündigung.**
An welchem Tag (Tag/Monat/Jahr) würde das Arbeitsverhältnis von Manfred Esser gemäß der gesetzlichen Bestimmungen des BGB enden?

2. **Die Personalleiterin überprüft in den folgenden Fällen die Kündigungsfristen. Ermitteln auch Sie, welche Kündigungsfristen jeweils gelten:**

a) **Maren Glitzer, 28 Jahre, seit einem Jahr im Unternehmen beschäftigt, kündigt am 14. Juli.**

b) **Dem Außendienstmitarbeiter Florian Reese, 35 Jahre alt, seit 7 Jahren beschäftigt, wird am 6. Juni gekündigt.**

c) **Boris Recker, 29 Jahre, seit 3 Jahren bei der Proximus Versicherungsagentur, erhält aufgrund eines Diebstahls die Kündigung.**

d) **Jan Witte, 21 Jahre, seit 2 Wochen in der Probezeit, kündigt.**

e) **Bianca Rieger, 25 Jahre, seit 2 Jahren beschäftigt, will sich verbessern und kündigt am 31. März.**

3. **Verschiedene langjährige Firmenkunden der Proximus Versicherungsagentur müssen Kündigungen von Mitarbeitern/ -innen vornehmen. Prüfen Sie, ob in dem jeweiligen Fall die Kündigung sozial gerechtfertigt ist oder nicht.**

a) **Die Tee-Time GmbH begründet die Kündigungen mit einem anhaltenden Auftragsmangel aufgrund der schlechten Wirtschaftslage.**

b) **Der Hockmann Textilgroßhandel, der Waren aus Singapur importiert, schreibt im Kündigungsbrief: „Betriebsstillstand wegen eines Brandschadens im Lager".**

c) **Cordt Wandmacher bekommt die Kündigung der Russ Spedition wegen „mehrmaliger Verspätung trotz wiederholter Abmahnung".**

d) **Melanie Peagano weigert sich, bei der Green Mary GmbH einen Auftrag auszuführen, und bekommt deshalb die Kündigung.**

e) **Weil Cornelia Kind schwanger ist, soll sie die Kookoh GmbH verlassen.**

f) **Ein Lagerarbeiter verursacht in der Ernst Puszkat KG häufig Fehler wegen mangelnder Sorgfalt.**

11 Jugendarbeitsschutzgesetz

Handlungssituation

Während der Mittagspause unterhält sich die Vorsitzende der Jugend- und Auszubildendenvertretung der Proximus Versicherungsagentur mit Stefanie Beyer und Jakub Nowak.

„Da ihr beide noch keine achtzehn Jahre alt seid, gelten für euch im Betrieb besondere Schutzbestimmungen. Seid ihr darüber informiert?" „Ja, na klar, das Jugendarbeitsschutzgesetz. Da steht alles genau drin: Arbeitszeit, Pausen und so weiter."

Informationen zum Lösen der Handlungsaufgaben finden Sie im Lehrbuch „Alles versichert – Kaufmann/Kauffrau für Versicherungen und Finanzanlagen, 1. Ausbildungsjahr", in Lernfeld 1 Kapitel 11.

Handlungsaufgaben

1. **Stellen Sie die Bestimmungen des Jugendarbeitsschutzgesetzes zur Arbeitszeit, zu den Pausen, zum Urlaub und zum Berufsschulbesuch zusammen.**

2. **Stellen Sie fest, für welche Personen das Jugendarbeitsschutzgesetz gilt.**

3. **Geben Sie an, was mit den Bestimmungen des Jugendarbeitsschutzes erreicht werden soll.**

4. **Ein Jugendlicher arbeitet 7,5 Stunden am Tag. Nennen Sie, wie viele Minuten Pause ihm zustehen.**

5. **Ermitteln Sie, wie viele Stunden Jugendliche täglich höchstens arbeiten dürfen.**

6. **Geben Sie an, wie viele Stunden Jugendliche wöchentlich höchstens arbeiten dürfen.**

7. **Zeigen Sie auf, wie viele Werktage Jahresurlaub einer 17-jährigen Auszubildenden nach dem Jugendarbeitsschutzgesetz zustehen.**

8. **Eine 16-jährige Auszubildende soll an der Inventur eines Elektronikmarktes teilnehmen. Ermitteln Sie, bis wie viel Uhr sie höchstens an der Inventur teilnehmen darf.**

9. **Eine 16-jährige Auszubildende besucht an zwei Tagen in der Woche die Berufsschule. Am ersten Berufsschultag hat sie sechs Unterrichtsstunden in der Zeit von 07:45 Uhr bis 12:45 Uhr. Am zweiten Berufsschultag hat sie von 07:45 Uhr bis 11:00 Uhr vier Unterrichtsstunden. Berechnen Sie, mit wie vielen Stunden der Berufsschulbesuch auf die wöchentliche Arbeitszeit angerechnet wird.**

10. **Ein 17-jähriger Auszubildender besucht an seinem ersten Berufsschultag die Berufsschule von 08:00 Uhr bis 14:45 Uhr. An seinem zweiten Berufsschultag besucht er die Berufsschule ebenfalls von 08:00 Uhr bis 14:45 Uhr. Geben Sie an, mit wie vielen Stunden der Berufsschulbesuch auf die wöchentliche Arbeitszeit angerechnet wird.**

11. **Führen Sie auf, an welchen Tagen Jugendliche in ihrem Ausbildungsbetrieb nicht arbeiten dürfen.**

12. **Führen Sie auf, für welche Arbeiten Jugendliche nicht eingesetzt werden dürfen.**

13. **Ermitteln Sie, an wie vielen Pflichtuntersuchungen Jugendliche teilnehmen müssen.**

14. **Geben Sie an, wer die Einhaltung der Bestimmungen des Jugendarbeitsschutzgesetzes überwacht.**

12 Arbeitsschutz

Handlungssituation

In der Berufsschulklasse von Sven Dinges diskutieren die Schülerinnen und Schüler arbeitsrechtliche Fälle, die bei einigen Arbeitskräften in ihren Versicherungsagenturen vorgefallen sind.

Situation 1: „Die tägliche Arbeitszeit beträgt von Montag bis Donnerstag jeweils 8,5 Stunden (08:00 Uhr bis 17:00 Uhr) und am Freitag sechs Stunden (08:00 Uhr bis 14:30 Uhr)."

Situation 2: „Der jährliche Urlaub beträgt 20 Werktage."

Situation 3: „Die Probezeit beträgt vier Monate."

Informationen zum Lösen der Handlungsaufgaben finden Sie im Lehrbuch „Alles versichert – Kaufmann/Kauffrau für Versicherungen und Finanzanlagen, 1. Ausbildungsjahr", in Lernfeld 1 Kapitel 12.

Handlungsaufgaben

1. **Geben Sie an, wie viele Stunden pro Woche ein Arbeitnehmer normalerweise höchstens arbeiten darf.**

2. **Susanne Müller, 20 Jahre alt, arbeitet von Montag bis Donnerstag acht Stunden täglich und am Freitag sechs Stunden. Prüfen Sie, ob Frau Müller ihre tägliche Arbeitszeit von Montag bis Donnerstag auf 9,5 Stunden erhöhen darf, um am Freitag frei zu haben.**

3. **Jürgen Berger arbeitet am Donnerstag neun Stunden. Geben Sie an, wie viele Minuten Ruhepausen ihm laut Arbeitszeitgesetz mindestens zustehen.**

4. **Geben Sie die Dauer des gesetzlichen Mindesturlaubs bei einer 5-Tage-Woche an.**

5. **Geben Sie an, wie viele Wochen nach der Niederkunft eine Arbeitnehmerin nicht arbeiten darf.**

6. **Frau Grabert möchte fünf Wochen vor dem voraussichtlichen Termin ihrer Niederkunft weiter in ihrem Betrieb arbeiten. Prüfen Sie, ob der Arbeitgeber dies gestatten darf.**

7. **Geben Sie Spezialgesetze an, die dem Schutz von Arbeitnehmerinnen und Arbeitnehmern dienen.**

8. **Beurteilen Sie die Fälle der Einstiegssituation.**

13 Innerbetriebliche Mitbestimmung

Handlungssituation

Der Vorsitzende des Betriebsrats und die Vorsitzende der Jugend- und Auszubildendenvertretung der Proximus Versicherungsagentur begrüßen die neuen Auszubildenden.

„Liebe Kolleginnen und Kollegen, wir freuen uns, dass Sie eine Ausbildung in unserem Unternehmen begonnen haben. Wir möchten uns Ihnen heute als Ihre Arbeitnehmerinnen- und Arbeitnehmervertreter vorstellen. Wann immer Sie Fragen zu Ihrer Ausbildung haben oder Hilfe und Unterstützung brauchen, kommen Sie zu uns. Sie finden uns während der angegebenen Sprechzeiten im Betriebsratsbüro."

Informationen zum Lösen der Handlungsaufgaben finden Sie im Lehrbuch „Alles versichert – Kaufmann/Kauffrau für Versicherungen und Finanzanlagen, 1. Ausbildungsjahr", in Lernfeld 1 Kapitel 12.

Handlungsaufgaben

1. **Stellen Sie fest, welche Aufgaben ein Betriebsrat hat.**

2. **Erläutern Sie die Aufgaben einer Jugend- und Auszubildendenvertretung.**

3. Geben Sie an, wie viele wahlberechtigte Arbeitnehmer/-innen in einem Betrieb beschäftigt sein müssen, damit ein Betriebsrat gewählt werden darf.

4. Definieren Sie, was man unter Mitbestimmung des Betriebsrats versteht.

5. Erläutern Sie, was man unter Mitwirkung des Betriebsrats versteht.

6. Geben Sie an, in welchen sozialen Angelegenheiten der Betriebsrat ein volles Mitbestimmungsrecht hat.

7. Führen Sie Fälle auf, in denen eine Entscheidung des Arbeitgebers ohne Zustimmung des Betriebsrats ungültig ist.

8. Nennen Sie Angelegenheiten, in denen der Betriebsrat nur ein Informationsrecht hat.

9. Zeigen Sie die Folgen auf, wenn einer/einem Angestellten gekündigt wurde, ohne dass der Betriebsrat angehört wurde.

10. Ein Unternehmer will eine/-n zusätzlichen Angestellten einstellen. Der Betriebsrat stimmt der Einstellung nicht zu. Kann die/der Angestellte trotzdem eingestellt werden? Begründen Sie Ihre Antwort.

11. Führen Sie auf, welche Personen zu Jugend- und Auszubildendenvertretern/-innen gewählt werden dürfen.

12. **Geben Sie an, an wen sich die Jugend- und Auszubildendenvertretung in Streitfällen wenden muss.**

13. **Geben Sie an, zwischen wem Betriebsvereinbarungen abgeschlossen werden.**

14. **Führen Sie auf, wie oft Betriebsversammlungen in einem Jahr mindestens stattfinden müssen.**

15. **Ein Angestellter liest in seiner Personalakte, dass er häufig zu spät gekommen sei. Tatsächlich ist er bisher nur zweimal verspätet zur Arbeit gekommen. Machen Sie einen Vorschlag, was er tun kann.**

16. **Führen Sie auf, was durch Betriebsvereinbarungen geregelt werden kann.**

Lernfeld 2

Kundenberatungsgespräche zu Versicherungsverträgen vorbereiten

Zielbeschreibung:

Sie verfügen über die Kompetenz, unter Berücksichtigung der rechtlichen Rahmenbedingungen Kundenberatungsgespräche zu Versicherungsverträgen vorzubereiten.

2

Es folgen die Inhalte des Rahmenlehrplans für Lernfeld 2:

Kundenberatungsgespräche zu Versicherungsverträgen vorbereiten

Die Schülerinnen und Schüler **analysieren** die Rechts-und Geschäftsfähigkeit von Kunden *(Versicherungsnehmer)* und bereiten unter Beachtung rechtlicher und betrieblicher Vorgaben *(Allgemeine Versicherungsbedingungen, Versicherungsvertragsgesetz, Bürgerliches Gesetzbuch, Verordnung über Informationspflichten bei Versicherungsverträgen)* den Abschluss von Versicherungsverträgen *(Antrags- und Invitatiomodell)* vor.

Die Schülerinnen und Schüler machen sich mit den Grundlagen des Versicherungs- und Handelsrechts *(Willenserklärungen, Rechtsgeschäfte, Informationspflichten des Versicherers, Anzeigepflichten des Versicherungsnehmers, Datenschutzklauseln)* vertraut und **informieren** sich über die Rechte und Pflichten der Kunden vor und nach dem Beginn der Versicherung, zu deren Beendigung sowie über die Folgen bei Verletzung der gesetzlichen und vertraglichen Regelungen *(Versicherungsbeginn, Prämienverzug, vorvertragliche Anzeigepflicht, Kündigung, Rücktritt, Widerruf, Widerspruch)*.

Die Schülerinnen und Schüler **bereiten** Kundenberatungsgespräche **vor**, mit deren Hilfe sie die persönlichen und wirtschaftliche Verhältnisse der Kunden sowie deren Bedarfe und Wünsche ermitteln, die Kunden über die Dokumentations-, Beratungs- und Informationspflichten aufklären und auf Möglichkeiten der Konfliktlösung und Schlichtung *(Ombudsmann, Bundesanstalt für Finanzdienstleistungsaufsicht)* verweisen. Dabei berücksichtigen sie die Belange des Datenschutzes.

Die Schülerinnen und Schüler **kontrollieren** ihre Planung hinsichtlich der rechtlichen und betrieblichen Vorgaben. Sie **bewerten** ihre Vorgehensweise bei der Vorbereitung und diskutieren Verbesserungsmöglichkeiten.

1 Allgemeine Rechtsgrundlagen

1.2 Abschluss von Rechtsgeschäften

Handlungssituation

Shirin Gül bittet eine Freundin für einen Wochenendausflug um ein Fahrrad und erhält es.

Informationen zum Lösen der Handlungsaufgaben finden Sie im Lehrbuch „Alles versichert – Kaufmann/Kauffrau für Versicherungen und Finanzanlagen, 1. Ausbildungsjahr", in Lernfeld 2 Kapitel 1.

Handlungsaufgaben

1. **Stellen Sie fest, in welcher Form Willenserklärungen abgegeben werden können.**

2. **Unterscheiden Sie einseitige und zweiseitige Rechtsgeschäfte.**

3. **Erklären Sie, wodurch zweiseitige Rechtsgeschäfte zustande kommen.**

4. **Erläutern Sie den Grundsatz der Vertragsfreiheit für den Abschluss von Rechtsgeschäften.**

5. **Entscheiden Sie, in welchen der Fälle ein Vertrag zustande gekommen ist. Begründen Sie Ihre Antwort.**

a) **Ein Reisebüromitarbeiter macht einem Kunden ein Reiseangebot. Der Kunde bucht die Reise zu den angebotenen Bedingungen.**

b) **Eine Käuferin bestellt eine Ware per E-Mail, ohne ein Angebot erhalten zu haben. Der Verkäufer liefert die Ware.**

c) **Eine Versicherungsagentur beauftragt ein Teppichreinigungsunternehmen mit der Reinigung der Teppichböden der Agenturräume. Das Teppichreinigungsunternehmen schickt eine Auftragsbestätigung.**

d) **Jakub Nowak bestellt eine Pizza Salami. Der Pizzabote liefert eine Pizza Prosciutto.**

6. **Geben Sie an, um welche Vertragsarten es sich jeweils in den Fällen handelt.**

a) **Ein Autofahrer lässt in einer Kfz-Werkstatt einen Kotflügel seines Wagens ausbeulen.**

b) **Ein Bankkunde leiht bei seiner Bank Geld, das er mit Zinsen zurückzahlen muss.**

c) **Eine Versicherungskauffrau arbeitet bei einer Versicherungsagentur für ein Monatsgehalt von 2.200,00 €.**

d) **Ein Tischler fertigt für einen Kunden einen Einbauschrank an. Das Holz für den Schrank besorgt er selbst.**

7. **Beurteilen Sie den Fall der Handlungssituation.**

1.3 Nichtigkeit und Anfechtbarkeit von Willenserklärungen

Handlungssituation

- Der Büromöbelhändler Marcel Heinen macht einer Proximus Versicherungsagentur ein schriftliches Angebot für Schreibtischstühle. Beim Schreiben des Angebots macht Herr Heinen einen Tippfehler und schreibt 230,00 € anstatt 320,00 € je Stuhl. Der Leiter der Versicherungsagentur bestellt zwei Schreibtischstühle zum Preis von 230,00 € je Stuhl.
- Herr Heinen schließt einen Vertrag über den Kauf eines Wochenendhauses mündlich ab.

Informationen zum Lösen der Handlungsaufgaben finden Sie im Lehrbuch „Alles versichert – Kaufmann/Kauffrau für Versicherungen und Finanzanlagen, 1. Ausbildungsjahr“, in Lernfeld 2 Kapitel 1.

Handlungsaufgaben

1. **Nennen Sie Gründe für die Nichtigkeit von Willenserklärungen.**

2. **Nennen Sie Gründe für die Anfechtung von Willenserklärungen.**

3. **Geben Sie an, welche Auswirkung die Nichtigkeit einer Willenserklärung für die Gültigkeit eines Rechtsgeschäfts hat.**

4. **Erläutern Sie, welche Auswirkungen die Anfechtbarkeit einer Willenserklärung für die Gültigkeit eines Rechtsgeschäfts hat.**

5. **Beurteilen Sie die Fälle.**

a) **Eine Ware, die 195,00 € kostet, wird irrtümlich mit 159,00 € angeboten.**

b) **Ein Kunsthändler verkauft die Kopie eines Bildes als Original.**

c) **Der sechzehnjährige Frank Schrader kommt stolz mit einem Motorrad nach Hause. Er hat es für 1.250,00 € gekauft. Den Kaufpreis will er in zehn Raten abbezahlen. Sein Vater ist nicht sehr begeistert und verlangt, dass Frank das Motorrad zurückbringt.**

d) **Ein Druckereibesitzer schließt den Kauf über ein Grundstück mündlich ab.**

e) **Ein Einzelhändler verrechnet sich bei der Ermittlung des Verkaufspreises für eine Ware. Irrtümlich berechnet er 28,50 € anstatt 32,60 €.**

f) **Der Kaufpreis eines Hauses war doppelt so hoch wie der durch ein späteres Gutachten ermittelte Wert.**

6. **Beurteilen Sie die beiden Fälle der Handlungssituation.**

1.4 Rechtsfähigkeit und Geschäftsfähigkeit

Handlungssituation

Die 17-jährige Auszubildende Meike Plath kauft einen Großbildfernseher für 4.000,00 €, ohne dass sie ihren Vater vorher gefragt hat. Der Verkäufer des Fernsehers fragt den Vater später, ob er mit dem Kauf einverstanden ist.

Informationen zum Lösen der Handlungsaufgaben finden Sie im Lehrbuch „Alles versichert – Kaufmann/Kauffrau für Versicherungen und Finanzanlagen, 1. Ausbildungsjahr", in Lernfeld 2 Kapitel 1.

Handlungsaufgaben

1. **Unterscheiden Sie Rechtsfähigkeit und Geschäftsfähigkeit.**

2. **Der 17 Jahre alte Hans Vollmer erhält von seinem Vater 500,00 € für ein Notebook. Der Händler besteht darauf, dass der Vater ihm gegenüber erklärt, dass er mit dem Kauf einverstanden ist. Erläutern Sie, warum der Händler diese Einverständniserklärung verlangt.**

3. **Die 14-jährige Sandra und der 15-jährige Thomas kaufen von ihrem Taschengeld einen gebrauchten MP3-Player für 20,00 €. Ihr Vater will den Kaufvertrag rückgängig machen. Der Händler weigert sich. Entscheiden Sie, wer Recht hat und begründen Sie Ihre Meinung.**

4. **Der neun Jahre alte Jürgen bekommt von seiner Tante einen MP3-Player geschenkt. Seine Eltern verbieten ihm die Annahme des Geschenks. Erläutern Sie, ob die Eltern dazu berechtigt sind und begründen Sie Ihre Meinung.**

5. **Die 17-jährige Anja Schneider schließt mit Einwilligung ihrer Eltern ein Ausbildungsverhältnis zur Versicherungskauffrau bei einer Versicherungsagentur ab. Welches der folgenden Rechtsgeschäfte darf sie nur mit Zustimmung ihrer Eltern abschließen? Begründen Sie Ihre Meinung.**

a) **In ihrer Versicherungsagentur verkauft sie eine Hausratversicherung an einen Kunden.**

b) **Am Wochenende verkauft sie ihr Fahrrad an eine Freundin.**

6. **Britta Körber arbeitet in der Abteilung Unterhaltungselektronik eines Warenhauses. Heute kommen einige Kunden zu ihr. Erläutern Sie, wie sich Britta Körber gegenüber diesen Kunden verhalten sollte.**

a) **Ein 17-jähriger Schüler möchte einen Laserdrucker zum Preis von 534,00 € kaufen.**

b) **Ein 6-jähriges Mädchen möchte eine CD zum Preis von 7,00 € als Geburtstagsgeschenk für seine Mutter kaufen.**

c) **Ein 12-jähriger Junge möchte DVD-Rohlinge im Wert von 5,60 € kaufen.**

d) **Ein ca. 30 Jahre alter Mann möchte ein Fernsehgerät zum Preis von 560,00 € kaufen.**

7. **Der 17 Jahre alte Frank Förster führt mit Genehmigung des Vormundschaftsgerichts den Betrieb seines verstorbenen Vaters. Erläutern Sie, welche der Rechtsgeschäfte er ohne Zustimmung seiner gesetzlichen Vertretung abschließen darf. Begründen Sie Ihre Meinung.**

a) **Einkauf einer neuen Maschine für den Betrieb**

b) **Kauf eines Ferienhauses in Griechenland**

c) **Kauf eines Taschenrechners im Wert von 15,00 €**

d) **Einstellen eines neuen Mitarbeiters**

8. **Stellen Sie die rechtlichen Regelungen zusammen, die eine Auszubildende beim Abschluss von Kaufverträgen mit Kunden beachten muss. Erstellen Sie eine Übersicht mithilfe einer Mindmap.**

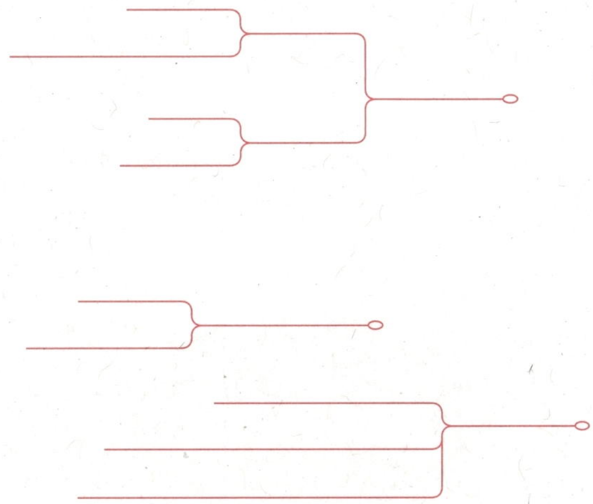

9. **Die 17-jährige Kataryna Lindemann möchte in einem Mehrfamilienhaus in Hannover-Stöcken eine Zweizimmerwohnung mieten. Der Vermieter möchte ihr grundsätzlich die Wohnung überlassen. Als er jedoch hört, wie alt sie ist, weigert er sich, mit ihr den Mietvertrag abzuschließen. Sie möchte das Problem in einem Gespräch mit dem Vermieter lösen. Versetzen Sie sich in die Rolle von Kataryna Lindemann.**

a) **Entwickeln Sie eine Lösungsstrategie für das Problem.**

b) **Erläutern Sie Ihre Lösungsstrategie Ihrem/Ihrer Tischnachbar/-in.**

10. **Beurteilen Sie den Fall der Handlungssituation.**

2 Rechtsgrundlagen des Versicherungsvertrages

Handlungssituation

Vanessa Pitt beginnt heute ihr drei monatiges Praktikum in einer Proximus Versicherungsagentur. Zu Beginn zeigt ihr Mario Kurz ihren Arbeitsplatz. Vanessa Pitt ist verwundert über die zahlreichen Gesetzesbücher und Ordner auf dem Schreibtisch.

Vanessa Pitt: „Haben Sie täglich mit allen Gesetzesbüchern zu tun, die auf dem Schreibtisch stehen?"

Mario Kurz: „Ja das haben wir. Nicht nur mit den Gesetzen und Vorschriften müssen wir uns auskennen, sondern auch mit den jeweiligen Versicherungsbedingungen, die in den Ordnern abgeheftet sind."

Informationen zum Lösen der Handlungsaufgaben finden Sie im Lehrbuch „Alles versichert – Kaufmann/Kauffrau für Versicherungen und Finanzanlagen, 1. Ausbildungsjahr", in Lernfeld 2 Kapitel 2.

Handlungsaufgaben

1. **Erstellen Sie zusammen mit Ihrem/Ihrer Tischnachbarn/-in eine Übersicht über die verschiedenen Gesetze und Verordnungen, die für die Versicherungswirtschaft von Bedeutung sind. Tragen Sie diese in die Mindmap ein.**

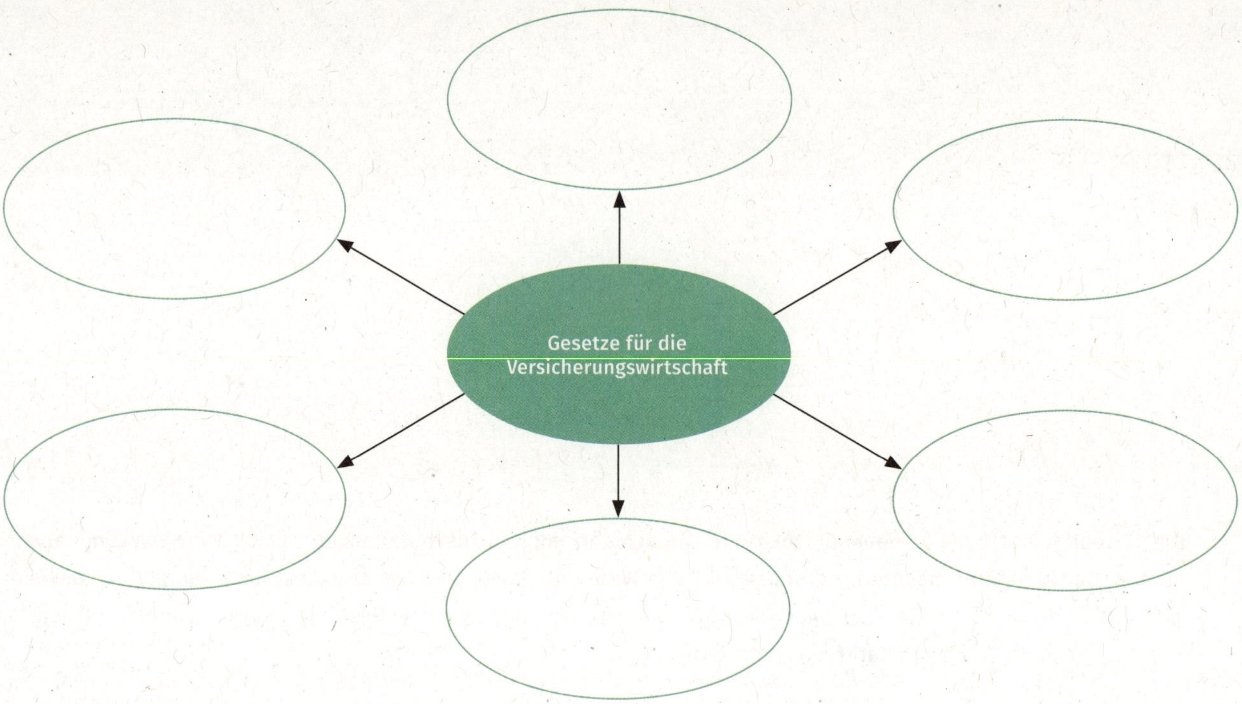

2. **Nennen Sie die wichtigsten Gesetze und Vereinbarungen und tragen Sie diese in die Pyramide nach der Wichtigkeit ein.**

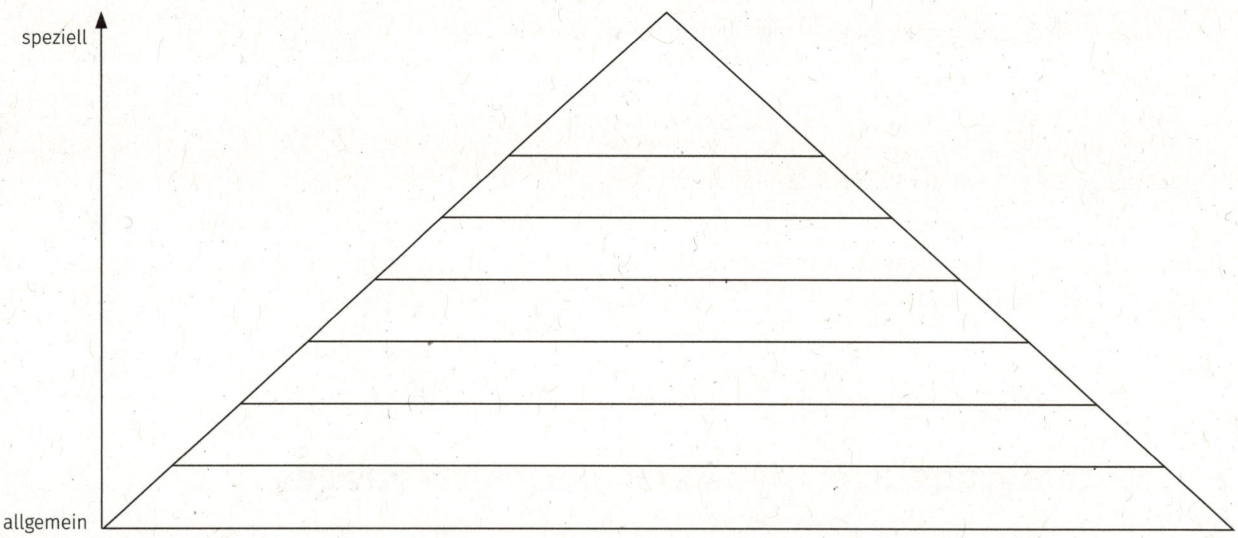

Vertiefungs- und Anwendungsaufgaben

1. **Erläutern Sie, wie die Vorschriften des Versicherungsvertragsgesetzes unter dem Gesichtspunkt der Vertragsfreiheit eingeteilt werden können und nennen Sie jeweils ein Beispiel. Als Hilfestellung dient Ihnen das Versicherungsvertragsgesetz.**

2. **Nennen Sie zwei Fälle, in denen das Versicherungsvertragsgesetz (VVG) vom Bürgerlichen Gesetzbuch (BGB) abweicht oder eine Ergänzung darstellt. Benutzen Sie als Hilfsstellung die Gesetzessammlung.**

Thema	Regelung des BGB	Regelung des VVG

3. **Der Versicherungsvertrag wird neben den gesetzlichen auch von vertraglichen Regelungen bestimmt. Bringen Sie die vertraglichen Bestimmungen in die Reihenfolge von allgemeinen zu den speziellen Regelungen. Tragen Sie die Zahlen der richtigen Reihenfolge in die Kästchen ein.**

Vertragliche Regelungen	Reihenfolge
Verbandsklausel	
Vertragsvereinbarung	
Allgemeine Versicherungsbedingungen	
Sonderbedingungen	
Unternehmensklausel	

4. **Erklären Sie, was man unter den Allgemeinen Versicherungsbedingungen versteht und welchem Zweck sie dienen.**

5. **Ihr Kunde Silvio Patta möchte folgende Versicherungen bei Ihnen abschließen:**

- **eine Hausratversicherung mit Einschluss von Fahrraddiebstahl sowie eine Glasversicherung**
- **eine Wohngebäudeversicherung mit Einschluss von Datenrettungskosten in der Privatversicherung bis 2.000,00 €, Elementarversicherung und Einschluss des Wasserverlustes**
- **Kraftfahrzeug-Haftpflichtversicherung mit Vollkaskoversicherung**

Prüfen Sie mithilfe der Proximus Versicherungsbedingungen, welche vertraglichen Rechtsgrundlagen allgemein und welche speziell sind.

6. **Jeder Hausratsversicherungsvertrag unterliegt verschiedenen Bestimmungen, die sich speziell auf einen Vertrag beziehen oder aber allgemein gehalten sind. Bringen Sie die folgenden Bestimmungen, von speziell zu allgemein, in die richtige Reihenfolge. Tragen Sie die Zahlen der richtigen Reihenfolge in die Kästchen ein.**

Bestimmungen	Reihenfolge
Klauseln zu den Allgemeinen Hausrat-Versicherungsbedingungen	
Verbraucherinformationen (VVG-InfoV)	
Individuelle Vereinbarungen zur Hausratversicherung	
Allgemeine Hausrat-Versicherungsbedingungen (VHB 2021)	
Versicherungsvertragsgesetz (VVG)	
Bürgerliches Gesetzbuch (BGB)	

3 Abschluss eines Versicherungsvertrages

3.1 und 3.2 Informations-, Beratungs- und Informationspflichten

Handlungssituation

Maximilian Grube ist vor drei Wochen Vater geworden und macht sich jetzt Gedanken, wie er am besten seine Familie absichern kann, falls ihm etwas zustoßen sollte. Auf Empfehlung eines langjährigen Kunden ruft er Sven Kurz in der Proximus Versicherungsagentur an und bittet um einen Termin. Im Telefonat weist er darauf hin, dass seine finanziellen Möglichkeiten im Moment nicht so groß sind, weil seine Frau ihrer beruflichen Tätigkeit aufgrund der Elternzeit nicht nachgehen kann.

Als sich Herr Grube in den Räumlichkeiten der Versicherungsagentur einfindet, begrüßt Sven Kurz ihn zunächst freundlich und bittet ihn, Platz zu nehmen. Sven Kurz stellt sich als Versicherungsvertreter der Proximus Versicherung AG vor und erklärt Herrn Grube, dass er ausschließlich für die Proximus Versicherung AG tätig ist und übergibt ihm seine Visitenkarte mit allen wichtigen Daten.

Nachdem er alle personenbezogenen Daten von Herrn Grube aufgenommen hat, erfährt Sven Kurz, dass Herr Grube nur eine Hausratversicherung bei einem anderen Versicherer besitzt und fragt noch einmal nach, welche Gründe Herr Grube für seinen Beratungswunsch hatte. Da es Herrn Grube im Wesentlichen um die Absicherung seiner Familie geht, stellt Sven Kurz weitere Fragen und erfährt, dass Herr Grube sehr gerne Ski fährt.

Nachdem Sven Kurz alle Informationen von Herrn Grube erhalten hat, zeigt er diesem ihm auf, welche typischen Risiken drohen und welcher Versicherungsschutz angemessen wäre. Neben einer Privathaftpflichtversicherung und einer privaten Unfallversicherung erklärt er Herrn Grube, welche Risiken ihm durch eine Verminderung der Arbeitsleistung, wie z.B. Berufsunfähigkeit oder Erwerbsminderung, drohen. Auch die Risiken eines plötzlichen Todes spricht er an, da auch hier eine Absicherung für die Familie von Nöten wäre.

Herr Grube erkennt die Notwendigkeit der Absicherung aller angesprochenen Risiken, jedoch muss er feststellen, dass eine Absicherung aller Risiken derzeit finanziell nicht möglich ist. Daraufhin schlägt Sven Kurz ihm vor, zumindest zum jetzigen Zeitpunkt das Todesfallrisiko durch eine Risikolebensversicherung abzudecken, da der Tod und der damit verbundene finanzielle Bedarf der Hinterbliebenen meistens unerwartet eintritt und die Beiträge zu Risikolebensversicherungen dagegen recht günstig sind. Außerdem legt er ihm nahe, eine Privathaftpflichtversicherung in Erwägung zu ziehen, da Schäden, die im privaten Kontext einem Anderen versehentlich zugefügt werden, auch zu einem finanziellen Ruin führen können.

Herr Grube ist mit diesen Vorschlägen einverstanden und beschließt, die private Unfallversicherung und die Berufsunfähigkeitsversicherung vorerst zurückzustellen und zu einem späteren Zeitpunkt noch einmal darauf zurück zu kommen.

Während des Gespräches mit Herrn Grube hat Sven Kurz den Inhalt des Beratungsgespräches und insbesondere die Empfehlung sowie die Entscheidung von Herrn Grube auf einem vorbereiteten Formular dokumentiert, das er später Herrn Grube aushändigt.

Im Anschluss stellt er Herrn Grube die von der Proximus Lebensversicherung AG angebotenen Tarife für die Risikolebensversicherung vor. Nach reichlicher Abwägung der Unterschiede entscheidet sich Herr Grube für einen Tarif. Im Anschluss stellt Sven Kurz Herrn Grube noch den Tarif der Privathaftpflichtversicherung vor und erläutert ihm den Deckungsumfang.

Im Anschluss daran händigt er Herrn Grube eine Informationsmappe aus, in der sich u.a. die Versicherungsinformationen zu den Allgemeinen Versicherungsbedingungen zur Risikolebensversicherung und der Privathaftpflichtversicherung sowie das Produktinformationsblatt und die Dokumentation der Beratung befinden. Herr Grube unterschreibt, dass er diese Informationen erhalten hat.

Nach kurzer Überlegung entscheidet sich Herr Grube, den Versicherungsantrag für die Risikolebensversicherung und für die Privathaftpflichtversicherung zu stellen, zumal er erfahren hat, dass er seine Vertragserklärung nach Zugang des Versicherungsscheins noch widerrufen kann. Sven Kurz weist Herrn Grube darauf hin, dass er in der Lebensversicherung eine Widerruffrist von 30 Tagen und in der Privathaftpflichtversicherung von 14 Tagen nach Erhalt des Versicherungsscheins hat, worauf er aber nochmals genau im Versicherungsschein hingewiesen wird.

Informationen zum Lösen der Handlungsaufgaben finden Sie im Lehrbuch „Alles versichert – Kaufmann/Kauffrau für Versicherungen und Finanzanlagen, 1. Ausbildungsjahr“, in Lernfeld 2 Kapitel 3.

Handlungsaufgaben

1. **Erläutern Sie, mithilfe welcher Verordnungen oder gesetzlicher Vorschriften Sie überprüfen können, ob das Beratungsgespräch ordnungsgemäß durchgeführt wurde.**

2. **Erstellen Sie ein Schema, das den Ablauf einer Beratung wiederspiegelt. Vergleichen Sie Ihre Ergebnisse mit dem Ihres Tischnachbarn.**

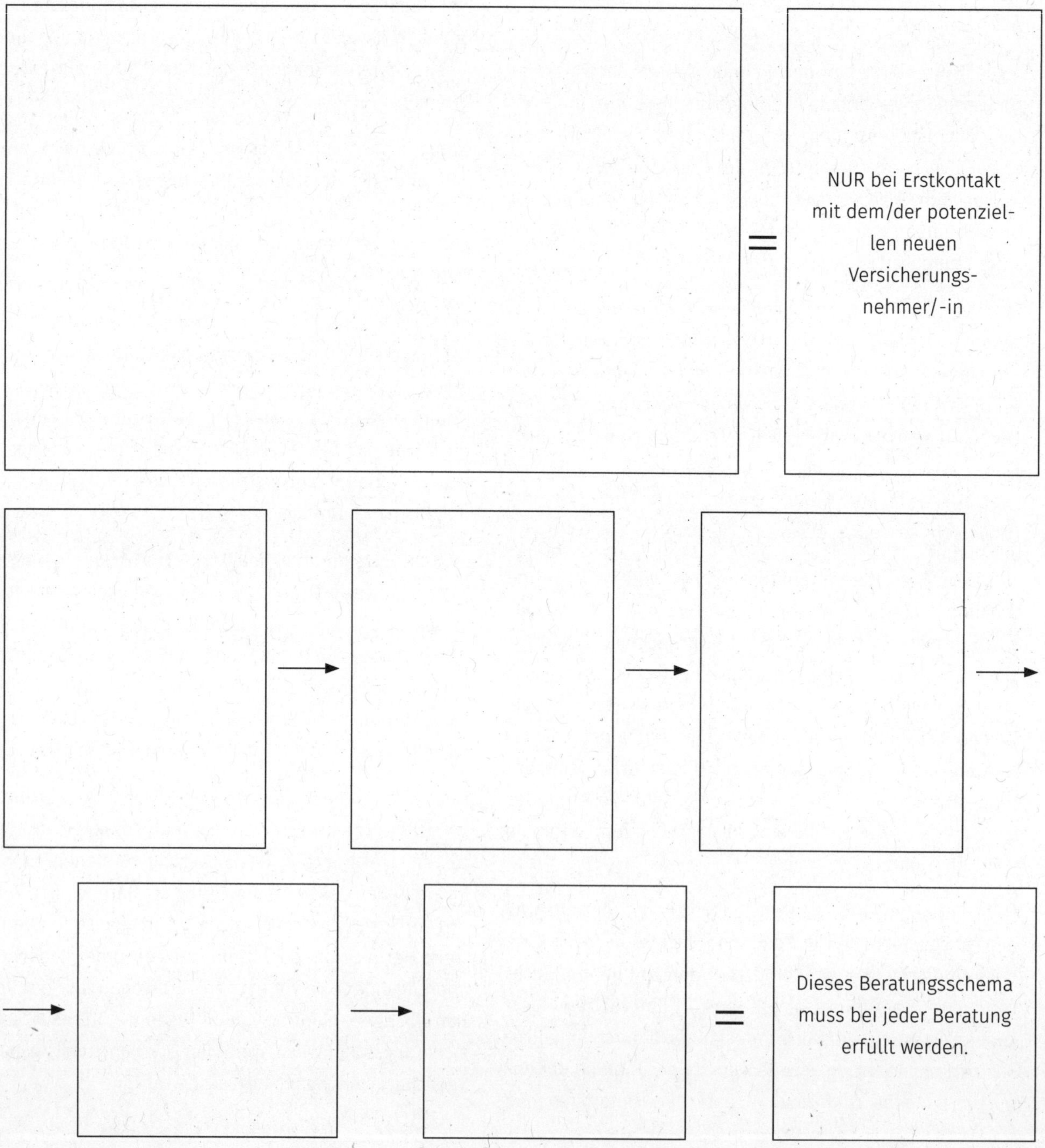

3. Kontrollieren Sie und teilen Sie die Handlungssituation in das Beratungsschema ein. Markieren Sie die entsprechenden Passagen und beschriften Sie den Abschnitt mit dem zugehörigen Begriff.

Maximilian Grube ist vor drei Wochen Vater geworden und macht sich jetzt Gedanken, wie er am besten seine Familie für den Fall absichern kann, dass ihm etwas zustößt. Auf Empfehlung eines langjährigen Kunden ruft er Sven Kurz in der Proximus Versicherungsagentur an und bittet um einen Termin. Im Telefonat weist er darauf hin, dass seine finanziellen Möglichkeiten im Moment nicht so groß sind, weil seine Frau ihrer beruflichen Tätigkeit aufgrund der Elternzeit nicht nachgehen kann.

Als sich Herr Grube in den Räumlichkeiten der Versicherungsagentur einfindet, begrüßt Sven Kurz in zunächst freundlich und bittet ihn, Platz zu nehmen. Sven Kurz stellt sich als Versicherungsvertreter der Proximus Versicherung AG vor, erklärt Herrn Grube, dass er ausschließlich für die Proximus Versicherung AG tätig ist und übergibt ihm seine Visitenkarte mit allen wichtigen Daten.

Nachdem er alle personenbezogenen Daten von Herrn Grube aufgenommen hat, erfährt Sven Kurz, dass Herr Grube nur eine Hausratversicherung bei einem anderen Versicherer besitzt und fragt noch einmal nach, welche Gründe Herr Grube für seinen Beratungswunsch hatte. Da es Herrn Grube im Wesentlichen um die Absicherung seiner Familie geht, stellt Sven Kurz weitere Fragen und erfährt, dass Herr Grube sehr gerne Ski fährt.

Nachdem Sven Kurz alle Informationen von Herrn Grube erhalten hat, zeigt er diesem ihm auf, welche typischen Risiken drohen und welcher Versicherungsschutz angemessen wäre. Neben einer Privathaftpflichtversicherung und einer privaten Unfallversicherung erklärt er Herrn Grube, welche Risiken ihm durch eine Verminderung der Arbeitsleistung, wie z. B. Berufsunfähigkeit oder Erwerbsminderung, drohen. Auch die Risiken eines plötzlichen Todes spricht er an, da auch hier eine Absicherung für die Familie von Nöten wäre.

Herr Grube erkennt die Notwendigkeit der Absicherung aller angesprochenen Risiken, jedoch muss er feststellen, dass eine Absicherung aller Risiken derzeit finanziell nicht möglich ist. Daraufhin schlägt Sven Kurz ihm vor, zumindest zum jetzigen Zeitpunkt das Todesfallrisiko durch eine Risikolebensversicherung abzudecken, da der Tod und der damit verbundene finanzielle Bedarf der Hinterbliebenen meistens unerwartet eintritt und die Beiträge zu Risikolebensversicherung dagegen recht günstig sind. Außerdem legt er ihm nahe, eine Privathaftpflichtversicherung in Erwägung zu ziehen, da Schäden, die im privaten Kontext einem anderen versehentlich zugefügt werden, auch zu einem finanziellen Ruin führen können.

Herr Grube ist mit diesen Vorschlägen einverstanden und beschließt, die private Unfallversicherung und die Berufsunfähigkeitsversicherung vorerst zurückzustellen und zu einem späteren Zeitpunkt noch einmal darauf zurück zu kommen.

Während des Gespräches mit Herrn Grube hat Sven Kurz den Inhalt des Beratungsgespräches und insbesondere die Empfehlung sowie die Entscheidung von Herrn Grube auf einem vorbereiteten Formular dokumentiert, das er später Herrn Grube aushändigt.

Im Anschluss stellt er Herrn Grube die von der Proximus Lebensversicherung AG angebotenen Tarife für die Risikolebensversicherung vor. Nach reichlicher Abwägung der Unterschiede entscheidet sich Herr Grube für einen Tarif. Im Anschluss stellt Sven Kurz Herrn Grube noch den Tarif der Privathaftpflichtversicherung vor und erläutert ihm den Deckungsumfang.

Im Anschluss daran händigt er Herrn Grube eine Informationsmappe aus, in der sich u. a. die Versicherungsinformationen zu den Allgemeinen Versicherungsbedingungen zur Risikolebensversicherung und der Privathaftpflichtversicherung sowie das Produktinformationsblatt und die Dokumentation der Beratung befinden. Herr Grube unterschreibt, dass er diese Informationen erhalten hat.

Nach kurzer Überlegung entscheidet sich Herr Grube, den Versicherungsantrag für die Risikolebensversicherung und für die Privathaftpflichtversicherung zu stellen, zumal er erfahren hat, dass er seine Vertragserklärung nach Zugang des Versicherungsscheins noch widerrufen kann. Sven Kurz weist Herrn Grube darauf hin, dass er in der Lebensversicherung eine Widerruffrist von 30 Tagen und in der Privathaftpflichtversicherung von 14 Tagen nach Erhalt des Versicherungsscheins hat, worauf er aber nochmals genau im Versicherungsschein hingewiesen wird.

Vertiefungs- und Anwendungsaufgaben

1. Martin Klages ist Auszubildende/-r in der Agentur Kleinlose der Proximus Versicherung AG und bekommt zufällig ein Gespräch zwischen zwei jungen Frauen an einer Bushaltestelle mit, die sich auf dem Weg zu einem/r Freund/in befinden.

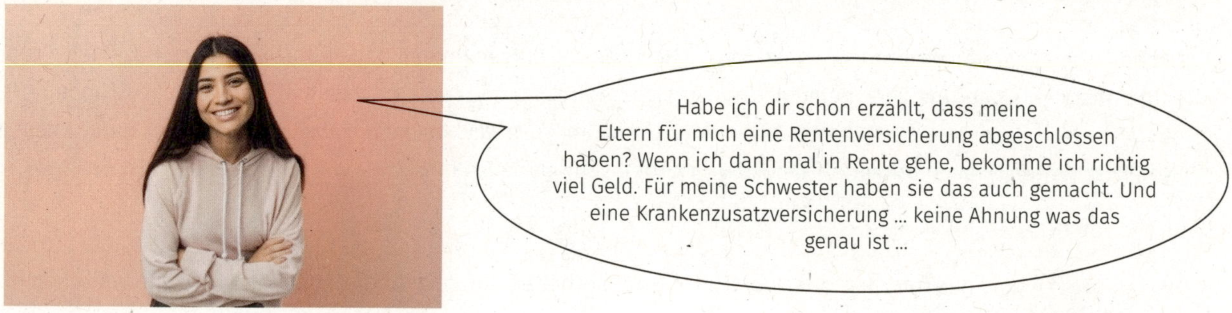

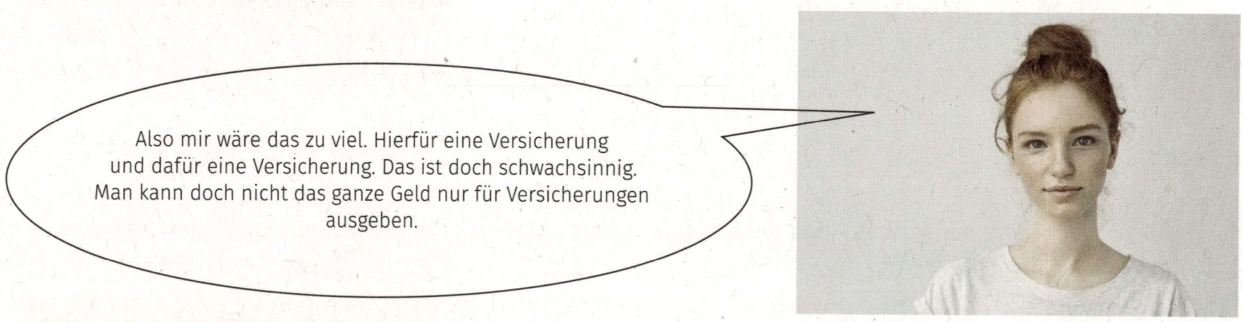

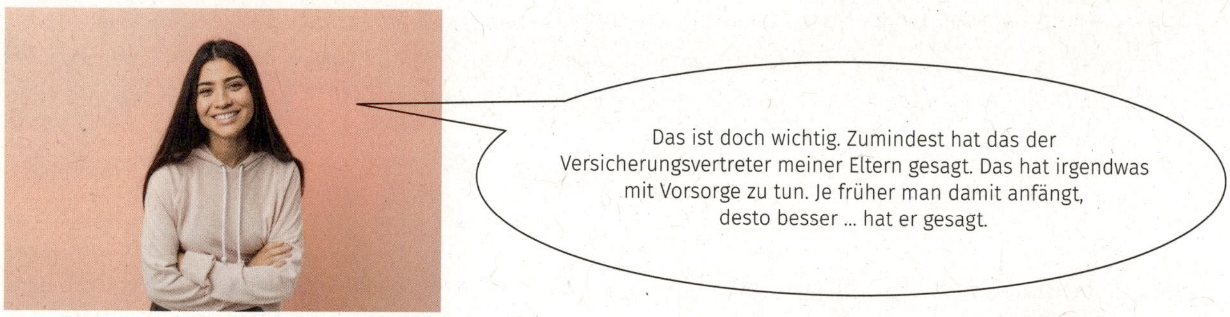

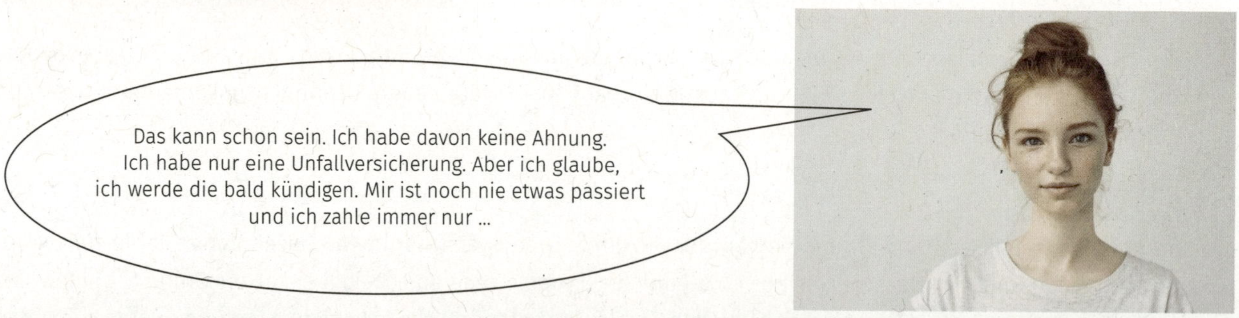

Leider konnte er das Gespräch nicht zu Ende verfolgen, da sein Bus gekommen ist. Er denkt über dieses Gespräch nach, da er sich fragt, ob Ihm solch eine Unterhaltung auch in der Ausbildung widerfahren könnte.

a) Wählen Sie aus dem unten stehenden Kasten drei Versicherungen aus und überlegen Sie, für welche Personengruppen diese Versicherungsart existenznotwendig, sinnvoll oder überflüssig sein könnte.

Hausratversicherung	Wohngebäudeversicherung
Kfz-Versicherung (Haftpflicht)	Kfz-Versicherung (Kasko)
Unfallversicherung	Rentenversicherung
Lebensversicherung	Zahnzusatzversicherung
Tierhalterhaftpflichtversicherung	Betriebshaftpflichtversicherung
Rechtsschutzversicherung	Privathaftpflichtversicherung
Reiserücktrittsversicherung	Glasversicherung
Praxisausfallversicherung	Betriebsinhaltsversicherung

Versicherungsart	existenznotwenig für ...	sinnvoll für ...	überflüssig für ...

b) **Überlegen Sie sich Beratungsaspekte, die Sie in die Praxis übernehmen könnten. Tragen Sie Ihre Ergebnisse zusammen, damit Sie eine Vielfalt an Beratungsaspekten haben.**

2. **Carolin Saager ist Auszubildende bei einem Versicherungsmakler und wird von dem potenziellen Neukunden Heribert Plas aufgesucht. Herr Plas möchte eine Rentenversicherung als Ergänzung zu seiner Altersvorsorge abschließen. Das Maklerbüro hat sich in Bezug auf die Rentenversicherung auf das Angebot von drei Versicherungen spezialisiert.**
Beschreiben Sie stichpunktartig die genannten Pflichten.

a) **Informationspflicht**

b) **Beratungspflicht**

c) **Dokumentationspflicht**

3. **Jakub Novak ist Auszubildender in der Agentur Kleinlose der Proximus Versicherung AG und wird von der langjährigen Kundin Margret Jamms aufgesucht. Frau Jamms möchte eine Unfallversicherung abschließen. Sie hat sich im Vorfeld im Internet informiert und besitzt klare Vorstellungen, was sie möchte. Sie bittet Sie deshalb darum, sofort „zur Sache zu kommen" und den Versicherungsantrag aufzunehmen.**
Schildern Sie, welche Besonderheit hier vorliegt.

3.4 Vertragserklärung und Widerrufsrecht für Versicherungsnehmer/-innen

Handlungssituation

Martin Peil, Leiter einer Versicherungsagentur, möchte gerade einige Arbeitsabläufe mit Shirin Gül besprechen, als deren Telefon klingelt. Er deutet an, dass sie gerne ans Telefon gehen kann und er solange wartet. Der Anrufer ist der Kunde Manfred Glanz. Shirin Gül begrüßt ihn und nach einigen Höflichkeiten kommt Herr Glanz zum Thema:

Manfred Glanz:
„Ich denke, ich muss zugeben, dass ich dringend Ihren Rat benötige. Es ist mir ein wenig unangenehm, aber vor drei Tagen war bei mir zu Hause ein Versicherungsvertreter, der mir eine Rechtsschutzversicherung angeboten hat. Ich wollte das eigentlich nicht, aber er konnte mich dazu überreden diese abzuschließen. Allerdings bin ich mir jetzt nicht mehr sicher und eigentlich brauche ich keine Rechtsschutzversicherung. Wie komme ich aus dieser Sache wieder raus?“

Shirin Gül:
„Herr Glanz, dass braucht Ihnen doch nicht unangenehm zu sein. Damit ich Sie richtig verstehe, Sie haben diese Rechtsschutzversicherung abgeschlossen? Heißt also, der Versicherungsantrag wurde ausgefüllt und Sie haben diesen an mehreren Stellen unterschrieben?“

Manfred Glanz:
„Ja, genau. Ich habe den Antrag an mehreren Stellen unterschrieben und ich habe eine ganze Menge an Informationen erhalten. Irgendwelche Bedingungen, ein Beratungsprotokoll und so weiter.“

Shirin Gül:
„Gut Herr Glanz. Ich habe mir Ihr Anliegen notiert und wenn Sie damit einverstanden sind, würde ich Sie so in etwa einer Stunde zurückrufen, da ich gerade in einer Besprechung bin.“

Manfred Glanz:
„Ja, sehr gerne. Ich danke Ihnen.“

Gerade als Shirin Gül mit Ihrem Chef über diese Thematik sprechen möchten, klingelt ihr Telefon erneut und Frau Gabriele Teumer meldet sich mit einem ähnlichen Anliegen.

Shirin Gül:
„Guten Tag Frau Teumer, wie kann ich Ihnen helfen?“

Gabriele Teumer:
„Ich denke, ich habe ein wenig zu schnell gehandelt. Das ist ja normalerweise nicht so meine Art. Aber der junge Versicherungsvertreter schien sehr kompetent und nett zu sein. Naja, wie dem auch sei, jetzt habe ich eine Lebensversicherung abgeschlossen, die ich so nun doch nicht möchte. Wissen Sie, ich habe ja nichts gegen das Thema Altersvorsorge, aber ich möchte im Vorfeld schon wissen, welche Möglichkeiten es generell gibt. Das können wir ja beim nächsten Termin einmal besprechen. Aber wie komme ich jetzt aus dem Lebensversicherungsvertrag wieder raus?“

Nachdem Shirin Gül auch Frau Teumer versprochen hat, sich bei ihr bezüglich ihres Anliegen zu melden, bespricht sie beide Sachverhalte mit Ihrem Chef. Dieser bittet Shirin Gül, eine schriftliche Kundeninformation zu dem Thema zu erstellen. Er findet, dass dieses Thema für alle Kunden interessant ist.

Informationen zum Lösen der Handlungsaufgaben finden Sie im Lehrbuch „Alles versichert – Kaufmann/Kauffrau für Versicherungen und Finanzanlagen, 1. Ausbildungsjahr“, in Lernfeld 2 Kapitel 3.

Handlungsaufgaben

1. Überlegen Sie, aus welchen Gründen jede der beiden an einem Versicherungsvertrag beteiligten Parteien vom Vertrag zurücktreten kann.

a) ***Versicherer →*** ____________________

b) ***der/die Versicherungsnehmer/-in →*** ____________________

2. Erläutern Sie, in welchen rechtlichen Bestimmungen das Widerrufsrecht geregelt ist.

____

____

3. **Erklären Sie, welche Widerrufsfrist das Versicherungsvertragsgesetz vorsieht.**

4. **Unterscheiden Sie den Beginn des Widerrufsrechts beim Antragsmodell und beim Invitatiomodell.**

Beginn des Widerrufsrechts

Antragsmodell	Invitatiomodell

5. **Erläutern Sie, unter welchen Umständen kein Widerrufsrecht besteht.**

6. **Beschreiben Sie die rechtlichen Folgen, die sich aus der Ausübung des Widerrufsrechts ergeben.**

7. **Erstellen Sie mithilfe der gesammelten Informationen ein Kundeninformationsblatt zum Widerrufsrecht.**

Vertiefungs- und Anwendungsaufgaben

1. **Ein Familienvater hat am 18. Juni 20.. den Antrag auf Abschluss einer Privathaftpflichtversicherung unterschrieben. Nachdem alle Unterschriften auf dem Antrag getätigt worden sind, erhielt der Kunde die Beratungsdokumentation. Am 07. August 20.. geht ihm der Versicherungsschein und eine Belehrung zu, dass ihm ein 14-tägiges Widerrufsrecht zusteht. Er lässt die Unterlagen aufgrund des Familienurlaubs vorerst liegen und möchte sich im Anschluss dessen mit dem Vorgang befassen. Am 30. August 20.. befasst sich der Familienvater wieder mit den Unterlagen und kommt zu dem Entschluss, dass er die abgeschlossene Privathaftpflichtversicherung nicht mehr möchte. Er macht von seinem Widerrufsrecht Ge-**

brauch und teilt dies dem Versicherer mit. Der Versicherer lehnt den Widerspruch mit der Begründung, dass die Widerrufsfrist abgelaufen wäre, ab.
Beurteilen Sie die Rechtslage.

2. **Shirin Gül liegt ein Schreiben (Auszug) ihres Kunden Max Trumlos vor.**

Düsseldorf, den 07. Juni 20..

Betreff: Widerruf meiner am 15. Mai 20.. abgeschlossenen Hausratversicherung

Sehr geehrte Damen und Herren,

ich habe am 15. Mai 20.. eine Hausratversicherung bei Ihnen unterschrieben. Nach reiflicher Überlegung bin ich zu dem Entschluss gekommen, dass ich diese Versicherung im Moment nicht haben möchte. Vielleicht können wir zum Ende des Jahres noch einmal über diese Versicherung sprechen, wenn ich in meine neue Wohnung eingezogen bin.

Mit freundlichen Grüßen

Max Trumlos

Eingegangen
08. Juni 20..

Aus dem Vertragsspiegel entnimmt sie folgende Daten:

Unterschrift unter dem Antrag	15. Mai 20..
Eingang des Versicherungsantrages	18. Mai 20..
Vertragslaufzeit	Einjahresvertrag
Erhalt der AVB, Verbraucherinformationen und Belehrung des Widerrufsrechts inkl. Rechtsfolgen bei Antragsstellung	15. Mai 20..
Zugang des Versicherungsscheins	26. Mai 20..
Übereinstimmung von Antrag und Versicherungsschein	ja
beantragter Versicherungsbeginn laut Versicherungsschein	01. Juni 20..

Erläutern und erklären Sie, ob Herr Trumlos von seinem Widerrufsrecht Gebrauch machen kann.

3. **Sven Kurz händigt seinem Versicherungsnehmer Leo Kröll am 03.09.20.. die Versicherungsinformationen zur Wohngebäudeversicherung elektronisch auf einem USB-Stick aus. Herr Kröll bestätigt den Erhalt. Am 06.09.20.. unterschreibt er den Antrag und Sven Kurz übermittelt diesen an den Versicherer. Am 13.09.20.. erhält Herr Kröll die Police.**

a) **Stellen Sie fest, welches Recht Herr Kröll nach VVG zusteht.**

- ☐ Anfechtungsrecht
- ☐ Widerspruchsrecht
- ☐ Kündigungsrecht
- ☐ Widerrufsrecht
- ☐ Rücktrittsrecht

b) **Stellen Sie fest, bis zu welchem Datum Herr Kröll von seinem Recht Gebrauch machen kann.**

4. **Claudia Stipel stellt am 17. November 20.. bei einer Proximus Versicheungsagentur einen Antrag auf Hausratversicherung. Vor der Antragsaufnahme wurden ihr alle notwendigen Verbraucherinformationen in Schriftform ausgehändigt. Die Aushändigung der Unterlagen wurde schriftlich dokumentiert. Am 24. November 20.. geht bei Frau Stipel der Versicherungsschein zu und sie wird über ihr Widerrufsrecht belehrt.**

a) **Stellen Sie fest, von welchem Recht Frau Stipel Gebrauch machen könnte, wenn sie die Hausratversicherung doch nicht haben möchte.**

b) **Stellen Sie anhand des abgebildeten Kalenderauszuges fest, bis zu welchem Zeitpunkt Frau Stipel ihr Widerrufsrecht ausüben kann.**

November 20..								Dezember 20..							
KW	Mo	Di	Mi	Do	Fr	Sa	So	KW	Mo	Di	Mi	Do	Fr	Sa	So
44		1	2	3	4	5	6	**48**				1	2	3	4
45	7	8	9	10	11	12	13	**49**	5	6	7	8	9	10	11
46	14	15	16	17	18	19	20	**50**	12	13	14	15	16	17	18
47	21	22	23	24	25	26	27	**51**	19	20	21	22	23	24	25
48	28	29	30					**52**	26	27	28	29	30	31	

5. **Franz Peters, Kunde einer Proximus Versicherungsagentur, hatte eine private Krankenversicherung abgeschlossen, die zum 01. März 20.. datiert war. Am 10. April des Folgejahres kam Herr Peters wegen eines Herzinfarktes ins Krankenhaus. Bei diesem Versicherungsfall stellte sich heraus, dass Herr Peters vor drei Jahren schon einmal einen Herzinfarkt erlitten hatte. Diesen Umstand hatte er bei Antragsaufnahme nicht mitgeteilt.**

a) **Erläutern Sie, welche Obliegenheit der Versicherungsnehmer Peters verletzt hat.**

b) **Erläutern Sie, was diese Obliegenheit beinhaltet. Gehen Sie dabei auch auf die Bedeutung für den Versicherer ein.**

c) **Erläutern Sie, zu welchem Zeitpunkt Herr Peters diese Obliegenheit zu erfüllen gehabt hätte.**

d) **Welche Rechte besitzt der Versicherer, nachdem er vom verschwiegenen Umstand Kenntnis erlangt hat. Gehen Sie zunächst auf die Arten des Verschweigens ein, bevor Sie auf die jeweiligen Auswirkungen eingehen.**

Arten des Verschweigens:

- **Vorsatz**

- **grobe Fahrlässigkeit**

- **einfache Fahrlässigkeit**

Die Auswirkungen hinsichtlich der Rechte:

- **vorsätzliches Verhalten**

- **grobe Fahrlässigkeit**

- **einfache Fahrlässigkeit**

- **schuldloses Verhalten des Versicherungsnehmers**

- **Erlöschen der Rechte des Versicherers**

- **Prämienanspruch des Versicherers**

6. **Der Versicherungsnehmer Dietmar Knoll hat eine Krankenversicherung abgeschlossen. Bei Antragstellung hat er einen positiven HIV-Test nicht angezeigt, obwohl er ausdrücklich danach gefragt wurde. Erst fünf Jahre später erkrankt Herr Knoll akut an Aids.**
Prüfen Sie die Rechtsgrundlage.

3.7 Versicherungsschein

Handlungssituation

Der Kunde Martin Maassen erscheint am Montagmorgen aufgebracht in der Versicherungsagentur von Sven Kurz.

Sven Kurz: „ Guten Morgen Herr Maassen, bitte nehmen Sie doch Platz. Was kann ich für Sie tun?"

Martin Maassen: „ Guten Morgen, danke schön! Ich habe am Samstag meinen Versicherungsschein zu meiner Kfz-Versicherung erhalten. Der Beitrag ist um einiges höher, als der, den ich bei Ihnen unterschrieben habe. Was ist da passiert?

Sven Kurz „ Ich schaue mir das kurz in Ihrer Akte an."

Sven Kurz ruft den Versicherungsschein auf.

Versicherungsumfang: Auto-Plus

Kfz-Haftpflichtversicherung (inkl. Umweltschadenversicherung)

100 Mio. EUR pauschal für Personen-, Sach- und Vermögensschäden (bei Personenschäden jedoch höchstens 15 Mio. EUR je geschädigte Person)

Tarifgebiet : S8
Typklasse : 15

Tarifbeitrag 100 %	Beitragssatz in 2016 für Schadenfreiheitsklasse 8	Versicherungsperiode/Zahlweise: jährlich inkl. 19,0 % Vers.-Steuer
EUR 479,63	41 %	EUR 196,65

Im Tarifbeitrag sind unter anderem abhängig von den Zusatzangaben eventuelle Zu-/Abschläge berücksichtigt.

Proximus Versicherung AG
Musterstr. 1
12345 Musterstadt

Versicherungsschein-Nummer: 123/234/567/56
Datum: 26.02.20..

Kaskoversicherung

Vollkaskoversicherung mit 300,00 EUR Selbstbeteiligung, bei Teilkaskoschäden keine Selbstbeteiligung.

Regionalklasse : S4
Typklasse : 18

Tarifbeitrag 100 %	Beitragssatz in 2016 für Schadenfreiheitsklasse 8	Versicherungsperiode/Zahlweise: jährlich inkl. 19,0 % Vers.-Steuer
EUR 756,38	41 %	EUR 310,12

Zur Kaskoversicherung wurden keine zuschlagspflichtigen Fahrzeug- und Zubehörteile gemeldet. Eingeschlossen ist Zubehör, das auf Grund gesetzlicher Bestimmungen mitgeführt werden muss und diesen entspricht, sowie – bis zu einem Wert von 75,00 EUR – Zubehör, das der Pannenhilfe oder ausschließlich der Unfallaufnahme dient. Beitragsfrei mitversichert sind alle Fahrzeug- und Zubehörteile, die werkseitig in das Fahrzeug eingebaut oder werkseitig fest am Fahrzeug angebaut wurden sowie im Fahrzeug fest eingebaute oder am Fahrzeug fest angebaute Spezialeinrichtungen und Spezialaufbauten bis zu einem Gesamtneuwert aller mitversicherten Teile von 10.000 EUR. Ebenfalls sind Sonderausstattungen, die nachträglich im Fahrzeug fest eingebaut oder am Fahrzeug fest angebracht sind, bis zu einem Gesamtneuwert von 10.000 EUR versichert, wenn sie in unseren „Allgemeine Bedingungen für die Kfz-Versicherung (AKB)" als mitversichert aufgeführt sind (z. B. fest eingebaute Radio- und sonstige Audiosysteme, zugelassene Fahrwerkveränderungen, Sonderlackierungen).

Im Tarifbeitrag sind unter anderem abhängig von den Zusatzangaben eventuelle Zu-/Abschläge berücksichtigt.

Informationen zum Lösen der Handlungsaufgaben finden Sie im Lehrbuch „Alles versichert – Kaufmann/Kauffrau für Versicherungen und Finanzanlagen, 1. Ausbildungsjahr", in Lernfeld 2 Kapitel 3.

1. **Beschreiben Sie, was Ihnen bei dem Versicherungsschein auffällt.**

2. **Erläutern Sie Herrn Maassen, was dies bedeutet. Schauen Sie auch im Versicherungsvertragsgesetz nach.**

3. **Erläutern Sie die Auswirkungen, die sich durch eine Abweichung des Versicherungsscheins für den Versicherer und für den Versicherungsnehmer ergeben.**

Der Versicherungsschein weicht vom Versicherungsantrag ab und es erfolgt ...

... eine ordnungsgemäße Belehrung von Herrn Maassen.

... keine ordnungsgemäße Belehrung von Herrn Maassen.

4. **Herr Maassen teilt Sven Kurz mit, dass er eine Belehrung im Versicherungsschein darüber gelesen hat, wenn Stellen im Versicherungsschein rot markiert sind.**
Erläutern und erklären Sie, wie Herr Maasen jetzt vorgehen könnte.

Vertiefungs- und Anwendungsaufgaben

1. **Beschreiben Sie das Wesen eines Versicherungsscheines.**
Zweck:

____

Weitere Bedeutung:

____

____

____

____

____

____

____

____

____

____

____

2. **Lena Bär hat am 12. August 20.. bei der Proximus Versicherung AG den Antrag auf eine Hausratversicherung für Ihre neue Wohnung gestellt. Den Antrag bekam sie in Kopie von dem Versicherungsvermittler ausgehändigt. Eine schriftliche Annahmeerklärung wurde nicht erstellt. Zu Hause erklärt sie Ihrer Mutter die getroffenen Vereinbarungen:**

- **Sie hat angegeben, dass die Versicherungssumme für Ihre 45 m² große Wohnung 20.000,00 € betragen soll.**
- **Da sie die Postleitzahl Ihrer neuen Wohnung nicht kennt, hat sie dieses Feld offen gelassen.**
- **Sie hat auf den Einschluss der kostenpflichtigen Klausel 7110 (Entschädigung bei einfachem Fahrraddiebstahl) verzichtet.**

Eine Woche später, also am 19. August 20.., erhält Lena Bär per Post den Versicherungsschein der Hausratversicherung. Sie liest die Police, die am 15. August 20.. erstellt wurde, aufmerksam durch. Einige Passagen machen sie stutzig:

- **Versicherungssumme 29.300,00 €**
- **Tarifzone II (wurde aufgrund der Postleitzahl der neuen Adresse festgelegt)**
- **Einschluss der Klausel 7110 „Einfacher Diebstahl von Fahrrädern" Prämienzuschlag 0,0 ‰**

Am Ende des Versicherungsscheines finden Sie folgende Textpassage:

> „An den rot kenntlich gemachten Stellen weicht der Versicherungsschein von dem Antrag ab. Wenn nicht innerhalb eines Monats nach Empfang des Versicherungsscheins in Textform widersprochen wird, gelten die Abweichungen als genehmigt."

Anmerkung: Der Beitrag der Hausratversicherung ergibt sich unter anderem aus der Versicherungssumme; der Tarifzone, die sich an der Postleitzahl der Adresse des Objektes orientiert, und den Klauseln, die ein Kunde einschließen will.

Lena Bär ist aufgrund der Abweichungen ein wenig verwirrt. Zudem hat sich der Beitrag der Versicherung, verglichen mit dem Antrag, erhöht. Sie sucht ihren Versicherungsvermittler auf und möchte wissen, ob sie die Änderungen akzeptieren und den höheren Beitrag zahlen muss.

a) **Beurteilen Sie den Sachverhalt.**

b) **Geben Sie an, bis zu welchem Datum die Kundin von ihrem Recht Gebrauch machen kann.**

3. **Julia Fischer erläutert einem neuen Auszubildenden die rechtlichen Zusammenhänge der Antragsbearbeitung. Um dies anschaulicher zu gestalten, öffnet sie die Vertragsakte Ihres Kunden Bernd Richter, der vor kurzen eine Unfallversicherung abgeschlossen hatte.**
Auszug aus dem Schreiben:

Düsseldorf, den 3. April 20..

Betreff: Widerspruch meiner Unfallversicherung mit der Versicherungsnummer: 254/462/439-UB

Sehr geehrte Damen und Herren,

mit diesem Schreiben möchte ich meiner Unfallversicherung widersprechen, da der Beitrag im Versicherungsschein um einiges höher als im Versicherungsantrag ist.

Mit freundlichen Grüßen

Bernd Richter

Auszug aus der Kundenakte:

Unterschrift unter dem Antrag	1. März 20..
Eingang des Versicherungsantrages	2. März 20..
Vertragslaufzeit	3 Jahre
Erhalt der Allgemeinen Versicherungsbedingungen und Verbraucherinformationen und Belehrung bei Antragstellung	1. März 20..
Erstellung der Police und Versand an Kunden	5. März 20..
Übereinstimmung Police und Antrag	nein
Widerspruchbelehrung erfolgt	ja
beantragter Versicherungsschutz	1. April 20..

a) **Beurteilen Sie die Situation.**

b) **Beurteilen Sie die Situation, wenn das Schreiben von Bernd Richter vom 7. April 20.. gewesen wäre.**

c) **Beurteilen Sie die Situation, wenn das Schreiben von Bernd Richter vom 10. April 20.. gewesen wäre.**

4 Versicherungsbeginn

4.1 Formen des Versicherungsbeginns

4.2 Einlöseklausel

4.3 Sonderregelungen für den Beginn des Versicherungsschutzes

Handlungssituation

Bernd Pfeffer stellt am 04.12.20.. einen Antrag auf eine Wohngebäudeversicherung mit Beginn zum 01.01. des Folgejahres. Den Versicherungsschein erhält er am 22.12.20..

Am 03.01. des Folgejahres ruft Herr Pfeffer bei seiner Versicherungsagentin Clara Latz an:

„Ich grüße Sie! Ich rufe wegen meiner Wohngebäudeversicherung an, wissen Sie noch? Vor gut einem Monat habe ich diese Versicherung bei Ihnen abgeschlossen und der Versicherungsschutz sollte bereits am 01.01. beginnen. Ich habe kurz vor Weihnachten den Versicherungsschein bekommen, dem auch ein Überweisungsträger beilag, weil ich keine Einzugsermächtigung erteilen wollte. Ich wollte heute die Überweisung tätigen, aber das Überweisen dauert ja, je nach Bank, auch ein paar Tage. Ab wann habe ich denn jetzt Versicherungsschutz?“

Informationen zum Lösen der Handlungsaufgaben finden Sie im Lehrbuch „Alles versichert – Kaufmann/Kauffrau für Versicherungen und Finanzanlagen, 1. Ausbildungsjahr“, in Lernfeld 2 Kapitel 4.

1. **Geben Sie an, an welchen Stellen Sie nachschlagen können, falls Sie sich bei der Beantwortung der Frage von Herrn Pfeffer unsicher sind.**

2. **Erklären Sie Herrn Pfeffer, wann seine Versicherung beginnt. Nutzen Sie hierzu das Schaubild und geben Sie das entsprechende Datum mit an.**

   Antrag des Versicherungsnehmers auf Vertragsabschluss:

   Laut Antrag gewünschter Beginn der Versicherung:

   Versicherer verschickt die Police (Zustellung beim Kunden):

   Versicherungsnehmer bezahlt die Erstprämie:

Versicherungsbeginn

Technischer Beginn (TB)	Formeller Beginn (FB)	Materieller Beginn (MB)

3. **Da Herr Pfeffer kein SEPA-Lastschriftmandat erteilt hat, bekam er einen Überweisungsträger. In dem Telefonat teilte er seinem Versicherungsagenten mit, dass er heute (03.01.) die Überweisung tätigen wolle, aber das Überweisen würde ja, je nach Bank, auch ein paar Tage dauern.**
   Nehmen Sie zu dieser Aussage unter dem Gesichtspunkt der Prämienschuld Stellung und geben Sie Herrn Pfeffer einen Rat.

Vertiefungs- und Anwendungsaufgaben

1. **Ausgangspunkt bei den Fällen dieser Aufgabe ist, dass die strenge Einlöseklausel nach § 37 VVG gilt.**

§ **VVG § 37 Zahlungsverzug bei Erstprämie**

(1) Wird die einmalige oder die erste Prämie nicht rechtzeitig gezahlt, ist der Versicherer, solange die Zahlung nicht bewirkt ist, zum Rücktritt vom Vertrag berechtigt, es sei denn, der Versicherungsnehmer hat die Nichtzahlung nicht zu vertreten.

(2) Ist die einmalige oder die erste Prämie bei Eintritt des Versicherungsfalles nicht gezahlt, ist der Versicherer nicht zur Leistung verpflichtet, es sei denn, der Versicherungsnehmer hat die Nichtzahlung nicht zu vertreten. Der Versicherer ist nur leistungsfrei, wenn er den Versicherungsnehmer durch gesonderte Mitteilung in Textform oder durch einen auffälligen Hinweis im Versicherungsschein auf diese Rechtsfolge der Nichtzahlung der Prämie aufmerksam gemacht hat.

Bestimmen Sie den technischen Versicherungsbeginn (TB), den formellen Versicherungsbeginn (FB) und den materiellen Versicherungsbeginn (MB) der folgenden Vorgänge.

a) **Eine Kundin stellt am 10.10.20.. den Antrag auf Abschluss einer Hausratversicherung, die am 01.11.20.. beginnen soll. Die Proximus Versicherung AG erklärt am 05.11.20.. (innerhalb der Bindefrist) die Annahme der Versicherung durch Zugang der Police. Am 05.11.20.. zahlt die Kundin die Erstprämie in bar auf das Konto des Versicherers ein.**

TB:

FB:

MB:

b) **Der Antrag auf Abschluss einer Versicherung wird am 01.08.20.. aufgenommen. Am 10.08.20.. erhält der Versicherungsnehmer vorab eine schriftliche Annahmeerklärung. Am 20.08.20.. erhält er die Police, in der als Versicherungsbeginn der 01.09.20.. eingetragen ist. Am 15.09.20.. zahlt der Versicherungsnehmer die Erstprämie.**

TB:

FB:

MB:

c) **Am 02.05.20.. wird ein Antrag auf Abschluss einer Versicherung gestellt. Am 10.05.20.. erhält die Versicherungsnehmerin die Police und am 12.05.20.. zahlt er den Erstbeitrag. Gewünschter und eingetragener Versicherungsbeginn ist der 15.05.20..**

TB:

FB:

MB:

2. **Ausgangspunkt bei den Fällen dieser Aufgabe ist, dass die erweiterte Einlöseklausel nach Nr. 27 VHB 2021 der Proximus Versicherung AG gilt.**

§

VHB 2021 Nr. 27 Wann beginnt und endet der Vertrag?
27.1. Vertragsdauer
Der Vertrag ist für den im Versicherungsschein angegebenen Zeitraum abgeschlossen.

VHB 2021 Nr. 15 Wann beginnt der Versicherungsschutz? Wie ist die Prämienzahlung geregelt?
15.1 Beginn des Versicherungsschutzes
Der Versicherungsschutz beginnt zu dem im Versicherungsschein angegebenen Zeitpunkt, wenn Sie die erste oder einmalige Prämie rechtzeitig im Sinne von Ziffer 15.2 zahlen. [...]

15.2 Fälligkeit der Erst- oder Folgeprämie
15.2.1 Die im Versicherungsschein genannte erste oder einmalige Prämie wird **unverzüglich**[1] nach Ablauf von 14 Tagen nach Zugang des Versicherungsscheines fällig.[...]
15.2.2 Zahlen Sie die erste oder einmalige Prämie nicht rechtzeitig, sondern zu einem späteren Zeitpunkt, beginnt der Versicherungsschutz erst zu diesem Zeitpunkt. Dies gilt nicht, wenn Sie die Nichtzahlung nicht zu vertreten haben.
Für Versicherungsfälle, die bis zur Zahlung der Prämie eintreten, sind wir nur dann nicht zur Leistung verpflichtet, wenn wir Sie durch eine gesonderte Mitteilung in Textform [...] auf die Rechtsfolgen [...] aufmerksam gemacht wurde.

Bestimmen Sie in den technischen Versicherungsbeginn (TB), den formellen Versicherungsbeginn (FB) und den materiellen Versicherungsbeginn (MB) der folgenden Vorgänge.

a) **Eine Kundin stellt am 01.10.20.. den Antrag zum Abschluss einer Hausratversicherung, die am 15.10.20.. beginnen soll. Die Proximus Versicherung AG verschickt am 24.10.20.. die Police, die die Kundin am 26.10.20.. erhält. Am 02.11.20.. wird der Erstbeitrag von ihrem Konto eingezogen.**

TB:

FB:

MB:

b) **Ein Versicherungsnehmer stellt am 04.10.20.. den Antrag auf Abschluss einer Hausratversicherung. Der Antrag wird angenommen, indem ihm am 19.10.20.. der Versicherungsschein mit dem Beginn 01.11.20.. ausgehändigt wird. Der Versicherungsnehmer zahlt die Erstprämie am 25.11.20..**

TB:

FB:

MB:

c) **Eine Kundin stellt am 25.09.20.. einen Antrag auf Abschluss einer Hausratversicherung. Als Beginn der Versicherung ist der 01.10.20.. im Antrag angegeben. Am 06.10.20.. erhält die Kundin vom Versicherer den Versicherungsschein; die Prämie bezahlt sie am 07.10.20.. Bereits am 02.10.20.. ist ein Schaden eingetreten.**
Erläutern Sie, ob der Schaden versichert ist.

TB:

FB:

MB:

1 **Anmerkung:** Es gibt keine gesetzliche Definition von „unverzüglich". Die Proximus Versicherung AG setzt eine Dauer von drei Tagen an, in Anlehnung an den Praxiskommentar zum Versicherungsvertragsgesetz (§ 33 RN4). Es sei denn, dass in den jeweiligen AVB etwas anderes angegeben ist.

d) **Einem Versicherungsvertrag liegt bedingungsgemäß die erweiterte Einlöseklausel zugrunde. Die Antragstellung erfolgt am 04.05.20.., als Versicherungsbeginn ist der 15.05.20.. vorgesehen. Am 19.05.20.. geht dem Versicherungsnehmer der Versicherungsschein zu. Am 07.06.20.. bezahlt der Versicherungsnehmer die Prämie.**
Erläutern Sie, ob ein Schaden vom 31.05.20.. versichert ist.

TB:

FB:

MB:

e) **Eine Versicherungsnehmerin beantragt am 14.02.20.. eine Hausratversicherung. Der Vertrag soll ihre noch bis zum 30.06.20.. laufende Hausratversicherung bei einem Mitbewerber ersetzen. Der Beginn wird daher so gewählt, dass ein nahtloser Übergang gewährleistet ist. Am 28.02.20.. erhält die Versicherungsnehmerin vom zukünftigen Versicherer ein Schreiben, in dem ihr der gewünschte Beginn bestätigt und der Versicherungsschein zu einem späteren Zeitpunkt angekündigt wird. Am 15.06.20.. erhält die Versicherungsnehmerin den Versicherungsschein, der den gewünschten Versicherungsbeginn bestätigt. Die erste Prämie zahlt die Versicherungsnehmerin per Überweisung am 01.07.20..**

TB:

FB:

MB:

3. **Eine Kundin stellt am 08.11.20.. einen Antrag auf den Abschluss einer kapitalbildenden Lebensversicherung mit Versicherungsbeginn zum 01.12.20.. Am 27.11.20.. erhält sie ein Annahmeschreiben des Versicherers mit dem Verweis, dass der Versicherungsschein in den nächsten Tagen bei ihr ankommen solle. Dies geschieht auch am 05.12.20.. Den Erstbeitrag bezahlt die Kundin am 21.12.20.. per Banküberweisung. Leider verstarb die Kundin jedoch vier Stunden später. Ihr Ehemann war als bezugsberechtigte Person eingetragen.**
Prüfen Sie anhand der Allgemeinen Versicherungsbedingungen für die kapitalbildende Lebensversicherung, ob der Ehemann der Verstorbenen die Leistung erhalten kann. Beginnen Sie mit der Zuordnung der jeweiligen Versicherungsbeginne.

TB:

FB:

MB:

4. **Versuchen Sie, anhand des Zeitstrahles einen Versicherungssachverhalt zu konstruieren.**

a)

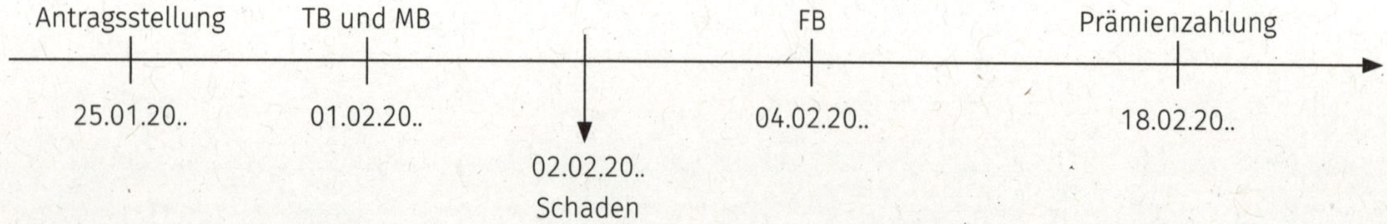

b)

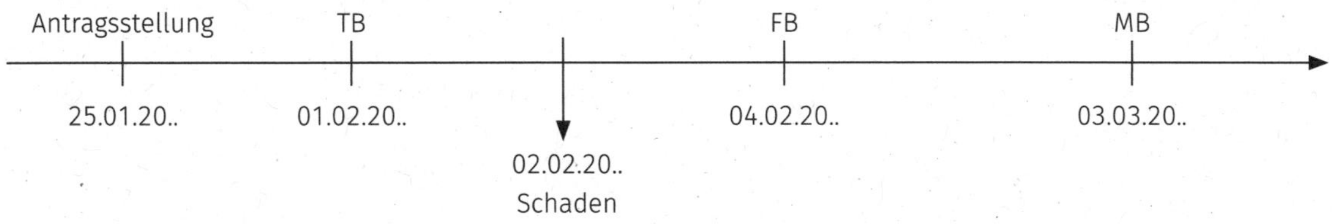

5. In einigen Versicherungszweigen kann es vorkommen, dass der technische Versicherungsbeginn vor der Antragstellung liegt.

a) **Nennen Sie den technischen Begriff für diesen Vorgang.**

b) **Der Kunde Sebastian Klein sucht Sven Kurz in dessen Versicherungsagentur auf und möchte sich ein Angebot zur kapitalbildenden Lebensversicherung unterbreiten lassen. Nach ausführlicher Beratung entscheidet er sich für eine Antragsstellung. Bei Antragsstellung am 14.01.20.. nimmt Sven Kurz alle relevanten Daten auf. Herr Klein wünscht einen Versicherungsbeginn zum 01.02.20.. Als Sven Kurz dies in den Antrag aufnehmen will, unterbreitet er Herrn Klein den Vorschlag, den Versicherungsbeginn auf den 01.12.20.. des letzten Jahres zu verlegen.**
Erläutern Sie den Grund für diesen Vorschlag.

c) **Herr Klein entscheidet sich für diesen Vorschlag und unterzeichnet den Versicherungsantrag. Die Police geht ihm am 26.01.20.. zu und er begleicht die Erstprämie am 28.01.20..**
Tragen Sie die Versicherungsbeginne in den unten stehenden Zeitstrahl ein und benennen Sie das Datum, ab wann der Versicherer die Gefahr übernimmt.

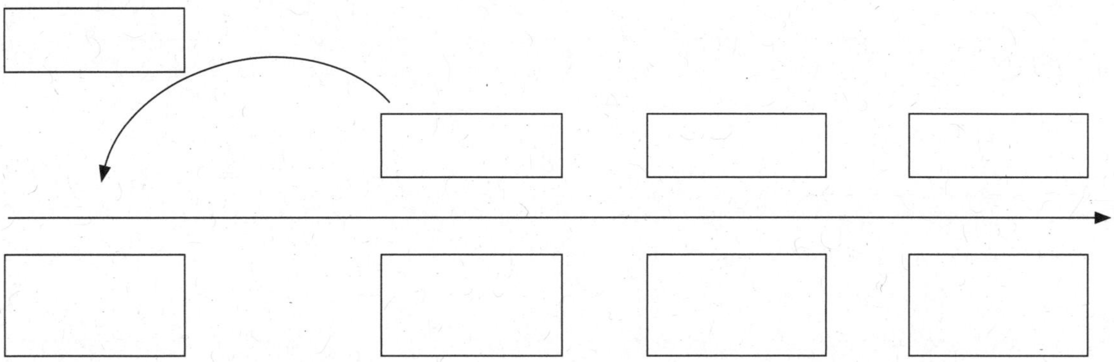

6. **Neben der Rückdatierung sieht das Versicherungsvertragsgesetz noch eine weitere Sonderregelung für den Beginn des Versicherungsschutzes vor.**

a) **Nennen Sie die weitere Sonderregelung und geben Sie den dazugehörigen Paragrafen an.**

b) **Erläutern Sie den Zweck und die Besonderheit dieser Sonderregelung.**

c) **Nennen Sie die Voraussetzungen, die erfüllt sein müssen, damit diese Sonderregelung rechtswirksam ist.**

d) **Beschreiben Sie die Sonderregelung anhand eines Beispiels und fertigen Sie auch einen entsprechenden Zeitstrahl an.**

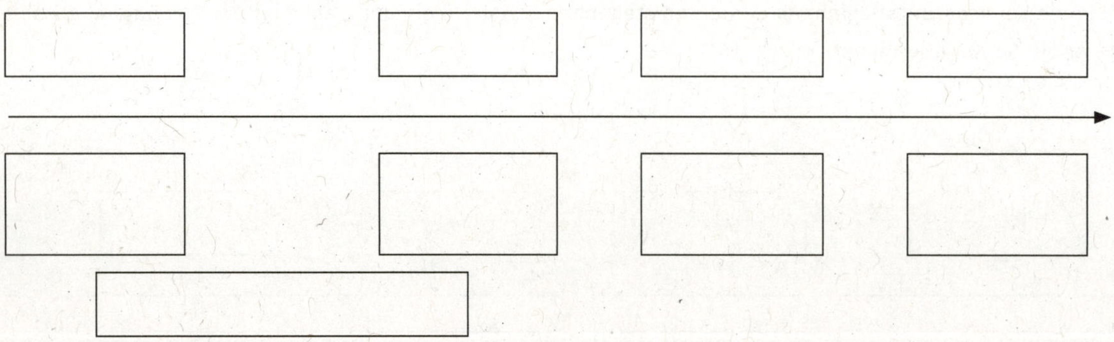

7. **Ein Kunde ruft bei der Proximus Versicherung AG an und möchte für seine Wohnung, in die er heute Morgen eingezogen ist, eine Hausratversicherung abschließen. Der Kunde ist sehr abergläubisch und hat heute, am Freitag den 13., eine Katze von links nach rechts über die Straße laufen gesehen. Er will daher nicht erst am Montag zu Ihnen in die Geschäftsstelle kommen, sondern sofort den Vertrag abschließen.**
Überlegen Sie, was sie dem Kunden anbieten können, um diesen nicht zu verlieren.

4.4 Vorläufige Deckungszusage

Handlungssituation

Die Versicherungsagentin Clara Latz stellt Ihrem Kunden Bernd Pfeffer das Prinzip der vorläufigen Deckungszusage vor. Sie berät ihn am Telefon und unterbreitet ihm ein Versicherungsangebot für seine Hausratversicherung. Das Versicherungsangebot sowie die Bestätigung der vorläufigen Deckungszusage lässt sie ihrem Kunden per E-Mail zukommen und vereinbart für den Freitag der kommenden Woche einen Termin für den Abschluss der Hausratversicherung.

Bernd Pfeffer ist damit einverstanden und glücklich, dass er sofortigen Versicherungsschutz hat. Nach dem Telefonat packt Clara Latz ihre Sachen und macht Feierabend. Eine schriftliche Dokumentation der Beratung und Informationen des Kunden erfolgen nicht.

Am Montag ruft Bernd Pfeffer erneut an und teilt Clara Latz mit, dass am Wochenende in seine Wohnung eingebrochen wurde ist und seine Schallplattensammlung gestohlen wurde.

Informationen zum Lösen der Handlungsaufgaben finden Sie im Lehrbuch „Alles versichert – Kaufmann/Kauffrau für Versicherungen und Finanzanlagen, 1. Ausbildungsjahr", in Lernfeld 2 Kapitel 4.

Handlungsaufgaben

a) **Nehmen Sie Stellung zu ...**
... den Gründen einer vorläufigen Deckungszusage:

... der Haftung des Versicherers:

... der Dokumentationspflicht des Versicherers:

... der Informationspflicht des Versicherers:

b) **Beschreiben Sie die rechtliche Stellung der vorläufigen Deckungszusage.**

c) **Nennen Sie die drei Möglichkeiten, durch die die vorläufige Deckungszusage endet.**

5 Prämienzahlungspflicht und Rechtsfolgen bei Nichtzahlung

Handlungssituation

Bernd Pfeffer stellte am 04.12. des Vorjahres einen Antrag auf eine Wohngebäudeversicherung mit Beginn zum 01.01.20.. Den Versicherungsschein erhielt er am 22.12. des Vorjahres

Am 03.01.20.. ruft Herr Pfeffer bei seiner Versicherungsagentin Clara Latz an:

„Ich grüße Sie! Ich rufe wegen meiner Wohngebäudeversicherung an, wissen Sie noch? Vor gut einem Monat habe ich diese Versicherung bei Ihnen abgeschlossen und der Versicherungsschutz sollte bereits am 01.01.20.. beginnen. Ich habe kurz vor Weihnachten den Versicherungsschein bekommen, dem auch ein Überweisungsträger beilag, weil ich keine Einzugsermächtigung erteilen wollte. Ich wollte heute die Überweisung tätigen, aber das Überweisen dauert ja, je nach Bank, auch ein paar Tage. Ab wann habe ich denn jetzt Versicherungsschutz?“

Nachdem Clara Latz Herrn Pfeffer seine Frage nach dem Versicherungsschutz beantwortet hat, erstellt sie sich eine Aktennotiz, dass Herr Pfeffer die Erstprämie heute überweisen möchte. Sie setzt sich den Vorgang auf den 20.01.20.. auf Termin, damit Sie nachschauen können, ob Herr Pfeffer die Erstprämie tatsächlich überwiesen hat.

Am 20.01.20.. stellen Clara Latz fest, dass Herr Pfeffer immer noch nicht bezahlt hat.

Informationen zum Lösen der Handlungsaufgaben finden Sie im Lehrbuch „Alles versichert – Kaufmann/Kauffrau für Versicherungen und Finanzanlagen, 1. Ausbildungsjahr“, in Lernfeld 2 Kapitel 5.

Handlungsaufgaben

1. **Erläutern Sie, welcher Pflicht Herr Pfeffer noch nicht nachgegangen ist.**

2. **Das Versicherungsvertragsgesetz unterscheidet zwei Arten von Versicherungsprämien. Nennen und beschreiben Sie diese und geben Sie die dazugehörigen Paragrafen an.**

3. **Überlegen Sie sich, aus welchen Gründen Herr Pfeffer seiner Pflicht noch nicht nachgekommen sein könnte.**

4. Beschreiben Sie die Rechtsfolgen, die sich aus einem Zahlungsverzug der Erstprämie für Herrn Pfeffer ergeben können. Nutzen Sie hierzu das Schaubild und auch das Versicherungsvertragsgesetz.

Der Versicherungsnehmer hat trotz Aufforderung die Erstprämie nicht rechtzeitig gezahlt.

Unterscheidung

Rechtsfolgen für …	Der Versicherungsnehmer hat die Nichtzahlung zu vertreten.	Der Versicherungsnehmer hat die Nichtzahlung nicht zu vertreten.
… den Vertrag		
… die Leistungen		
… die Prämie		

Handlungssituation

HANDLUNGSSITUATION (FORTSETZUNG)

Clara Latz entscheidet sich, um bei Herrn Pfeffer telefonisch nachzufragen, warum er bis heute die Erstprämie noch nicht entrichtet hat. Er bedauert, dies noch nicht erledigt zu haben, aber leider hat er es vergessen. Sie zeigen in dem Telefonat die Rechtsfolgen auf und Herr Pfeffer verspricht, die Prämie noch heute zu überweisen.

Am 22.01.20.. sieht Clara Latz im Vertragsspiegel, dass das Prämienkonto ausgeglichen ist. Da Herr Pfeffer eine halbjährliche Zahlungsweise vereinbart hat und dem Rat zur Erteilung eines SEPA-Lastschriftmandates nicht nachgekommen ist, legt sich Clara Latz diesen Vertrag nochmals auf Termin, damit sie nachschauen kann, ob die Folgeprämie rechtzeitig entrichtet wird.

Handlungsaufgaben

5. Beschreiben Sie das Vorgehen des Versicherers, wenn Herr Pfeffer seine Folgeprämie nicht rechtzeitig bezahlt.

____

____

____

____

____

____

6. **Ergänzen Sie im Schaubild die Rechtsfolgen, die sich aus einem Zahlungsverzug der Folgeprämie für Herrn Pfeffer ergeben können. Nutzen Sie hierzu auch das Versicherungsvertragsgesetz.**

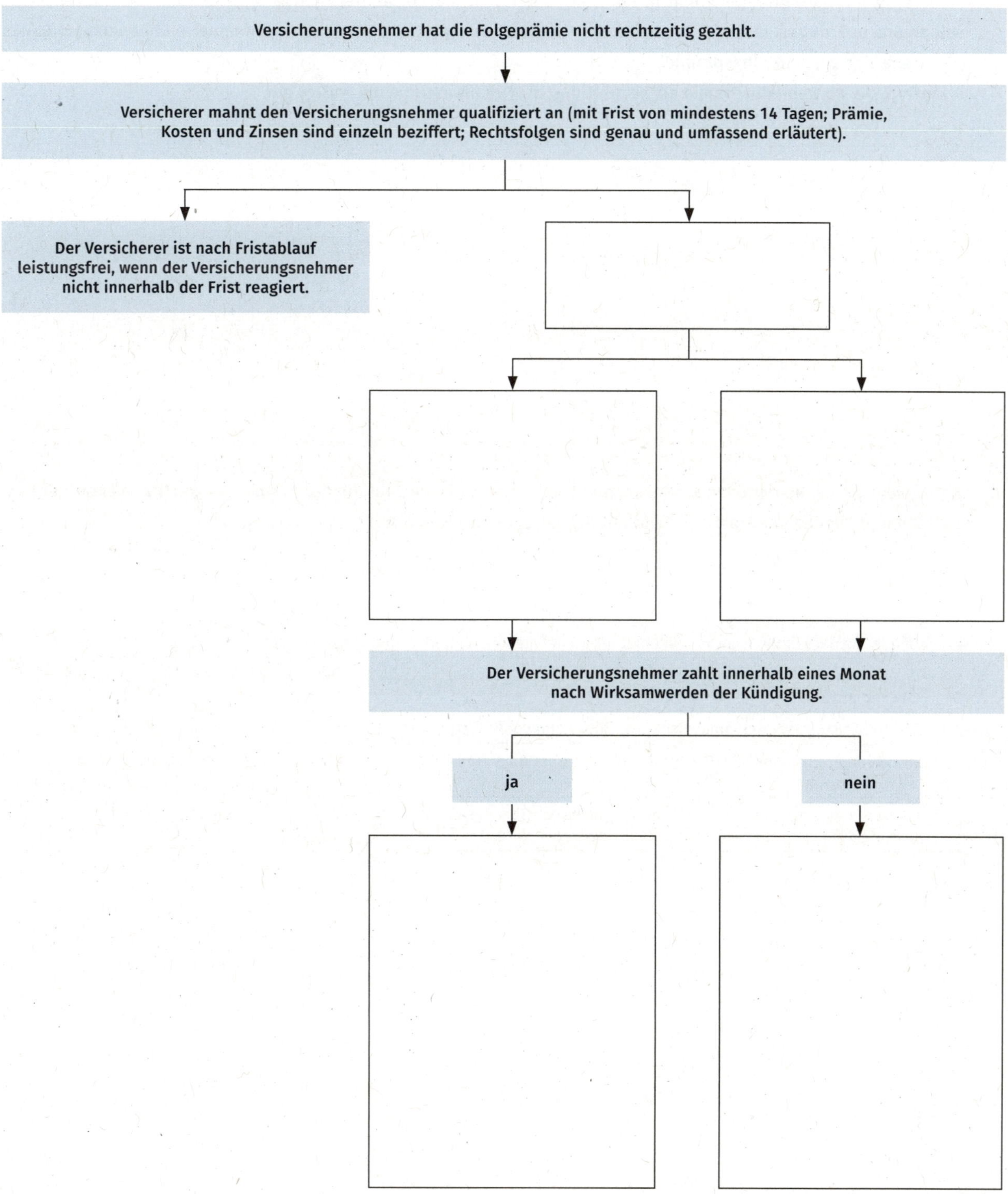

Vertiefungs- und Anwendungsaufgaben

1. **Ein Versicherungsnehmer hat bei Antragsstellung das SEPA-Lastschriftmandat erteilt. Nach zwei Monaten stellt er fest, dass die Versicherungsprämie immer noch nicht abgebucht worden ist. Erläutern Sie, ob sich der Versicherungsnehmer um seinen Versicherungsschutz jetzt Sorgen machen muss.**

2. **Eine Versicherungsnehmerin wohnt in Köln und besitzt ein Konto bei der Sparkasse Köln. Der Versicherer jedoch hat seinen Sitz in Stuttgart und sein Konto bei der Postbank Stuttgart. Die Versicherungsnehmerin überweist am Bankschalter ihre fällige Versicherungsprämie.**
Erläutern Sie, ab wann die Prämie als bezahlt und die Prämienschuld als getilgt gilt.

3. **Kennzeichnen Sie die richtigen Aussagen zum Leistungsort für die Zahlung der Prämie, zur Rechtzeitigkeit der Prämienzahlung und Tilgung der Prämienschuld mit (R), falsche Aussagen mit (F).**

a) Prämienschulden sind Schickschulden, d. h. der/die Versicherungsnehmer/-in hat die Prämie auf seine/ihre Kosten, nicht aber auf seine/ihre Gefahr zu tragen.	
b) Sollte der/die Versicherungsnehmer/-in ein SEPA-Lastschriftmandat erteilt haben, dann kann eine verspätete Abbuchung der Prämie nicht zu seinen/ihren Lasten gehen, Kontodeckung vorausgesetzt.	
c) Für die Rechtzeitigkeit der Prämienzahlung beim Online-Banking ist es ausreichend, die Zahlung am letzten Tag der Fälligkeit zu tätigen.	
d) Bei Überweisung ist die Prämienschuld getilgt, wenn die Gutschrift auf dem Konto des Versicherers erfolgt ist.	
e) Bei Vereinbarung eines SEPA-Lastschriftmandates ist die Prämienschuld getilgt, wenn die Gutschrift auf dem Konto des Versicherers erfolgt ist.	
f) Für die Rechtzeitigkeit der Prämienzahlung bei einer Überweisung ist es ausreichend, wenn der Überweisungsträger am letzten Tag der Fälligkeit bei der Bank abgegeben wird.	

4. Die Versicherungsagentin Clara Latz erhält von der Abteilung Privatkunden der Proximus Versicherung AG einen Vertragsauszug mit der Bitte um Klärung.

Versicherungsnehmer/in	Herbert Treu
Versicherungsnummer	143-436.075.WG01
Versicherungssparte	Wohngebäude
Anschrift	Wilmendyk 26, 22145 Hamburg
Wagnisanschrift	Wilmendyk 26, 22145 Hamburg
Antragstellung	01.03.20..
Versicherungsbeginn	01.05.20..
Laufzeit	3 Jahre
Zugang der Police mit Zahlungsaufforderung	25.03.20..
Beitrag gemäß Zahlweise	296,14 € (halbjährlich)
Zugang der Zahlungserinnerung	25.05.20..

Hinweis: Es liegt kein Rechtsmangel hinsichtlich der Belehrung oder Information durch den Versicherer vor. Der Erstbeitrag wurde bis heute (10.06.20..) noch nicht getätigt.

a) **Zeigen Sie Herrn Treu die Rechtsfolgen auf.**

b) **Wie wäre die Situation zu beurteilen, wenn Herr Treu die Zahlung am 12.06.20.. nachholt, aber zugleich einen Schaden meldet, der am 11.06.20.. eingetreten ist.**

5. Die Versicherungsnehmerin Susanne Hinkel hat die Folgeprämie zu ihrer Privathaftpflichtversicherung in Höhe 46,40 € (Halbjahresbeitrag) noch nicht beglichen. Die Fälligkeit hierfür war am 01.07.20.. Am 05.08.20.. konnte die Proximus Versicherung AG immer noch keinen Zahlungseingang feststellen und entschied sich am 06.08.20.., der Kundin die qualifizierte Mahnung mit Mindestfristsetzung auszusprechen. Die Proximus Versicherung AG versendete das Mahnschreiben per „Einschreiben mit Rückschein" und kann belegen, dass dieses Schreiben Frau Hinkel am 07.08.20.. zugegangen ist.

a) **Beschreiben Sie die Rechtsfolgen des Prämienverzuges (einschließlich Angabe des Datums) hinsichtlich des**

- **Bestandes des Vertrages**

- **Versicherungsschutzes**

- **Prämienschicksals**

b) **Erstellen Sie sich hierzu einen passenden Zeitstrahl.**

c) **Benennen und erläutern Sie die Kündigungsmöglichkeiten des Versicherers gemäß dem Versicherungsvertragsgesetz.**

d) **Erklären Sie, bis zu welchem Datum die Versicherungsnehmerin Susanne Hinkel die Wirksamkeit der Kündigung wieder aufheben kann.**

6. **Martin Klages ist Auszubildender in einer Versicherungsagentur der Proximus Versicherung AG. Der Kunde Hilmar Klotz ruft ihn am 10. Juni 20.. an und muss ihm bedauerlicherweise zwei Schäden melden. Der erste Schaden ereignete sich am 30.06.20.. und der zweite soll sich am 13.07.20.. zugetragen haben. Bevor Martin Klages die Schäden aufnimmt, öffnet er die Vertragsakte.**

Versicherungsnehmer/in	Hilmar Klotz
Versicherungsnummer	126-456-278 HR 01
Versicherungssparte	Hausratversicherung
Anschrift	Kleindyk 18, 41472 Neuss
Wagnisanschrift	Kleindyk 18, 41472 Neuss
Klauseln	keine
Versicherungsbeginn	01.05. des Vorjahres
Laufzeit	3 Jahre (mit Verlängerungsklausel)
Fälligkeit	01.05.20..
Prämie inkl. Versicherungsteuer gemäß Zahlweise	238,53 € (jährlich)
Beitragskonto	inzwischen ausgeglichen

Bei weiterer Durchsicht der Vertragsakte fallen ihm weitere Besonderheiten auf:

Datum	Beschreibung	Besondere Hinweise	Betrag
02.06.20..	qualifizierte Mahnung mit Fristsetzung	Prämie, Verzugszinsen, Kosten	246,90 €
20.06.20..	Zahlungseingang	100,00 € Teilzahlung	
09.07.20..	Zahlungseingang	146,90 € Restzahlung zum Schreiben vom 02.06.20..	

Er notiert sich die Schadenfälle und teilt Herrn Klotz mit, dass er sich gleich wieder melden wird.
Martin Klages kommt der Vertragsspiegel seltsam vor und möchte dementsprechend Rücksprache mit seiner Ausbilderin halten.
Beurteilen Sie die Rechtslage.

7. **Kennzeichnen Sie die Aussagen mit (E), wenn sie sich auf die nicht rechtzeitige Zahlung der Erstprämie, mit (F), wenn sie sich auf die nicht rechtzeitige Zahlung der Folgeprämie gemäß Versicherungsvertragsgesetz beziehen.**

a) Der Versicherer kann vom Vertrag zurücktreten.	
b) Der Versicherer kann den Vertrag kündigen.	
c) Der Versicherer kann sich nach qualifizierter Mahnung und fruchtlosem Fristablauf auf Leistungsfreiheit berufen.	
d) Der Versicherer kann sich ohne qualifizierte Mahnung auf seine Leistungsfreiheit berufen, wenn er zuvor auf die Rechtsfolgen der nicht rechtzeitigen Zahlung hingewiesen hat.	
e) Der Versicherer hat nach Beendigung des Vertrages einen Anspruch auf eine Geschäftsgebühr.	
f) Bei Beendigung des Vertrages hat der Versicherer Anspruch auf die Prämie für den Zeitraum, für den Versicherungsschutz gewährt wurde.	

6 Möglichkeiten der Vertragsbeendigung

Handlungssituation

Tamara Nestmann und Jakub Novak sind beide Auszubildende bei der Proximus Versicherung AG.
In der Mittagspause unterhalten Sie sich über ihr derzeitiges Aufgabengebiet.

Tamara Nestmann:
„Ich arbeite derzeit in der Buchhaltung und ich kann schon keine Zahlen mehr sehen."

Jakub Novak:
„Da habe ich mehr Glück, denn in der Abteilung Kundenbetreuung ist immer was los. Gerade heute haben wir einem Kunden seinen Vertrag gekündigt."

Tamara Nestmann:
„Ich wusste gar nicht, dass das möglich ist. Ich dachte, dass wir froh für jeden Kunden sind. Dass Kunden Verträge kündigen ist ja normal, aber dass wir das ebenfalls machen, ist mir neu."

Jakub Novak:
„Das kommt gar nicht so selten vor. Schau Dir doch einmal in der Buchhaltung die Offenen-Posten-Liste an. Alle Kunden, die auf dieser Liste stehen, sind potenzielle Kündigungskandidaten. Es gibt zudem für uns und für unsere Kunden zahlreiche Möglichkeiten, Verträge zu beenden."

Informationen zum Lösen der Handlungsaufgaben finden Sie im Lehrbuch „Alles versichert – Kaufmann/Kauffrau für Versicherungen und Finanzanlagen, 1. Ausbildungsjahr", in Lernfeld 2 Kapitel 8.

Handlungsaufgaben

1. Nennen Sie Gründe, aus denen ein Versicherungsvertrag beendet werden kann und geben Sie jeweils ein Beispiel an.

Vertiefungs- und Anwendungsaufgaben

1. Der Versicherungskunde Jonas Gern hatte seinen Versicherungsvertrag, der eine Vertragslaufzeit von drei Jahren hatte, nicht gekündigt, da er in der Annahme war, dass der Vertrag automatisch zum Ablauf endet. Als er zu Beginn des vierten Jahres zur weiteren Beitragszahlung aufgefordert wird, befürchtet er, dass der Vertrag um weitere drei Jahre verlängert wird.

a) Beurteilen Sie die Rechtslage.

b) Geben Sie an, zu welchem Termin und mit welcher Frist Versicherungsverträge mit Verlängerungsklausel nach dem VVG ordentlich gekündigt werden können.

c) Geben Sie an, ob eine nicht fristgerechte Kündigung automatisch unwirksam ist und begründen Sie Ihre Entscheidung.

2. Prüfen Sie zu folgenden Situationen, ob und wie der bestehende Versicherungsvertrag nach Bestimmungen des Versicherungsvertragsgesetzes beendet werden kann.

a) Der Versicherungsnehmer Klaus Müller hat eine Hausratversicherung auf unbestimmte Zeit abgeschlossen. 13 Monate nach Vertragsabschluss hält er ein günstigeres Versicherungsangebot eines anderen Versicherers in den Händen und möchte dieses gerne wahrnehmen.

b) **Bei der Antragstellung einer Lebensversicherung hat der Versicherungsnehmer Paul Trust seinen kürzlich erlittenen Herzinfarkt bei den Angaben zum Gesundheitszustand verschwiegen.**

c) **Der Versicherungsnehmer Martin Schorni hat die vorvertragliche Anzeigepflicht zwar verletzt, aber sein Verhalten war weder vorsätzlich noch fahrlässig. Die Proximus Versicherung AG verlangt nach Kenntniserlangung für die Mitversicherung des nicht angezeigten Umstandes eine um 15 % höhere Prämie. Der Versicherungsnehmer will die höhere Prämie nicht zahlen.**

3. **Klären Sie für die folgenden drei Fälle die Frage nach einer Vertragsbeendigung.**
Als Eckdaten zur Bearbeitung liegen vor:

- **Versicherungssparte: Hausratversicherung**
- **Versicherungsperiode 01. Januar – 01. Januar**

Am 15. Oktober dieses Jahres erhält die Proximus Versicherung AG vom Versicherungsnehmer Peter Weiß die Mitteilung, dass ...

a) **der gesamte Hausrat am Tag zuvor durch einen Blitzschlag vernichtet wurde und nicht wieder beschafft wird, da er nach Kanada auswandert.**

b) **Teile des Hausrates an verschiedene Personen verkauft oder verschenkt wurden.**

c) **der komplette Hausrat an ein junges Paar verkauft wurde, da er zu seiner Freundin zieht.**

4. **Bei der Proximus Versicherung AG geht eine E-Mail von Herrn Tim Drast ein.**

> Sehr geehrte Damen und Herren,
> mein Bruder Karl Drast ist leider am 29.03.20.. verstorben. Nach Durchsicht seiner Unterlagen habe ich festgestellt, dass er bei Ihnen eine Privathaftpflichtversicherung besitzt. Da mein Bruder unverheiratet und kinderlos war, hat er mich als Alleinerben eingesetzt.
> Muss ich seine Privathaftpflichtversicherung nun übernehmen?
> Über eine Antwort würde ich mich freuen.
> Mit freundlichen Grüßen
> Tim Drast

Antworten Sie Herrn Tim Drast.

7 Datensicherung und Datenschutz

Handlungssituation

Die Proximus Versicherung AG plant die Gründung einer großen Versicherungsagentur an einem neuen Standort.

Jakub Nowak soll nach seiner Ausbildung von der Proximus Versicherung AG übernommen werden. Da man weiß, dass er sich für Informatik interessiert, und er sich zudem in seiner Berufsausbildung überdurchschnittliche EDV-Kenntnisse angeeignet hat, wird er schon in das Projektteam für die neu zu gründende Versicherungsagentur aufgenommen. Man plant, ihm später die Funktion des betrieblichen Datenschutzbeauftragten zu übertragen.

Zusammen mit anderen Kollegen aus der EDV-Abteilung der Zentrale wird Jakub auf ein Fortbildungsseminar mit Datenschutzbeauftragten anderer Unternehmen geschickt. Dort gibt sein Vorgesetzter einen Überblick über die Lage in der Proximus Versicherung AG, um mit den anderen Teilnehmern die Datenschutzproblematik zu diskutieren:

„Die Proximus Versicherung AG setzt hundertprozentig auf die Vorteile der Datenverarbeitung. Für ein zielgerichtetes Marketing werden Kundendaten systematisch gesammelt. Eingeführt wird momentan ein EDV-gestütztes Personalinformationssystem ...“

Informationen zum Lösen der Handlungsaufgaben finden Sie im Lehrbuch „Alles versichert - Kaufmann/Kauffrau für Versicherungen und Finanzanlagen, 1. Ausbildungsjahr“, in Lernfeld 2 Kapitel 3 und 7.

Handlungsaufgaben

1. **Der Betriebsrat der Proximus Versicherung AG erreicht in Verhandlungen mit der Geschäftsleitung, dass bei der Einführung des Personalinformationssystems statt der vorgesehenen 31 Schlüssel für das Feld „Austrittsgrund“ nur sieben Schlüssel realisiert werden.**

a) **Erklären Sie, was ein Personalinformationssystem ist.**

b) **Verdeutlichen Sie, welche Interessen die Geschäftsleitung mit der detaillierten Auflistung verfolgt. Geben Sie die Gegenargumentation des Betriebsrats wieder.**

Argumente für detaillierte Auflistung	Argumente gegen detaillierte Auflistung
Unternehmensleitung	Betriebsrat

2. **Ein Kollege aus einem Industrieunternehmen fragt, welche möglichen Gefahren für die Persönlichkeitsrechte des Personals und die Kunden bestehen könnten.**
Führen Sie mögliche Risiken auf.

3. **Beim Mittagessen diskutieren Jakub Nowak und seine Kollegen, wie man sich privat gegen den Missbrauch seiner persönlichen Daten schützen kann.**
Zeigen Sie Beispiele für den privaten Datenschutz auf.

HANDLUNGSSITUATION (FORTSETZUNG)

Um sich weiter in die Datenschutzproblematik einzuarbeiten, informiert sich Jakub Nowak nach der Fortbildung in der Zentrale bei seinen Kollegen/-innen in der EDV-Abteilung.

Handlungssituation

4. **Überlegen und entscheiden Sie, aus welchen Informationsquellen Informationen über den Datenschutz gewonnen werden können.**

5. Erläutern Sie

a) **den Zweck des Datenschutzes,**

b) **den Begriff „personenbezogene Daten",**

c) **die wichtigsten Formen personenbezogener Daten,**

d) **die Rechtsquellen, die den Datenschutz regeln,**

e) **die Hierarchie gesetzlicher Bestimmungen im Datenschutz,**

f) **die Rollen der Datenschutzgrundverordnung und des Bundesdatenschutzgesetzes**

g) **den Unterschied zwischen Daten und Dateien,**

h) die Phasen bei der Verarbeitung personenbezogener Daten.

HANDLUNGSSITUATION (FORTSETZUNG)

Der Chef der EDV-Abteilung informiert Jakub auch über die momentane Situation in einer bayerischen Versicherungsagentur:

„Zwischen der Zentrale der Proximus Versicherung AG und der Versicherungsagentur findet ein ständiger Datenaustausch statt. Die eigentliche Datenverarbeitung erfolgt in der Zentrale. Neben versicherungswirtschaftlichen Daten werden in dem Unternehmen vorwiegend Daten über Mitarbeiter/-innen und Kunden/-innen verarbeitet.

Die EDV-Abteilung in der Zentrale ist für alle Mitarbeitenden der Verwaltung und für das Personal der angeschlossenen Versicherungsagentur jederzeit erreichbar. Seit der Umstellung von der herkömmlichen (manuellen) Datenverarbeitung auf die automatisierte (elektronische) Datenverarbeitung wurden dort keine besonderen zusätzlichen Veränderungen vorgenommen.

Die Speichermedien werden nach Geschäftsschluss in einen normalen Aktenschrank abgelegt. Anschließend schließt der/die Agenturleiter/-in die Räume der EDV-Abteilung selbst ab. Duplikate der Datenbestände existieren nicht.

Auf das Datengeheimnis sind ausschließlich die in der EDV-Abteilung tätigen Mitarbeitenden verpflichtet worden."

Zur weiteren Einarbeitung in die Thematik soll Jakub Nowak einen Bericht zur Datenschutzsituation der Versicherungsagentur abgeben.

Handlungssituation

6. Untersuchen Sie anhand der bayerischen Versicherungsagentur die folgenden Fragen:

a) Finden die DSGVO und das Bundesdatenschutzgesetz überhaupt Anwendung?

---

b) Dürfen personenbezogene Daten verarbeitet werden?

---

c) Ist eine Verpflichtung aller Mitarbeiter auf das Datengeheimnis erforderlich?

---

d) Werden die Benachrichtigungs- und die Auskunftspflicht eingehalten?

---

e) Welche Konsequenzen ergeben sich aus Bestellung (Ernennung) und Aufgaben der/des Betrieblichen Datenschutzbeauftragten für das Unternehmen?

f) Inwieweit werden Maßnahmen gemäß § 6 BDSG getroffen? Sind diese ausreichend?

g) **Wenn Sie sich als Kunde/-in der Versicherungsagentur sehen: Welche Rechte können Sie hinsichtlich des Datenschutzes wahrnehmen?**

h) **Was bedeutet der Datenschutz für die Mitarbeitenden der Proximus Versicherung AG?**

Ergänzen Sie die Mindmap.

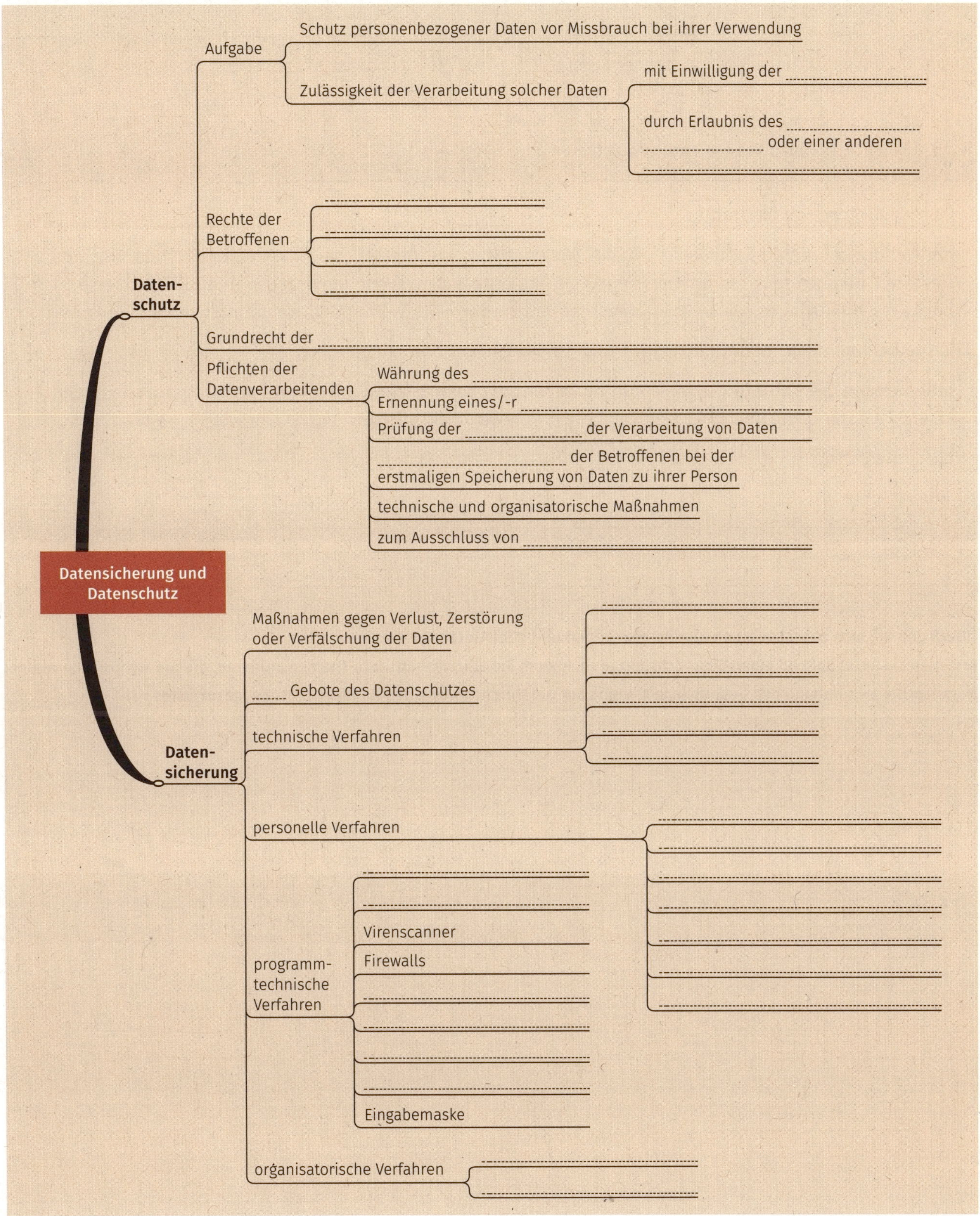

Zusammenfassende Aufgabe zu Lernfeld 2: Kundenberatungsgespräche zu Versicherungsverträgen vorbereiten

Handlungssituation

Tamara Nestmann ist Auszubildende in einer Agentur der Proximus Versicherung AG. Im Rahmen ihrer Ausbildung führt sie auch regelmäßig Kundenberatungsgespräche durch. Ihr Ziel ist es, jeden Kunden optimal zu beraten.

Am Montagmorgen findet sie eine Notiz Ihrer Ausbilderin Julia Fischer auf ihrem Schreibtisch.

> Guten Morgen Frau Nestmann,
>
> am Freitagnachmittag hatte ich noch ein Telefonat mit Frau Alberts. Sie ist keine Kundin von uns, aber sie ist vor wenigen Tagen in unserer Gegend in ihre erste eigene Wohnung gezogen und nun auf der Suche nach einem geeigneten Versicherer, der ihre Fragen beantworten und sie umfassend beraten kann.
>
> Ich habe Ihnen den Termin für morgen um 15:00 Uhr im Büro eingetragen.
>
> Bitte bereiten Sie sich auf diesen Termin mit einer potenziellen Neukundin vor. Ihren Gesprächsleitfaden können Sie mir gerne heute Nachmittag zeigen. Ich werde etwa gegen 14:00 Uhr wieder im Büro sein.
>
> Bis später, Gruß
>
> Julia Fischer

Handlungsaufgaben

Überlegen Sie sich zunächst einen kundenbezogenen und geeigneten Gesprächseinstieg.
Erstellen sie anschließend einen Gesprächsleitfaden, in dem Sie alle wesentlichen Themen auflisten, die Sie ansprechen wollen.
Bereiten Sie sich anhand des Gesprächsleitfadens auf die Durchführung des Kundenberatungsgespräches vor.

Lernfeld 3

Kundengewinnung über verschiedene Kommunikations- und Vertriebskanäle

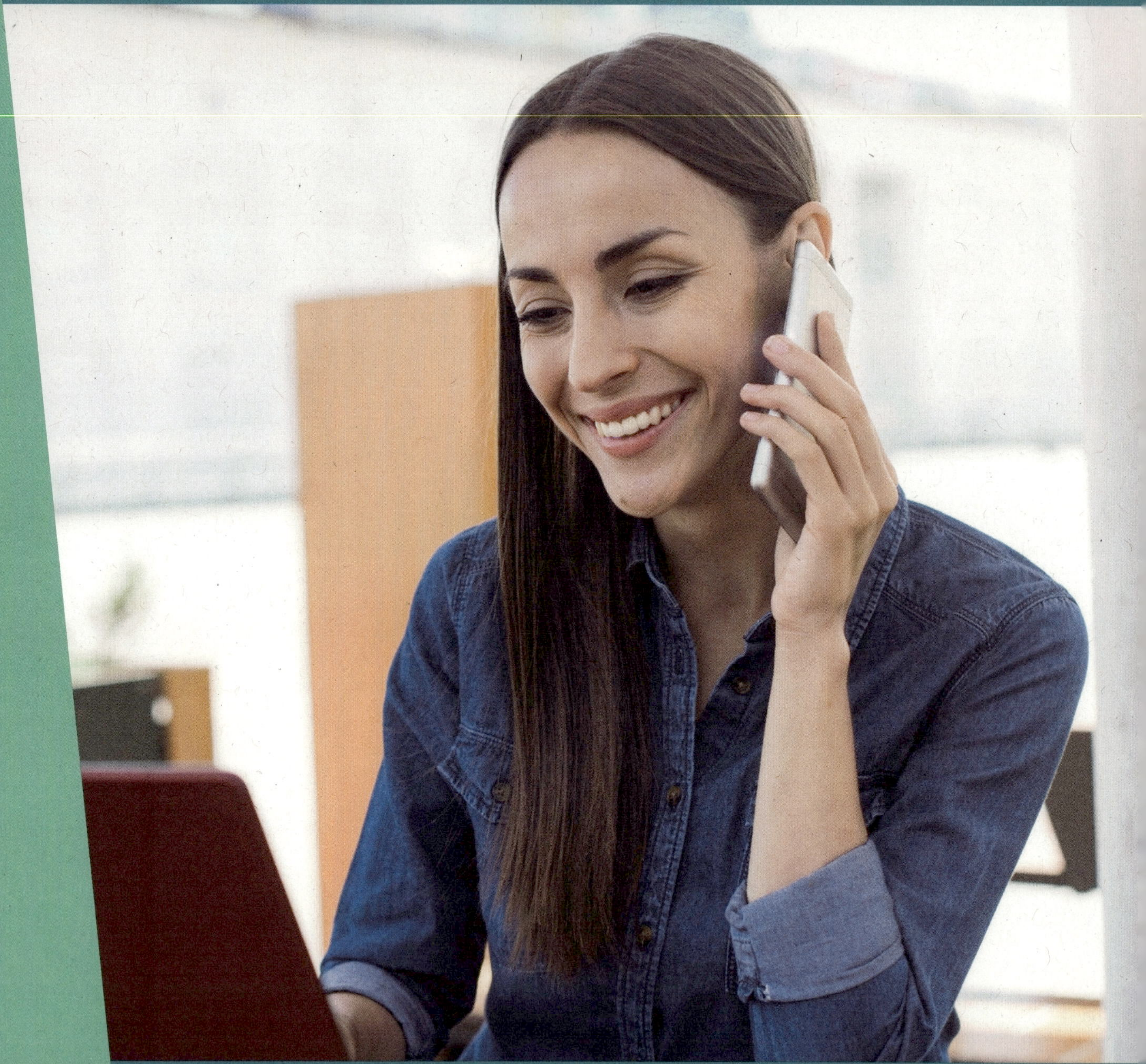

Zielbeschreibung:

Sie verfügen über die Kompetenz, Kommunikationskanäle kundenorientiert unter Berücksichtigung berufssprachlicher Handlungssituationen zu gestalten, Kundenberatungsgespräche in der digitalen Arbeitswelt durchzuführen und diese zu reflektieren.

3

Es folgen die Inhalte des Rahmenlehrplans für Lernfeld 3:

Kundengewinnung über verschiedene Kommunikations- und Vertriebskanäle

Die Schülerinnen und Schüler **werten** kundenspezifische Vorgaben **aus** und identifizieren Anlässe zur Kundenkommunikation über verschiedene Vertriebskanäle unter Berücksichtigung der Vertriebsorganisation *(Angestellter im Außendienst, Ausschließlichkeitsvertreter, Mehrfirmenvertreter, Versicherungsmakler, Versicherungsberater, Annexvermittler, Direktversicherer, Strukturvertrieb)*. Sie erfassen die Bedeutung der Gewinnung von Neukunden für die Versicherungswirtschaft.

Die Schülerinnen und Schüler **informieren** sich über eine adressatengerechte Kommunikation über verschiedene Medien unter Einhaltung von Datenschutz und Datensicherheit. Dabei berücksichtigen sie sowohl klassische als auch digitale Kommunikationskanäle und behalten innovative Entwicklungen im Blick. Sie machen sich mit Fragetechniken, Kommunikationsregeln und Einwandbehandlungen vertraut. Sie unterscheiden die ökonomischen, sozialen und ökologischen Chancen und Risiken von analogen und digitalen Kommunikationskanälen und wägen deren Einsatz und Umsetzung für die Kundenkommunikation situationsgerecht, bedarfsgerecht und vertriebsunterstützend ab. Sie informieren sich über die geltenden rechtlichen Regelungen zur Nutzung von Kommunikationskanälen und Durchführung von Kundenberatungsgesprächen.

Die Schülerinnen und Schüler **wählen** entsprechende, aufeinander abgestimmte Kommunikationskanäle aus. Sie erstellen für ihre Kunden aussagekräftige Kommunikationsangebote unter Berücksichtigung des Kundenprofils, der Kosten-Nutzen-Überlegungen, der notwendigen technischen Voraussetzungen sowie der Einhaltung der Vorgaben des Datenschutzes und der Datensicherheit.

Es folgen weitere Inhalte des Rahmenlehrplans für Lernfeld 3:

Sie entwickeln ein Konzept zur Umsetzung des Kundenberatungsgespräches unter Festlegung des Gesprächsziels und **planen** das Kundengespräch unter Beachtung der verschiedenen Phasen eines Kundenberatungsprozesses. Sie entwickeln für das Gespräch einen Evaluationsbogen.

Die Schülerinnen und Schüler **führen** Kundenberatungsgespräche **durch**. Sie kommunizieren – auch in einer Fremdsprache – mit den Kunden und passen sich dabei den unterschiedlichen Kommunikationsanforderungen und Gesprächsregeln der jeweiligen Kanäle an. Sie versetzen sich in die Lage der Kunden, bauen ein Vertrauensverhältnis auf und ermitteln Interessen und Bedürfnisse durch verschiedene Fragestellungen. Sie berücksichtigen berufssprachliche Handlungssituationen und zeigen Empathie für kulturbedingte Besonderheiten. Die Schülerinnen und Schüler **wenden** Strategien zur Lösung von Konflikten **an** und begegnen Kundeneinwänden überzeugend. Sie nutzen die Kommunikation mit den Kunden auch zur Erfassung veränderter Kundenbedürfnisse.

Die Schülerinnen und Schüler **prüfen** den vertrieblichen Erfolg der ausgewählten Kommunikationsaktivitäten und dokumentieren diesen.

Die Schülerinnen und Schüler **reflektieren** das Kundengespräch mithilfe ihres entwickelten Evaluationsbogens, **optimieren** das Kommunikationsverhalten und die Kommunikationsform und planen Anpassungs- und Verbesserungsmöglichkeiten.

3

1 Distributionspolitik

Handlungssituation

Da die Umsätze der Proximus Versicherung AG besonders in den ländlichen Gebieten seit einigen Jahren stagnieren, wurde im Auftrag des Vertriebsvorstands eine Untersuchung durchgeführt, die die Gründe für diese Entwicklung näher beleuchten sollte.

Am Ende der Untersuchung ergaben sich folgende Kernpunkte:

- Das Durchschnittsalter der Vertriebsmitarbeiter/-innen beträgt 58 Jahre.
- Bei den Vertriebsmitarbeitern/-innen handelt es sich ausschließlich um Angestellte oder Ausschließlichkeitsvertreter/-innen.
- Bei den Vertriebsmitarbeitern handelt es sich zu 95 % um Männer.
- Die Umsätze werden zu 85 % aus dem Kundenbestand heraus getätigt und
- nur 15 % des Umsatzes besteht aus „echtem" Neugeschäft.
- Es gibt fast keine Nebenberufsvermittler/-innen oder Empfehlungsgeber/-innen.
- Die Kundenbeziehungen bestehen zum Großteil aus Privatkunden/-innen und nur rund 7 % des Umsatzes wird aus dem Kundensegment der Selbstständigen generiert.

Informationen zum Lösen der Handlungsaufgaben finden Sie im Lehrbuch „Alles versichert – Kaufmann/Kauffrau für Versicherungen und Finanzanlagen, 1. Ausbildungsjahr", in Lernfeld 3 Kapitel 1.

Handlungsaufgaben

1. Definieren Sie die Distributionspolitik im Rahmen des Marketings..

2. Unterscheiden Sie zwischen Single-Channel-Distribution und Multi-Channel-Distribution.

Single-Channel-Distribution	Multi-Channel-Distribution

3. Erläutern Sie mögliche Gründe für das Stagnieren der Umsätze in den untersuchten ländlichen Gebieten aus der Handlungssituation.

4. Überlegen Sie sich Maßnahmen, die nach Ihrer Meinung dazu geeignet sind, die in der Handlungssituation geschilderten Probleme zu beseitigen.

5. **Nennen Sie jeweils zwei Vor- und Nachteile von Ausschließlichkeitsvertretern/-innen aus der Unternehmenssicht.**

Außendienstmitarbeiter	Vorteile	Nachteile
Angestellte/-r		
Ausschließlichkeits-vertreter/-in		

6. **Nennen Sie jeweils zwei Vor- und Nachteile von Ausschließlichkeitsvertretern/-innen aus der Mitarbeitersicht.**

Außendienstmitarbeiter	Vorteile	Nachteile
Angestellte/-r		
Ausschließlichkeits-vertreter/-in		

7. **Nennen Sie weitere mögliche direkte und indirekte Vertriebswege in der Versicherungsbranche und geben Sie jeweils zwei Vor- und Nachteile aus der Unternehmenssicht an.**

Vertriebsweg	Vorteile	Nachteile

8. **Nennen Sie mögliche Unternehmen, die als Annexvermittler/-innen in Frage kommen und geben Sie auch jeweils ein Beispiel für mögliche Versicherungsprodukte an.**

2 Absatzvermittler/-innen in der Versicherungsbranche

Handlungssituation

Hanno Schneider ist als Auszubildender zum Kaufmann für Versicherungen und Finanzanlagen bei der Proximus Versicherung AG derzeit in der Abteilung Personalabrechnung tätig. Da er selbst monatlich eine Gehaltsabrechnung erhält, dachte er bislang, dass sich die Gehälter nur in ihrer Höhe unterscheiden. Bei einem Gespräch mit dem Abteilungsleiter fallen nun reichlich Begriffe, die Hanno Schneider nicht kennt: Abschlussprovision, Verlängerungsprovision, Pflegeprovision, Inkassoprovision und Courtage.

Hanno Schneider hat viele Fragen:

- Was hat dies wohl alles zu bedeuten?
- Wer bekommt wann was und warum bezahlt?
- Warum bekommen nicht alle Mitarbeitenden einfach ein Gehalt bezahlt?
- Warum gib es derart viele unterschiedliche Entlohnungssysteme?
- Warum gibt es derart viele Arten von Absatzvermittlern/-innen in der Versicherungsbranche?

Informationen zum Lösen der Handlungsaufgaben finden Sie im Lehrbuch „Alles versichert – Kaufmann/Kauffrau für Versicherungen und Finanzanlagen, 1. Ausbildungsjahr", in Lernfeld 3 Kapitel 2.

Handlungsaufgaben

1. **Nennen Sie die Arten von Absatzvermittlern/-innen, die Sie aus Ihrem Ausbildungsunternehmen kennen.**

2. **Überlegen Sie zusammen mit Ihrem/-r Sitznachbarn/-in, welche Vor- und Nachteile die Tätigkeit als Ausschließlichkeits- oder Einfirmenvertreter/-in sowie als Mehrfachvertreter/-in mit sich bringen.**

a) **Ausschließlichkeits- oder Einfirmenvertreter/-in**

Vorteile	Nachteile

b) Mehrfachvertreter/-in

Vorteile	Nachteile

3. **Ergänzen Sie die Übersicht, indem Sie die/den Angestellte/-n im Außendienst, den/die Versicherungsvertreter/-in und den/die Versicherungsmakler/-in gegenüberstellen.**

Unterscheidungsmerkmale	Angestellte/-r im Außendienst	Versicherungsvertreter/-in	Versicherungsmakler/-in
Rechtsstatus			
Vertragsart und Vertragspartner			
Dauer des Vertragsverhältnisses			
Vergütungsanspruch			

4. **Die Außendienstorganisation der Proximus Versicherung AG ist in verschiedene Vertriebswege unterteilt, die nach verschiedenen Merkmalen unterschieden werden können. Ordnen Sie den verschiedenen Merkmalen den jeweiligen Vertriebsweg zu. Tragen Sie die entsprechenden Ziffern in die vorgesehen Kästchen ein.**

Vertriebswege

1 Angestellte/-r im Außendienst

2 Einfirmenvertreter/-in

3 Versicherungsmakler/-in

Merkmale

- erhält Courtage vom Versicherer ☐
- ist sozialversicherungspflichtig ☐
- ist Handelsvertreter/-in gemäß § 84 HGB ☐
- ist im Auftrag der Kunden tätig ☐
- hat einen Agenturvertrag mit dem Versicherer ☐
- ist streng weisungsgebunden ☐
- haftet alleine für Beratungsfehler ☐

5. **Überlegen Sie zusammen mit Ihrem/-r Sitznachbarn/-in, welche Bedeutung Neukunden und Bestandskunden unabhängig der Vertriebsform für die Versicherungswirtschaft haben. Beurteilen Sie auch Ihr Ergebnis.**

3 Kommunikation bei Kundenberatungsgesprächen

3.1 Kommunikation als Erfolgsfaktor

3.2 Instrumente für eine erfolgreiche Gesprächsführung

3.3 Kommunikationsregeln

Handlungssituation

Situation 1

Volkan Karaca führt mit einer Kundin in den Räumen einer Versicherungsagentur ein Kundenberatungsgespräch:

„... Diese umfangreiche Haftpflichtversicherung kostet nur 49,90 € pro Jahr und hat somit ein extrem gutes Preis-Leistungs-Verhältnis. Dieses Versicherungsangebot gefällt mir selbst so gut, dass ich den Vertrag auch für mich abschließen würde. Ich bin der Fachmann, akzeptieren Sie meine Meinung. Los, schließen Sie den Vertrag ab!“

Situation 2

Zur gleichen Zeit möchte sich Carolin Saager in der Versicherungsagentur ein neues Programm erklären lassen und wendet sich schüchtern und mit leiser Stimme an den Sachbearbeiter Herrn Bittner. Dieser verdreht die Augen und seufzt, starrt Carolin an und sagt dann laut und bestimmt: *„Sie müssen aber auch ständig fragen. Das macht meine Kollegin Frau Janssen, die ist gerade in der Frühstückspause.“* Carolin ärgert sich, schluckt, sagt aber nichts.

Informationen zum Lösen der Handlungsaufgaben finden Sie im Lehrbuch „Alles versichert – Kaufmann/Kauffrau für Versicherungen und Finanzanlagen, 1. Ausbildungsjahr“, in Lernfeld 3 Kapitel 3.1 bis 3.3.

1. **Nennen Sie Probleme, die sich aus den beiden Situationen für die Versicherungsagentur ergeben können.**

2. **Benennen Sie das Ziel, das die Versicherungsagentur verfolgen sollte, damit das Problem gelöst werden kann.**

3. **Geben Sie an, wie die Versicherungsagentur das Ziel erreichen kann.**

4. **Erläutern Sie den Begriff *Gespräch*.**

5. **Führen Sie Instrumente für eine erfolgreiche Gesprächsführung auf.**

6. **Hilfreich für eine erfolgreiche Kommunikation ist auch die Verwendung von Ich-Botschaften. Wandeln Sie die folgenden Aussagen in Ich-Botschaften um.**

So geht das nicht! Sie benutzen immer meinen Locher – und danach ist er dann weg.	
Sie vermasseln doch jeden Vertragsabschluss!	
Sie haben sich nicht an unserer Projektarbeit beteiligt.	

Sie sollten sich mal in Kommunikationsregeln schulen lassen. Immer tratschen Sie alles weiter!	
Sie reden immer dazwischen. Warum können Sie nicht mal nachdenken, bevor Sie etwas sagen?	

7. **Negative Formulierungen verstärken in Gesprächen das Negative und vermindern die Chance auf einen konstruktiven Verlauf des Gesprächs. Auch negative Sachverhalte oder Gefühle sollten deshalb positiv formuliert werden. Ersetzen Sie in der Tabelle jede negative Formulierung durch eine positive.**

kein Problem	
Ich habe jetzt keine Zeit.	
Das ist nicht unrealistisch.	
Das muss nicht sein.	
Sie müssen den Abfall noch rausbringen!	
Ich habe jetzt keine Lust, mit Ihnen zu reden!	
Darüber kann ich Ihnen keine Auskunft geben!	
Ich bin nicht der richtige Ansprechpartner.	

8. **Um erfolgreich zu kommunizieren, sollten verschiedene Regeln eingehalten werden. Ergänzen Sie die Tabelle um die fehlenden Angaben.**

Regel	Erläuterung
Beachten des einfachen Kommunikationsmodells	
	Informationen werden nicht nur auf einer sachlichen Ebene, sondern auch auf emotionalen Ebenen mitgeteilt.
	Die Stellung des/der Gesprächspartners/-in in einer Gruppe sollte beachtet werden.
	Man sollte sich klarmachen, welche Zielsetzungen der/die Gesprächspartner/-in im Gespräch verfolgt.
	Man zeigt dem/der Gesprächspartner/-in bewusst, dass man Interesse an seinen/ihren Informationen hat.
Senden von Ich-Botschaften	
Sachverhalte konkret und positiv ausdrücken	
Äußern von Gefühlen	

Regel	Erläuterung
	Zur Vermeidung destruktiver Emotionen sollte man den/die Gesprächspartner/-in ausreden lassen.
	Erheblich Konflikt entschärfender und diplomatischer als eine direkt vorgebrachte Kritik ist ...
	Eine Kommunikation mit ausländischen Gesprächspartnern/-innen wird umso erfolgreicher sein, je eher man bereit ist, Unterschiede in deren Kommunikationsverhalten (im Vergleich zum eigenen) bewusst und sensibel wahrzunehmen und entsprechend sich darauf einzustellen.
Anstreben von Win-win-Situationen	
	Das Einhalten von Höflichkeitsregeln erleichtert die Kommunikation und schafft ein positives Klima.

9. **„... Diese umfangreiche Haftpflichtversicherung kostet nur 49,90 € pro Jahr und hat somit ein extrem gutes Preis-Leistungs-Verhältnis. Dieses Versicherungsangebot gefällt mir selbst so gut, dass ich den Vertrag auch für mich abschließen würde. Ich bin der Fachmann, akzeptieren Sie meine Meinung. Los, schließen Sie den Vertrag ab!"**
Stellen Sie fest, welche vier Botschaften Volkan Karaca mit dieser Aussage sendet.

10. **Führen Sie auf, welche vier Botschaften die Kundin wahrnimmt.**

11. **Erläutern Sie, in welchem Status sich Herr Bittner und Carolin Saager jeweils befinden.**

Herr Bittner	Carolin Saager

12. **Geben Sie an, welchen Fehler Herr Bittner im Gespräch mit Carolin Saager macht.**

13. **Machen Sie einen Vorschlag, wie Herr Bittner besser vorgehen könnte.**

14. **Geben Sie an, welchen Fehler Carolin Saager macht.**

3.4 Körpersprache in Kundenberatungsgesprächen

3.5 Sprache als Instrument in erfolgreichen Gesprächen

3.6 Gesprächslenkung mit Fragen

Handlungssituation

Carolin Sager beobachtet gerade die folgende Situation in der Versicherungsagentur: Ein Kollege von Carolin ist gerade in einem Beratungsgespräch mit einem Kunden. Er rutscht nah an den Kunden heran und spricht ihn mit schriller Stimme an.

Mitarbeiter (mit hochgezogener Unterlippe): *„Ja, das ist momentan der Renner. Greifen Sie sofort zu, sonst gilt dieses Versicherungsangebot mit den günstigen Konditionen nicht mehr! Ich kann es meinen Kunden nicht oft genug sagen: Nehmen Sie dieses Angebot unbedingt an!"*

Der Mitarbeiter gibt dem Kunden mit angehobenen Mundwinkeln und Augenbrauen weitere Informationen.

Kunde (macht ein skeptisches Gesicht): *„Mmh ...???"*

Der Mitarbeiter stemmt erst die Hände in die Hüften und presst dann die Fingerkuppen einer Hand aneinander.

Mitarbeiter: *„Ich habe Ihnen doch gleich gesagt, dass die Angebote von Mitbewerbern für Sie nichts sind. Sind Sie sicher, dass Sie sich die überhaupt leisten können ... Nicht, dass Sie später kommen und ich muss Ihnen sagen: Hätten Sie mal auf mich gehört ..."*

Kunde: *„Nun ja, das überlege ich mir noch einmal. Ich brauche auch eine Privathaftpflichtversicherung. Was könnten Sie mir da denn empfehlen?"*

Der Mitarbeiter steht auf und stellt sich mit breit auseinander gestellten Beinen vor den Kunden.

Mitarbeiter: *„Also ohne jetzt dieses Gespräch beenden zu wollen ... Sie stellen sich das so einfach vor. Das reicht jetzt. Ich muss noch ein anderes Vertragsangebot fertigstellen. Das geht also im Augenblick nicht ..."*

Carolin Saager wundert sich etwas, denn sie hat gerade gehört, dass Sprache und Körpersprache wichtige Instrumente in erfolgreichen Gesprächen sind.

Informationen zum Lösen der Handlungsaufgaben finden Sie im Lehrbuch „Alles versichert – Kaufmann/Kauffrau für Versicherungen und Finanzanlagen, 1. Ausbildungsjahr", in Lernfeld 3 Kapitel 3.4 bis 3.6

Handlungsaufgaben

1. Erläutern Sie das Problem, vor dem die Versicherungsagentur steht.

2. Nennen Sie das Ziel, das die Versicherungsagentur verfolgen sollte, um dieses Problem zu lösen.

3. Geben Sie an, wie die Versicherungsagentur das Ziel erreichen kann.

4. Stellen Sie fest, was man unter Körpersprache versteht.

____

____

____

5.

a) **Stellen Sie fest, welche fünf verschiedenen Bestandteile die Körpersprache umfasst.**

b) **Erläutern Sie kurz jeden Bestandteil der Körpersprache.**

c) **Ordnen Sie die körpersprachlichen Signale des Kollegen von Carolin Saager den Bestandteilen der Körpersprache zu und versuchen Sie, diese zu deuten.**

Bestandteil der Körpersprache	Erläuterung	Beispiel und Bedeutung

6. Begründen Sie, warum Kenntnisse über die Körpersprache wichtig sind für erfolgreiche Gespräche.

____

____

____

____

____

____

____

____

7. **Führen Sie auf, mit welchen Gesprächsstörern der Mitarbeiter das vorgestellte Gespräch negativ beeinflusst.**

Äußerung im Dialog	Gesprächsstörer

8. **Geben Sie Gesprächsförderer an.**
Bringen Sie jeweils mindestens ein allgemeines Beispiel einer mündlichen Äußerung dieses Gesprächsförders.

Gesprächsförderer	Beispiel für eine mündliche Äußerung

9. Schreiben Sie mit einem/-r Partner/-in zusammen den Dialog der Ausgangssituation so um, dass der Mitarbeiter möglichst viele Gesprächsförderer verwendet und positive Signale der Körpersprache aussendet.
Führen Sie den Dialog möglichst frei vor.
Bereiten Sie sich darauf vor, Ihren Mitschülern/-innen in der Nachbesprechung die verwendeten Gesprächsförderer und positiven körpersprachlichen Signale zu erläutern.

10. Beobachten Sie einen anderen aufgeführten Dialog.
Geben Sie in der Nachbesprechung die erkannten Gesprächsförderer und positiven körpersprachlichen Signale an.

11. Volkan und Carolin wissen, dass im Umgang mit Kunden verschiedene Anforderungen an sie gestellt werden. Ihre Ausbildungsleiterin hat sie im letzten Gespräch ausführlich darauf hingewiesen. Deshalb bat sie alle Auszubildenden, in den nächsten Tagen doch einmal verstärkt auf die Sprache in Gesprächen wie z.B. bei Kundenberatungen zu achten. Dort träten ihrer Meinung nach verschiedenartige Fehler auf. Carolin und Volkan haben sich deshalb vorgenommen, die Kolleginnen und Kollegen genau zu beobachten und auch im privaten Einkauf aus der Sicht der Kunden auf die Sprache zu achten. Ihre Erfahrungen wollen sie in einer Tabelle zusammenfassen, um beim nächsten Auszubildendentreffen über ihre Ergebnisse zu berichten.
Füllen Sie die Tabelle zur Rolle der Sprache im Kundenberatungsgespräch aus:

Die Rolle der Sprache im Verkaufsgespräch			
Einflussfeld	**Fehler**	**Anforderungen an den/die gute/-n Verkäufer/-in**	**Wirkung, Auswirkung auf den/die Kunden/-in**
Wortschatz			
Satzbau			
Aussprache, Lautstärke			
Betonung, Sprechtempo			

3.7 Verhandlungsstrategien

Handlungssituation

Die Hoffmann KG ist ein langjähriger Versicherungsnehmer der Proximus Versicherung AG. Bei einem Kundenberatungsgespräch in den Räumen der Hoffmann KG hatte die Auszubildende Ronja Burko Herrn Hetzel, den Firmenkundenbetreuer der Proximus Versicherung AG, begleitet. Ronja Burko protokollierte Gespräch zwischen Herrn Hetzel und Herrn Hoffmann, dem Geschäftsführer der Hoffmann KG:

Herr Hetzel: *„Herr Hoffmann, ich bin eigentlich davon ausgegangen, dass ich heute einen unterschriebenen Vertrag mitnehmen kann, aber nun legen Sie mir ein Angebot eines Direktversicherers vor, das fast 500,00 € günstiger ist. Was soll denn das? Wir waren uns bislang doch immer einig und Sie sind seit vielen Jahren komplett bei der Proximus Versicherung AG versichert."*

Herr Hoffmann: *„Sie haben schon Recht. Mit Ihrem Service und Ihrer Beratung war ich bislang immer zufrieden, aber Ihr Angebot ist einfach zu teuer. Ihre Konkurrenz hat mir für das gewünschte Versicherungspaket ein deutlich günstigeres Angebot gemacht. Wenn Sie da mithalten können, sind wir wieder im Geschäft, ansonsten tut es mir leid."*

Herr Hetzel: *„Wie stellen Sie sich das vor? Ich habe heute meinen Tarifrechner nicht dabei und zudem wenig Zeit. Entweder Sie unterschreiben meinen Antrag, oder Sie müssen bei Ihrer nächsten Schadenmeldung auf mich verzichten."*

Herr Hoffmann: *„Was soll denn diese Drohung? Die Hoffmann KG ist ja immer noch Kunde bei Ihrer Gesellschaft. Geben Sie mir einfach 500,00 € Rabatt und wir sind im Geschäft."*

Herr Hetzel: *„Glauben Sie wirklich, dass Sie als Kunde den Preis bestimmen können? Zudem habe ich auch keine Lust, den Antrag erneut auszufüllen, nur weil Sie so geizig sind und lächerliche 500,00 € sparen wollen."*

Herr Hoffmann: *„Wenn Sie das so sehen, dann ist unser Gespräch für heute beendet."*

Ronja Burko und Herr Hetzel haben nach diesem kurzen aber heftigen Gespräch die Hoffmann KG verlassen. Herr Hetzel war sehr verärgert, weil er davon ausgegangen ist, alles richtig gemacht zu haben und dennoch bei seinem Kunden keinen Abschluss tätigen konnte.

Informationen zum Lösen der Handlungsaufgaben finden Sie im Lehrbuch „Alles versichert – Kaufmann/Kauffrau für Versicherungen und Finanzanlagen, 1. Ausbildungsjahr", in Lernfeld 3 Kapitel 3.7.

Handlungsaufgaben

1. Stellen Sie fest, vor welchem Problem die Versicherungsagentur steht.

2. Geben Sie die vier möglichen Verhandlungsstrategien an.

3. Erläutern Sie das Verhandlungsdilemma.

4. Machen Sie einen Vorschlag, welche Verhandlungsstrategie man im Normalfall anstreben sollte.

5. Führen Sie die sieben Phasen einer Verhandlung auf.

Phase	Erläuterung
	– Zusammensetzung des Verhandlungsteams – Ort und Gestaltung des Verhandlungsraums – Überlegung der möglichen Ziele (eigene, des/der Verhandlungspartners/-in) – Festlegung der Strategie
	– Begrüßung – Aufbau einer Beziehung zwischen den Verhandlungspartnern/-innen – Festlegung der Tagesordnung – Erzeugung einer positiven Gesprächsatmosphäre
	– möglichst sachliche Darstellung der eigenen Position – Festhalten von Gemeinsamkeiten – Präzisierung von Unterschieden
	– konkrete Angebote und Forderungen – Diskussion über jeweilige Vor- und Nachteile – Herausfinden der Interessenlage des/der Verhandlungspartners/-in – Ausloten von Kompromissmöglichkeiten
	– formales Formulieren und Festhalten des Endergebnisses
	– offizielles Ende der Verhandlungen – dem/der Verhandlungspartner/-in einen letzten positiven Eindruck vermitteln
	– Überlegungen, wie Vereinbarungen in die Praxis umgesetzt werden können – Klärung, welche Verbesserungsmöglichkeiten es für spätere Verhandlungen gibt

6. Beurteilen Sie die Verhandlungen zwischen Herrn Hetzel und Herrn Hoffmann.

Vertiefungs- und Anwendungsaufgaben

Ordnen Sie den Äußerungen die jeweilige Phase einer Verhandlung zu.

Äußerung	Verhandlungsphase
Wir wollen heute das Versicherungsangebot zusammen durchgehen, das ich Ihnen letzte Woche geschickt hatte und ihre Fragen dazu klären.	
Habe ich als Außendienstmitarbeiter/-in meine gesteckten Ziele bei diesem Kundenberatungsgespräch alle erreicht?	
Ihre neue Wohnung ist wirklich sehr hell und geräumig, da haben Sie sich gegenüber der alten Wohnung deutlich verbessert und vergrößert.	
Ich bedanke mich für Ihre konstruktiven Fragen. Es macht immer Spaß, wenn sich Kunden aktiv in ein Gespräch einbringen.	
Wenn Sie all Ihre Versicherungen rund ums Haus bei uns abschließen, können Sie mit unserem Bündelbonus eine Menge Geld sparen.	
Welche Unterlagen muss ich zum Kundengespräch mitnehmen?	
Dann fülle ich jetzt den Versicherungsantrag aus.	

3.8 Durchführung von Kundenberatungsgesprächen

3.9 Kommunikation über das Telefon

Handlungssituation

Carolin Saager ist nervös. Sie soll heute das erste Mal auf sich allein gestellt ein Kundenberatungsgespräch führen. In der Versicherungsagentur sind bereits mehrere Kolleginnen und Kollegen mit Beratungsgesprächen beschäftigt.

Kollege/Kollegin	Aussage
A	„Diese umfangreiche Privathaftpflichtversicherung, die jedes nur denkbare Risiko abdeckt, kostet 92,00 € pro Jahr. Sie haben dabei ein äußerst günstiges Preis-Leistungs-Verhältnis."
B	„Soll ich beim Vertragsbeginn gleich den nächsten Monatsersten eintragen? Sie haben dann schnellstmöglich den besprochenen Versicherungsschutz."
C	„Welchen Wert hat denn Ihr Hausrat?"
D	„Mit dem Abschluss dieser Versicherung haben Sie die richtige Entscheidung getroffen: Sie wird Ihnen viel Sicherheit geben. Auf Wiedersehen."
E	„Guten Tag! Ich sehe an Ihren mitgebrachten Nummernschildern und Autopapieren, Sie interessieren sich für eine Kfz-Versicherung. Wir haben da mit Sicherheit ein sehr günstiges Angebot für Sie."
F	„Schauen Sie sich doch einmal diese Variante hier an, die ich Ihnen empfehlen kann."
G	„Diese Vollkaskoversicherung lohnt sich für Sie als Halter eines hochwertigen Automodells sowie für Fahranfänger. Sie haben keine Reparaturkosten für Schäden, die durch Ihr eigenes Verschulden oder Vandalismus an Ihrem Wagen entstehen. Und sie übernimmt für Sie natürlich auch alle Teilkaskoschäden."
H	„Ja, Sie haben recht, wenn Sie den Preis ansprechen, aber bei dieser Vollkaskoversicherung liegt angesichts der Leistungsmerkmale ein ausgesprochen gutes Preis-Leistungs-Verhältnis vor."

Carolin Saager erinnert sich an eine Aussage ihrer Ausbildungsleiterin:

„Schlechte Mitarbeitende, die die Regeln der Vertriebslehre nicht beherrschen, kosten die deutsche Versicherungswirtschaft jährlich Milliarden Euro. Daher muss jeder Mitarbeitende jedes Beratungsgespräch systematisch durchführen und dabei alle grundlegenden Vertriebstechniken beherrschen.

Wir haben im letzten Jahr fast 30 % weniger Umsatz gemacht. Deshalb hat unsere Unternehmensleitung eine Unternehmensberatung gebeten, die Ursachen dafür zu erforschen. Diese hat Beobachtungen und Kundenbefragungen durchgeführt. Dabei wurde festgestellt, dass 45 % der Verluste auf erhebliche Mängel in Beratungsgesprächen zurückzuführen sind. Viele Vertriebsmitarbeiter/-innen haben lediglich geringe Kenntnisse über die Durchführung von Kundenberatungsgesprächen und gehen sehr unprofessionell vor, merken dies häufig aber gar nicht. Auch die Kenntnisse über die einzelnen Versicherungsarten lassen oft zu wünschen übrig ...“

Carolin Saager beschließt, so weit wie möglich als Kundenberatungsprofi aufzutreten.

Informationen zum Lösen der Handlungsaufgaben finden Sie im Lehrbuch „Alles versichert – Kaufmann/Kauffrau für Versicherungen und Finanzanlagen, 1. Ausbildungsjahr“, in Lernfeld 3 Kapitel 3.8.

Handlungsaufgaben

1. **Stellen Sie fest, vor welchen Problemen die Versicherungsagentur und Carolin Saager stehen.**

2. **Nennen Sie das Ziel, das die Versicherungsagentur verfolgen sollte, um das Problem zu lösen.**

3. **Nennen Sie Möglichkeiten der Versicherungsagentur, um das Ziel zu erreichen.**

4. **Stellen Sie fest, welche Phasen ein typisches Beratungsgespräch umfasst (siehe Tabelle zu Aufgabe 7).**

5. **Ordnen Sie jeder Phase des Beratungsgesprächs eine der in der Handlungssituation angeführten Äußerungen zu (siehe Tabelle zu Aufgabe 7).**

6. **Geben Sie kurz das Ziel der jeweiligen Verkaufsphase an (siehe Tabelle zu Aufgabe 7).**

7. **Führen Sie für jede der Phasen eines Beratungsgesprächs mindestens zwei Verhaltensregeln an.**

Phase des Beratungsgesprächs (Aufgabe 4)		Äußerung (Aufgabe 5)	Ziel der Verkaufsphase (Aufgabe 6)	Verhaltensregeln (Aufgabe 7)
1				
2				
3				
4				
5				
6				
7				
8				

8. **Schreiben Sie mit einem/-r Partner/-in zusammen den Dialog eines Beratungsgesprächs. Dabei soll der/die Mitarbeitende mindestens eine Regel pro Phase des Beratungsgesprächs verwenden.**
Führen Sie den Dialog möglichst frei vor.
Bereiten Sie sich darauf vor, Ihren Mitschülerinnen und Mitschülern in der Nachbesprechung die verwendeten Regeln zu erläutern.

9. **Beobachten Sie einen anderen aufgeführten Dialog.**
Geben Sie in der Nachbesprechung die erkannten Regeln pro Phase an.

HANDLUNGSSITUATION (FORTSETZUNG)

Carolin Saager ist erstaunt. Sie hat gerade ein Beratungsgespräch einer Kollegin beobachtet. Da ist allerhand schiefgelaufen. Das wäre ihr nicht passiert.

Ein Kunde nähert sich dem Schreibtisch der Kollegin, bleibt dort stehen und blättert mehrmals in seinen mitgebrachten Unterlagen. Mehrfach blickt er dabei unsicher zur Kollegin, die in unmittelbarer Nähe am Computer arbeitet. Die Kollegin beachtet den Kunden nicht.

Sie registriert ihn zwar, nimmt jedoch mit unfreundlichem Gesicht vom Kunden abgewandt weiter Eingaben am Computer vor. Der Kunde geht schließlich gezielt auf die Kollegin zu. Diese fragt gelangweilt:

Kollegin: *„Kann ich Ihnen helfen?"*
Kunde: *„Ja!"*

In der Zwischenzeit hat die Kollegin die Texteingaben beendet und greift nebenbei zu einem Aktenordner.

Kollegin: *„Suchen Sie denn etwas Bestimmtes?"*
Kunde: *„Ja!"*

Etwas genervt sieht die Kollegin den Kunden einmal kurz an. Sie ist weiterhin mit dem Computer beschäftigt.

Kollegin (lauter): *„Ja, was suchen Sie denn nun?"*
Kunde: *„Ja, also, ich suche für uns eine Hausratversicherung, die ..."*

Die Kollegin zeigt auf einen Ständer mit Informationsmaterial, der sich direkt vor ihr im Regal befindet, den der Kunde aber kaum sehen kann.

Kollegin: *„Nehmen Sie da mal einen Prospekt raus, da steht alles drin."*
Kunde: *„Es gibt da doch Werbung für Ihr Variokonzept in den Zeitungen."*
Kollegin: *„Habe ich nicht gelesen ..."*
Kunde: *„Da bin ich eigentlich sehr daran interessiert."*
Kollegin: *„Schauen Sie doch einfach mal rein in das Informationsmaterial!"*

Der Kunde schaut sich unsicher um.

Kunde: *„Sind unsere Fahrrader dort auch mit versichert?"*
Kollegin: *„Da müssen Sie wirklich einmal das Informationsmaterial nehmen und sich die Versicherungsbedingungen anschauen."*
Kunde: *„Hat Ihre Versicherung mit dem Variokonzept denn besondere Vorteile im Vergleich zu einer normalen Versicherung?"*
Kollegin: *„Ja, ich denke schon ... ich meine ... Auf jeden Fall gehen diese doch sehr gut ... Ich würde sie auch nehmen ..."*
Kunde: *„Ach, ich nehme doch eine normale Hausratversicherung."*

Verkäuferin zeigt wieder auf den Ständer mit den Informationsmaterialien.

Kollegin: *„Dann eben diese Versicherung zum Normaltarif."*
Kunde: *„Wie viel kostet mich diese pro Jahr?"*
Kollegin: *„97,00 €"*
Kunde: *„Boah, das ist aber teuer!!!"*
„Eigentlich hätte ich gerne eine etwas günstigere Versicherung gehabt."
Kollegin: *„Dann schauen Sie mal selbst alles durch in den Informationsmaterialien. Sie können sich ja dann alles wie gewünscht zusammenstellen."*
Kunde: *„Hmh?"*

Verkäuferin zeigt wieder auf den Ständer mit den Informationsmaterialien.

Kollegin: *„Na, wollen Sie nun die Hausratversicherung oder nicht? Ansonsten kann ich Ihnen die private Unfallversicherung empfehlen, die sind sehr billig."*
Kunde: *„Da frage ich erst einmal meine Frau ..."*

Die Kollegin dreht sich beleidigt vom Kunden weg und widmet sich wieder dem Computer. Der Kunde verlässt kopfschüttelnd die Geschäftsräume der Versicherungsagentur.

10. Zeigen Sie die gemachten Fehler in den einzelnen Phasen des Beratungsgesprächs auf (siehe Tabelle zu Aufgabe 11).

11. **Machen Sie jeweils Verbesserungsvorschläge.**

Phase	Fehler im Beratungsgespräch (Aufgabe 10)	Verbesserungsvorschläge (Aufgabe 11)
Kontaktphase		
Bedarfsermittlung		
Vorstellung der Versicherung		
Verkaufsargumentation		
Preisnennung		
Einwandbehandlung		
Herbeiführen des Kaufentschlusses		
Beendigung des Beratungsgesprächs		

12. Führen Sie mindestens fünf Regeln für richtiges Verhalten bei Einwänden auf.

1. Tagtäglich kann es Ihnen bei Einkäufen im Einzelhandel als Kunde/-in passieren, dass auch das Verkaufspersonal mit Methoden der Einwandbehandlung arbeitet. Entscheiden Sie in den folgenden Fällen, welche Methode der Einwandbehandlung angewandt wird. Erläutern Sie kurz die jeweilige Methode.

Äußerung	Methode der Einwandbehandlung	Erläuterung
„Was müssen wir denn machen, damit Sie diesen Vertrag doch abschließen?"		
„Dieser Vertragsabschluss sagt Ihnen aber grundsätzlich zu?"		
„Das ist mit Sicherheit ein wichtiger Punkt, den Sie da ansprechen, doch beachten Sie die außergewöhnliche Merkmale dieses Tarifs."		
„Viele Kunden/-innen sagen zunächst, dass der Preis ihnen zu hoch sei. Wenn sie sich dann jedoch die Leistungsmerkmale dieses Vertragsabschluss anschauen ..."		
„Auf diesen wichtigen Punkt komme ich gleich noch einmal zurück."		
„Sie haben Recht, die Vollkaskoversicherung ohne Selbstbeteiligung ist nicht billig, aber dafür entstehen Ihnen aber im Schadenfall auch keine weiteren Kosten."		
Gibt es einen Grund, warum Sie sich bisher noch nicht zum Kauf entscheiden können?"		

2. Ergänzen Sie im Lückentext die fehlenden Begriffe:

aktive – ausgehende – Bestandskunden/-innen – eingehende – Gesprächsleitfäden – Inbound – Interesse – Kundenansprache – Kundenbeziehung – Lautstärke – Nachteile – Outbound – Phasen – Rückmeldungen – Sprechgeschwindigkeit – Stimme – Telefon – Visitenkarte

Insbesondere beim Führen von Beratungsgesprächen am __________ kommt es darauf an, die kommunikativen __________, die das Medium Telefon mit sich bringt, weitgehend zu beseitigen. Gelingt die fernmündliche __________ __________, kann man sich sehr deutlich von seinen Mitbewerbern/-innen abheben. Gerade bei häufig vorkommenden Telefonaten im Umfeld von Unternehmen, bei denen täglich über das Telefon große Warenmengen gelenkt werden, kommt es auf eine gut funktionierende __________ und auf eine schnelle und fehlerfreie Umsetzung der möglichen Bestellung an.

Ein/eine Unternehmer/-in muss immer daran denken, dass er/sie am Telefon __________ und __________ seines/ihres Unternehmens ist. Er/sie sollte daher mit einer angemessenen __________ und __________ sprechen. Ganz wichtig ist während des Beratungsgesprächs das __________ Zuhören. Darunter versteht man die Grundeinstellung, dass dem/der Sprechenden __________ gezeigt wird. Dies kann z. B. über kurze __________ __________ geschehen.

Bei telefonischen Beratungsgesprächen unterscheidet man __________ und __________ Gespräche:
Bei __________ -Beratungsgesprächen wird der Anruf des/der Kunden/-in entgegengenommen. Diese/-r möchte beraten werden und fordert Informationen oder gibt gleich Bestellungen auf.

Das Unternehmen ruft bei __________ -Beratungsgesprächen __________ oder mögliche Kunden/-innen selbst gezielt an.

Bei beiden Arten der telefonischen Beratungsgespräche werden oft __________ verwendet. Diese dienen der Unterstützung bei der Führung professioneller Beratungsgespräche. Sie orientieren sich an den __________ eines normalen Beratungsgesprächs und geben Gesprächsabläufe und Formulierungen vor.

3.11 Interkulturelle Auswirkungen auf Kundenberatungsgespräche

Handlungssituation

Anne Schulte, Mitarbeiterin einer Versicherungsagentur, hat telefonisch einen Termin für ein Kundenberatungsgespräche mit Herrn Wu vereinbart. Herr Wu hat vor wenigen Tagen ein chinesiches Restaurant eröffnet und Anne Schulte möchte Herr Wu zu den notwendigen Versicherungen beraten.

Anne Schulte begrüßt Herrn Wu per Handschlag und wundert sich, dass dieser ihr seine Hand nur zögerlich gibt.

Herr Wu bietet Anne Schulte einen Platz an einem großen Tisch an und erzählt ihr von der Renovierung des Restaurants vor der Eröffnung, doch Anne Schulte kommt direkt zur Sache, packt ihr Notebook aus und beginnt Daten einzugeben, um ein Vertragsangebot berechnen zu können.

Als sie bemerkt, dass Herrn Wu dieses direkte Vorgehensweise nicht gefällt, überlegt sie sich, welches Thema für ein lockeres Einstiegsgespräch geeignet wäre. Ihr fällt eine Fernsehdokumentation ein, die sie vor einigen Tagen gesehen hatte. Dabei ging es um das Verhältnis zwischen China und Tibet, was Anne Schulte auch direkt anspricht. Herr Wu antwortet sehr einsilbig und lächelt dabei immer wieder, was Anne Schulte ebenfalls mit einem Lächeln erwidert.

Als Herr Wu meinte, dass er Anne Schulte gerne seine Frau und seinen Sohn vorstellen möchte, lenkt sie ab und tippt wieder Daten in ihr Notebook.

Nach einer Weile erklärt ihr Herr Wu, dass er in der nächsten Stunde Restaurantgäste erwartet, weshalb er jetzt noch Vorbereitungen in der Küche treffen müsste. Er bittet Anne Schulte, sich zu einem späteren Zeitpunkt nochmals zu melden.

Anne Schulte legt eine Visitenkarte auf den Tisch, verabschiedet sich und geht.

Als Sie einige Tage später mit Herrn Wu wegen eines neuen Termins anruft, erklärt ihr dieser, dass er bereits bei einem anderen Anbieter versichert sei. Anne Schulte ist sehr verwundert, denn Herr Wu hatte während des ersten Gesprächs die ganze Zeit gelächelt, was doch eigentlich ein positives Signal ist. Sie wundert sich, warum sie keine Chance für einen zweiten Termin bekommen hat.

Informationen zum Lösen der Handlungsaufgaben finden Sie im Lehrbuch „Alles versichert – Kaufmann/Kauffrau für Versicherungen und Finanzanlagen, 1. Ausbildungsjahr“, in Lernfeld 3 Kapitel 3.11.

Handlungsaufgaben

1. Geben Sie an, vor welchem Problem die Versicherungsagentur steht.

2. Führen Sie auf, wie die Versicherungsagentur vorgehen sollte.

3. Frau Schlemmer bespricht mit den Auszubildenden Grundregeln für die Zusammenarbeit mit Personen anderer Kulturkreise.
Ergänzen Sie die Mindmap.

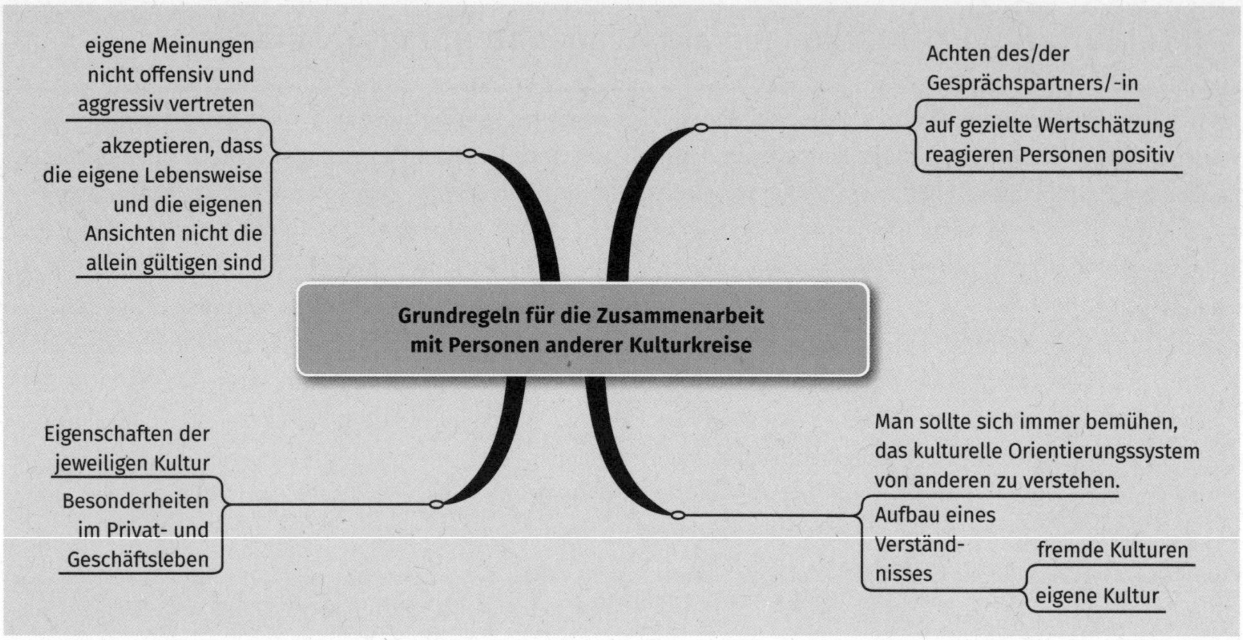

4. **Erläutern Sie, was man unter einer Kulturdimension versteht.**

5. **Ergänzen Sie die Tabelle.**

Beispiel	Kulturdimension	Ausprägung
In westlichen Ländern werden Geschäftsgespräche zielführend und dynamisch-zupackend geführt.		
Japaner versuchen, mit Wohlwollen und Vertrauen eine Beziehung aufzubauen, zu stabilisieren und schließlich zu vertiefen. Konflikte werden diplomatisch umgangen oder bereinigt. Erst dann nähert man sich dem Gesprächsziel.		
Wer häufig mit Südamerikanern zu tun hat, weiß, dass dort die Distanzzonen geringer ausgeprägt sind als in Mitteleuropa.		
Um Unsicherheit zu vermeiden, haben Rituale bei Japanern eine hohe Bedeutung. Japaner halten sich streng an vorgeschriebene Etikette.		
In vielen afrikanischen oder lateinamerikanischen Kulturen werden verschiedene Dinge gleichzeitig gemacht. In zwischenmenschlichen Beziehungen ist das zufriedenstellende Beenden der Kommunikation (und deren Ergebnis) wichtiger als die Einhaltung eines wie auch immer gearteten Zeitplans.		
Japaner zeigen Emotionen nicht öffentlich, sondern kontrolliert.		
Ein extrem aggressives Verkaufsverhalten auf Kosten anderer wie vergleichende Werbung im amerikanischen Stil wird von Skandinaviern überwiegend negativ aufgenommen.		

6. **Anne Schulte möchte sich zur Vermeidung eines weiteren Fehlschlags bei den Verhandlungen mit dem chinesischen Gastronomen auf die künftigen Gespräche besonders vorbereiten. Sie macht sich anhand vier ausgewählter Kulturdimensionen Gedanken darüber, wie sich die chinesische Kultur von der deutschen unterscheidet.**
Ergänzen Sie die Tabelle.

Kulturdimension	Ausprägung der Kulturdimension im Vergleich zur deutschen Kultur
Machtdistanz	
Individualismus, Kollektivismus	
Maskulinität, Femininität	
Unsicherheitsvermeidung	

7. **Um einen besseren Start in die nächste Verhandlung zu haben, analysiert Anne Schulte das in der Vergangenheit gescheiterte Gespräch.**
Geben Sie an, welche Fehler begangen wurden. Schlagen Sie ein besseres Verhalten vor.

4 Kundengewinnung und Kundenpflege

4.1 Grundlagen des Marketings

Handlungssituation

Unter dem Begriff Marketing versteht man eine Reihe von Aufgaben und Zuständigkeiten im Versicherungsunternehmen. Eine wesentliche Aufgabe liegt darin, Produkte und Dienstleistungen passgenau anzubieten und zu verkaufen. Dabei reichen die Aufgaben des Marketings von der Festlegung der Unternehmensstrategie über das Projektmanagement bis hin zur Planung und Durchführung einzelner Werbemaßnahmen.
Für den betriebsinternen Unterricht der neuen Auszubildenden sollen Sie eine Einführung ins Marketing vorbereiten.

Informationen zum Lösen der Handlungsaufgaben finden Sie im Lehrbuch „Alles versichert - Kaufmann/Kauffrau für Versicherungen und Finanzanlagen, 1. Ausbildungsjahr“, in Lernfeld 3 Kapitel 4.1.

Handlungsaufgaben

1. Am Beginn jeder Planung steht die Bestimmung der aktuellen Situation am Markt durch entsprechende Marktforschung. Stellen Sie die Unterschiede zwischen Primärforschung und Sekundärforschung dar. Führen Sie jeweils die Vor- und Nachteile der Methoden auf. Halten Sie Ihr Ergebnis in Form eines Lernplakats für die neuen Auszubildenden fest.

2. Im nächsten Schritt sollen Sie darstellen, wie im Rahmen der Marktforschung eine Befragung durchgeführt werden kann. Stellen Sie tabellarisch zusammen, welche Möglichkeiten einer Befragung Ihnen grundsätzlich zur Verfügung stehen. Erläutern Sie den neuen Auszubildenden kurz die Vor- und Nachteile jeder Methode.

3. Als Ergebnis der Marktforschung konnte die Istsituation am Markt festgestellt werden. Um hieraus zielgerichtete Maßnahmen zu entwickeln, muss zunächst überlegt werden, woran sich Ihre Aktivitäten orientieren sollen.
Nennen Sie die grundlegenden Ausrichtungen des Marketings.

4. Da es für viele Unternehmen wichtig ist, ihren Kunden/-innen Produkte und Leistungen unter bestimmten Markennamen anzubieten, möchten Sie diesen Punkt auch kurz thematisieren.

a) **Beschreiben Sie den Grundgedanken einer Markenstrategie.**

b) **Erklären Sie den neuen Auszubildenden die unterschiedlichen Markenstrategien und tragen Sie Ihre Erklärungen in der rechten Tabellenspalte ein.**

Markenstrategie	Erklärung
Einzelmarke	
Markenfamilie	
Dachmarke	
Co-Branding	

5. Im Marketing spricht man oft von Marketingmix. Beschreiben Sie für die Auszubildenden die einzelnen Marketinginstrumente und erklären Sie, was in diesem Zusammenhang der Marketingmix ist. Erstellen Sie hierfür ein anschauliches Lernplakat.

4.2 Marketingmaßnahmen in der Versicherungsbranche

Handlungssituation

Die Proximus Versicherung AG hat festgestellt, dass die Wechselbereitschaft der Kunden/-innen im Bereich der Kfz-Versicherung deutlich größer ausfällt als in anderen Versicherungsbereichen. Der Anteil der wechselnden Kunden/-innen in diesem Segment ist mit ca. 40 % aller Abschlüsse sehr hoch.

Um herauszufinden, welche Gründe für die Wechselbereitschaft vorliegen und was den Kunden/-innen in der Kfz-Versicherung wichtig ist, wird Marktforschung betrieben.

Es ergibt sich, dass die Hälfte aller Kundinnen und Kunden den Abschluss in diesem Segment nicht über einem persönlichen Kontakt zu einem/-r Versicherungsmitarbeiter/-in sucht, sondern das Internet nutzt. Hier schließen die Kfz-Versicherungskunden/-innen eine neue Kfz-Versicherung entweder über die Website des Versicherers ab oder die Abschlüsse erfolgen über Vergleichsportale.

Ausschlaggebend für die Wahl der Kfz-Versicherung und des Anbieters ist neben dem Preis vor allem die Onlinebewertung.

Informationen zum Lösen der Handlungsaufgaben finden Sie im Lehrbuch „Alles versichert - Kaufmann/Kauffrau für Versicherungen und Finanzanlagen, 1. Ausbildungsjahr“, in Lernfeld 3 Kapitel 4.2.

Handlungsaufgaben

1. **Das Produkt „Versicherung“ unterscheidet sich grundsätzlich von Konsum- oder Investitionsgütern. Beschreiben Sie die Besonderheiten, die bei dem Produkt „Versicherung“ bestehen.**

2. **Nennen Sie die grundsätzlichen Aufgaben des Marketings bei einem Versicherer.**

3. **Laut Situationsbeschreibung wurde Marktforschung betrieben. Nennen Sie Informationsquellen für die Sekundärforschung im Rahmen der Marktforschung, die der Versicherer nutzen kann. Ergänzen Sie die Tabelle.**

Interne Quellen	Externe Quellen

4. **Nennen Sie politische und rechtliche Rahmenbedingungen, die die Festlegung einer Marketingstrategie von Versicherungsunternehmen beeinflussen.**

5. **Das Ergebnis von Marktforschung ist neben der Feststellung von Bedürfnissen der Kunden/-innen auch die Charakterisierung des Marktes, auf dem der Versicherer tätig ist. Unterscheiden Sie die hierfür die Begriffe Marktkapazität, Marktpotenzial, Marktvolumen und Marktanteil und tragen Sie die Beschreibung in die rechte Tabellenspalte ein.**

Begriff	Beschreibung
Marktkapazität	
Marktpotenzial	
Marktvolumen	
Marktanteil	

6. **Ein Bestandteil des Marketings ist es, die Produkte für den Bereich Kfz-Versicherungen zu gestalten. Beschreiben Sie, wie sich die formale und die inhaltliche Gestaltung eines Versicherungsproduktes unterscheiden.**

7. Ein Versicherungsprodukt setzt sich aus einzelnen Bestandteilen zusammen. Nennen Sie Beispiele für die Bestandteile einer Kfz-Versicherung.

8. Je nach Zielgruppe werden im Kfz-Bereich unterschiedliche Produktvarianten angeboten. Unterscheiden Sie zwischen gewerblichen Kunden/-innen und dem Privatkundengeschäft. Nennen Sie Produktvarianten, die sich je nach Zielgruppe aus Ihrer Sicht am häufigsten vorfinden lassen. Geben Sie an, warum hier unterschiedliche Produktvarianten sinnvoll sind.

9. Beschreiben Sie anhand konkreter Beispiele aus Ihrer Versicherungspraxis den Unterschied zwischen Produktinnovation und Produktmodifikation.

10. **Da der Preis ein entscheidendes Kriterium für den Abschluss ist, sollen Sie überlegen, wie Ihr Versicherer im Bestandskundengeschäft die Preise anpassen könnte. Schlagen Sie grundsätzliche Möglichkeiten (auch außerhalb des Kfz-Versicherungsgeschäftes) vor.**

11. **Ein weiteres Ergebnis aus der Marktforschung war, dass die Kunden/-innen bei Kfz-Versicherungen Wert auf einen guten Service legen. Daraus folgt, dass ein guter Service die Kundenbindung verbessern und die Wechselbereitschaft reduzieren kann. Beschreiben Sie, was Kunden/-innen unter der Servicequalität des Versicherers verstehen.**

12. **Ein wichtiger Bestandteil der Vermarktung nicht nur von Kfz-Versicherungen ist der Einsatz von Maßnahmen der Kommunikationspolitik. Beschreiben Sie diese Maßnahmen im Versicherungsunternehmen. Nutzen Sie dafür die Ihnen bekannten Begriffe und finden Sie Beispiele zur Veranschaulichung.**

13. **Die Marketingabteilung plant, die Maßnahmen zur Verkaufsförderung für Versicherungsprodukte im Kfz-Bereich zu verbessern. Beschreiben Sie mögliche Maßnahmen, die getroffen werden könnten.**

14. **Die Marktforschung hat auch gezeigt, dass die Hälfte der Kunden/-innen den persönlichen Kontakt für einen Vertragsabschluss bevorzugt. Erläutern Sie, warum aus Ihrer Sicht der persönliche Verkauf in der Versicherungsbranche so wichtig ist.**

15. Versicherungsleistungen können auf unterschiedlichen Absatzwegen den Kunden/-innen angeboten werden. Nennen Sie die wesentlichen Unterschiede zwischen einem/einer Versicherungsvertreter/-in und einem/einer Versicherungsmakler/-in und tragen Sie die entsprechenden Merkmale in die Tabelle ein.

Versicherungsvertreter/-in	Versicherungsmakler/-in

4.3 Neukundengewinnung

Handlungssituation

Die Proximus Versicherung AG möchte ein Konzept zur Neukundengewinnung entwickeln. Dieses soll für alle Versicherungssparten Anwendung finden. Das Versicherungsunternehmen möchte dabei die Akquise sowohl persönlich als auch online durchführen.

Informationen zum Lösen der Handlungsaufgaben finden Sie im Lehrbuch „Alles versichert - Kaufmann/Kauffrau für Versicherungen und Finanzanlagen, 1. Ausbildungsjahr", in Lernfeld 3 Kapitel 4.3.

Handlungsaufgaben

1. Bei der Neukundenakquise gilt es, die rechtlichen Rahmenbedingungen zu kennen und einzuhalten. Erstellen Sie für die nächste Vertriebsleitersitzung ein Handout, in dem diese Bestimmungen übersichtlich aufgeführt sind. Beschreiben Sie die Bedingungen jeweils für die unterschiedlichen Akquisemöglichkeiten.

2. **Die Proximus Versicherung AG hat über ein Kontaktformular auf ihrer Homepage einige Interessenten für bestimmte Versicherungen sammeln können, die sich mit einer persönlichen Kontaktaufnahme einverstanden erklärt haben. Sie haben nun die Aufgabe, die Kunden/-innen aus Ihrem Bezirk anzurufen, mit dem Ziel, einen Termin für ein persönliches Gespräch zu vereinbaren.**

a) **Planen Sie Ihr Vorgehen.**

b) **Skizzieren Sie den Ablauf eines solchen Telefonates.**

3. **Aufgrund der telefonischen Kontaktaufnahme konnten Sie ein persönliches Beratungsgespräch vereinbaren.**

a) **Planen Sie diesen Besuch und skizzieren Sie die einzelnen Planungsinhalte.**

b) **Entwickeln Sie einen Gesprächsleitfaden für dieses erste Beratungsgespräch.**

4. **Nennen Sie Möglichkeiten für ein Versicherungsunternehmen, um Neukundengewinnung online durchzuführen. Stellen Sie kurz die wesentlichen Merkmale der unterschiedlichen Varianten dar, indem Sie die Tabelle vervollständigen.**

Online-Medium	Merkmale
Website, Homepage	
Vergleichsportal	
Newsletter	

5. Begründen Sie, warum die kontinuierliche Gewinnung von Neukunden/-innen so wichtig für das Versicherungsunternehmen ist.

6. Nennen Sie mögliche Einflussgrößen zur Gestaltung des Erstgespräches bei der Akquise, die einen positiven Effekt auf den Gesprächsverlauf haben können.

4.4 Maßnahmen der Bestandskundenbetreuung

Handlungssituation

Eine Abteilungsleiterin der Proximus Versicherung AG hat festgestellt, dass aktuell viele Bestandskunden in der Hausratversicherung zu anderen Versicherern wechseln. Daher wird sie beauftragt, sich gezielte Maßnahmen zur Kundenbindung zu überlegen. Der Außendienst sollte bei der Umsetzung einbezogen werden.

Informationen zum Lösen der Handlungsaufgaben finden Sie im Lehrbuch „Alles versichert - Kaufmann/Kauffrau für Versicherungen und Finanzanlagen, 1. Ausbildungsjahr“, in Lernfeld 3 Kapitel 4.4.

Handlungsaufgaben

1. Skizzieren Sie mögliche Gründe, die zu der oben beschriebenen Situation geführt haben können.

2. **Nennen Sie die Rechtsgrundlagen, die Sie bei der Kontaktaufnahme von Bestandskunden/-innen beachten müssen.**

3. **Geben Sie an, in welcher Form das CRM-System die Vertriebsmitarbeiter/-innen bei der Betreuung von Bestandskunden/-innen unterstützen kann.**

4. **Ein Baustein für die Bestandskundenbetreuung ist die telefonische Erreichbarkeit der Mitarbeiter/-innen.**

a) **Geben Sie an, wie Sie diese Erreichbarkeit sicherstellen können und was es darüber hinaus zu beachten gibt.**

b) **Entwerfen Sie eine Checkliste für Ihre Mitarbeitenden.**

5. **Die Proximus Versicherung AG möchte ihre Bestandskunden/-innen über ein neues Angebot im Bereich der Hausratversicherung informieren. Vergleichen Sie mögliche Kommunikationssysteme, die hierfür genutzt werden könnten.**

6. **Die Proximus Versicherung AG will ihre Kunden/-innen mittels Newsletter per E-Mail informieren, denn es gibt neue Angebote in der Hausratversicherung.**
Ziel des Newsletters soll sein, dass der/die Kunde/-in animiert wird, einen Beratungstermin mit seinem/ihrer Versicherungsvertreter/-in zu vereinbaren.

Entwickeln Sie den entsprechenden Text des Newsletters.

Recherchieren Sie dazu vorab Kriterien zur Erstellung einer solchen E-Mail.

7. **Die E-Mails aus Aufgabe 6 wurden an die Bestandskunden/-innen verschickt. Beschreiben Sie, wie Sie den Erfolg dieser Maßnahme bewerten können.**

8. **Informieren Sie sich im Internet über Maßnahmen zur Kundenbindung, z. B. indem Sie die Websites größerer Versicherer aufrufen. Welche Gemeinsamkeiten und welche Unterschiede können Sie feststellen?**

9. **Erstellen Sie eine Übersicht mit drei Maßnahmen zur langfristigen Kundenbindung in Ihrem Versicherungsunternehmen. Skizzieren Sie die Maßnahmen kurz.**

10. **Geben Sie an, welche der in Aufgabe 9 genannten Maßnahmen Sie für am geeignetsten halten. Finden Sie Argumente und stellen Sie Ihre Meinung im Plenum vor.**

11. **Erstellen Sie ein Konzept zur Umsetzung von Kundenberatungsgesprächen, das den Außendienstmitarbeitern/-innen als Handout zur Verfügung gestellt werden soll.**

4.7 Messung des betrieblichen Erfolgs von Kommunikationsaktivitäten

Handlungssituation

Um Neukunden/-innen zu gewinnen, hat die Proximus Versicherung AG versucht, über Social-Media-Aktivitäten ihre Bekanntheit zu erweitern und neue Kontakte herzustellen. Ihr Abteilungsleiter bittet Sie, den Erfolg der Social-Media-Kampagne zu bewerten.

Informationen zum Lösen der Handlungsaufgaben finden Sie im Lehrbuch „Alles versichert - Kaufmann/Kauffrau für Versicherungen und Finanzanlagen, 1. Ausbildungsjahr", in Lernfeld 3 Kapitel 4.7.

Handlungsaufgaben

1. **Ergänzen Sie in der folgenden Übersicht zur Bewertung einer Kommunikationsmaßnahme sinnvolle Kennzahlen zur Bewertung der einzelnen benannten Schritte.**

Maßnahmeziel: Neukundengewinnung über Social Media	
Schritte	**Kennzahlen**
Bekanntheit steigern	
neue Kontakte herstellen	
Abschlüsse generieren	

2. **Die Proximus Versicherung AG hat aufgrund der zunehmenden Unwetter und somit steigenden Risiken für das Eigentum eine Information zu möglichen Absicherungen zusammengefasst. Diese Information wird auf der Website bereitgestellt.**

Hier wurde zudem ein Onlineformular angeschlossen, auf dem der/die Kunde/-in bei Bedarf seine/ihre Kontaktdaten eingegeben kann, um einen Beratungstermin zu vereinbaren.

a) **Um den Erfolg dieser Aktion zu ermitteln, können unterschiedliche Kennzahlen herangezogen werden. Erläutern Sie in diesem Zusammenhang die Kennzahl Conversion Rate und geben Sie an, wie wird diese berechnet wird**

b) **Erläutern Sie, was Customer Acquisition Costs (CAC) sind. Berechnen Sie diese, wenn die Gesamtkosten für die beschriebene Maßnahme bei 5.000,00 € lagen und hieraus 30 Neukunden/-innen resultieren.**

c) **Der Abteilungsleiter der Proximus Versicherung AG überlegt, ob er zur Gewinnung von potenziellen Kundenkontakten eine Anzeige in einer Fachzeitschrift schalten soll. Diese Anzeige kostet 850,00 €. Als Alternative besteht auch die Möglichkeit einer erneuten Aktion über die Website.**
Berechnen Sie, wie viele Neukunden/-innen aufgrund der Anzeige akquiriert werden müssten, damit die CAC-Kosten bei dieser Aktion unter den Kosten der Onlinemaßnahme liegen?

3. **Nach einer Aktion über Social Media erhöhte sich die Zahl der Follower um 150 User. Diskutieren Sie dieses Ergebnis mit Ihrem/Ihrer Tischnachbarn/-in.**

4. Auch im Bereich der Bestandskundenpflege gibt es Kennzahlen, die den Erfolg zielgerichteter Kommunikationsmaßnahmen messbar machen.

a) Die Außendienstmitarbeiter/-innen sollen im Rahmen einer Mailingaktion gezielt Kunden/-innen aus dem Segment der Sachversicherungen kontaktieren. Geben Sie an, mit welchen Kennzahlen hier Erfolge ermittelt werden könnten. Nennen und beschreiben Sie diese Kennzahlen kurz.

b) Anhand von Auswertungen mit dem CRM-System wurden die Kunden/-innen ermittelt, deren Lebensversicherungen demnächst ausgezahlt werden. Diesen Kunden/-innen soll ein Beratungsgespräch angeboten werden. Mit welchem Ziel sollten diese Beratungsgespräche stattfinden und welche Kennzahl könnte den Erfolg sichtbar machen?

4.9 Onlinemarketing in der Versicherungsbranche

Handlungssituation

Sven Sievers leitet die Versicherungsagentur „Sievers Young Starters“, die sich auf Kunden/-innen der Startup-Szene spezialisiert hat. Da die Agentur ausschließlich für die Proximus Versicherung AG tätig ist, nutzt sie das Onlineportal dieses Versicherers. Leider sind die Inhalte sehr allgemein gehalten und somit wenig geeignet, um die junge und innovative Kundengruppe individuell und bedarfsgerecht anzusprechen.

Sven Sievers hat deshalb beschlossen, ein eigenes Onlineportal zu entwickeln, um seinen Kunden/-innen einen optimalen Service zu bieten. Neben den üblichen Tarifangeboten soll es auch die Möglichkeit geben, einen Newsletter zu abonnieren sowie über dieses Portal Kontakte zu anderen Startup-Unternehmen zu knüpfen. Zudem soll eine Linkseite eingerichtet werden, über die die Portalbesucher/-innen zu wichtigen Internetseiten von spezialisierten Banken, Anbietern/-innen von besonderen Rohstoffen und sonstigen relevanten Dienstleistern/-innen gelangen können.

Informationen zum Lösen der Handlungsaufgaben finden Sie im Lehrbuch „Alles versichert – Kaufmann/Kauffrau für Versicherungen und Finanzanlagen, 1. Ausbildungsjahr“, in Lernfeld 3 Kapitel 4.9.

Handlungsaufgaben

1. **Sven Sievers untersucht zunächst das Onlineportal der Proximus Versicherung AG. Er zieht dazu bestimmte Kriterien heran.**
Ergänzen Sie die Tabelle zu den Aspekten, die bei der Auswahl und Gestaltung eines Onlineportals beachtet werden sollten.

Aspekt	Erläuterung
______	Benutzerfreundlichkeit, Gebrauchstauglichkeit
______	Ausmaß, welche und wie viele Aufgaben und Anforderungen ein Onlineportal erfüllt
Ergonomie	______
______ Design	Anpassung des Onlineportals an alle Monitorgrößen
______	Auch Menschen mit Einschränkungen können das Onlineportal ohne Probleme verwenden.
______	Sicherstellung, dass alle Funktionen im Vergleich mit vordefinierten Anforderungen (z. B. ein Pflichtenheft im Rahmen eines Projekts) vollständig umgesetzt sind
Zuverlässigkeit	______
______	unkomplizierte, schnelle und fehlerfreie Vornahme von Änderungen
______	Verbrauchsverhalten der Betriebsmittel, Ausmaß der Nutzung der Systemressourcen
Zugriff auf Quellcode	Es können Änderungen in der Software vorgenommen werden.
Sprachen	Es gibt die Möglichkeit, unterschiedliche ______ und ______ zu installieren.
______	Sicherstellung, dass das Onlineportal alle rechtlich vorgeschriebenen Angaben enthält

2. Führen Sie alle Bestandteile der Funktionalität auf.

3. Geben Sie Folgen der Nichtbeachtung softwareergonomischer Prinzipien an.

4. Nennen Sie Informationspflichten eines Onlineportals.

5. Erläutern Sie, zu welcher Art von Marketingmaßnahmen Newsletter zählen.

Lernfeld 4

Kunden im Bedarfsfeld Wohnen beraten

Zielbeschreibung:

Sie verfügen über die Kompetenz, Kunden zum Abschluss von Hausrat- und Wohngebäudeversicherungsverträgen zu beraten, Verträge im Bedarfsfeld Wohnen anzubahnen, den Kundenbestand zu pflegen sowie Lösungen im Schadenfall aufzuzeigen.

4

Es folgen die Inhalte des Rahmenlehrplans für Lernfeld 4:

Kunden im Bedarfsfeld Wohnen beraten

Die Schülerinnen und Schüler **analysieren** fallbezogen Risiken im Wohnumfeld der Kunden und ermitteln die Kundenbedarfe. Hierzu holen sie auch über digitale Kanäle Informationen von ihren Kunden ein. Sie informieren sich über relevante Vertragsarten und erörtern den Umfang und die Möglichkeiten des bedarfsgerechten Versicherungsschutzes *(versicherte Gefahren und Schäden, versicherte Sachen und Kosten, Ausschlüsse, räumlicher Geltungsbereich)* anhand der Allgemeinen Hausrat Versicherungsbedingungen und Allgemeinen Wohngebäude Versicherungsbedingungen.

Die Schülerinnen und Schüler **planen** kundenspezifische, nachhaltige Versicherungslösungen, indem sie risikorelevante Daten erfassen *(Versicherungswert, Risiko-und Gefahrenumstände)*, das Risiko beurteilen, eine bedarfsgerechte Versicherungssumme ermitteln, Beiträge der Hausrat- und Wohngebäudeversicherung berechnen und Angebotsalternativen erarbeiten.

Im Beratungsgespräch **erläutern** Schülerinnen und Schüler den Kunden Möglichkeiten der Erweiterung des Versicherungsschutzes *(Wertsachen, Elementargefahren, Klauseln, Glasversicherung, Smart-Home)* und informieren die Kunden über Obliegenheiten vor Eintritt des Schadenfalls *(Gefahrenerhöhung, Sicherheitsvorschriften)* und im Versicherungsfall. Sie bereiten den Abschluss von Hausrat- und Wohngebäudeversicherungsverträgen vor und verwenden im Beratungsgespräch Gesprächstechniken zur Einwandbehandlung.

Es folgen weitere Inhalte des Rahmenlehrplans für Lernfeld 4:

Im Rahmen der Bestandspflege **kontrollieren** die Schülerinnen und Schüler den Versicherungsschutz ihrer Kunden und beraten diese bei Änderungen der individuellen Lebenssituation *(Wohnungswechsel, Änderung des Versicherungswertes, Veräußerung und Vererbung eines versicherten Gebäudes)*. Im Sinne einer langfristigen Kundenbindung optimieren sie den Versicherungsschutz ihrer Kunden und berechnen Nach- und Rückbeiträge.

Im Schadenfall führen die Schülerinnen und Schüler die formelle und materielle Deckungsprüfung durch. Sie **beurteilen** den Schaden, berechnen die Entschädigung und berücksichtigen hierbei eine mögliche Unter- oder Mehrfachversicherung. Sie informieren die Versicherungsnehmer und die Versicherungsnehmerinnen – auch mithilfe digitaler Medien – über die Schadenregulierung und weisen sie auf ihre Rechte und Pflichten hin.

Im Hinblick auf die Kundenzufriedenheit **reflektieren** die Schülerinnen und Schüler ihr Service- und Kommunikationsverhalten im Beratungsgespräch und holen sich ein Kundenfeedback ein.

Teil A: Kunden zu Hausratversicherungen beraten

1 Versicherte Sachen in der Hausratversicherung

2 Versicherte Gefahren in der Hausratversicherung

Handlungssituation

Luisa Zimmerer, 28 Jahre alt, zieht demnächst in ihre erste eigene Wohnung. Als sie abends mit einigen Freundinnen plant, welche Möbel sie braucht und was sie aus Ihrem Zimmer in ihrem Elternhaus alles mitnehmen will, kommt Sie mit ihrer Freundin Jennifer ins Gespräch.

Jennifer: *„Willst Du denn Deine Möbel und die anderen Sachen auch versichern?"*

Luisa: *„Warum sollte denn das nötig sein? Schließlich kaufe ich die Möbel neu! Damit passiert doch dann erstmal gar nichts. Außerdem bin ich immer total vorsichtig."*

Jennifer: *„Du hast ja nicht nur die Möbel, sondern auch noch den geerbten Schmuck von Deiner Oma, das Macbook und Deine edle Perserkatze. Außerdem wolltest Du ja noch ein Aquarium anschaffen. Da kannst Du so viel aufpassen wie Du willst, aber trotz aller Vorsicht kann immer irgendetwas passieren, dann ist es besser, wenn Du richtig abgesichert bist."*

Luisa: *„Meinst Du wirklich, dass dies alles versicherbar ist?"*

Jennifer: *„Lass Dich doch einfach einmal von einem Fachmann oder einer Fachfrau beraten, dann bist Du bestens informiert und kannst Dich entscheiden, ob Du Dich versichern willst oder nicht."*

Informationen zum Lösen der Handlungsaufgaben finden Sie im Lehrbuch „Alles versichert – Kaufmann/Kauffrau für Versicherungen und Finanzanlagen, 1. Ausbildungsjahr", in Lernfeld 4 Teil A Kapitel 1 und 2.

Handlungsaufgaben

1. **Erläutern Sie Frau Zimmerer kurz die Notwendigkeit einer Hausratversicherung.**

2. **Überlegen Sie, über welche Themengebiete Sie sich informieren müssen, um Frau Zimmerer fachgerecht beraten zu können.**

3. **Beschreiben Sie kurz, was unter den Begriff Hausrat fällt.**

4. **Erteilen Sie Frau Zimmerer Auskunft darüber, ob ihre oben genannten Sachen mitversichert sind und begründen Sie dies kurz.**

5. **Überlegen Sie sich, was Sie Frau Zimmerer noch zu ihrem Schmuck fragen müssen, um diesen optimal versichern zu können.**

6. **Ergänzen Sie in der folgenden Darstellung die Gefahren, die in der Hausratversicherung abgesichert sind.**

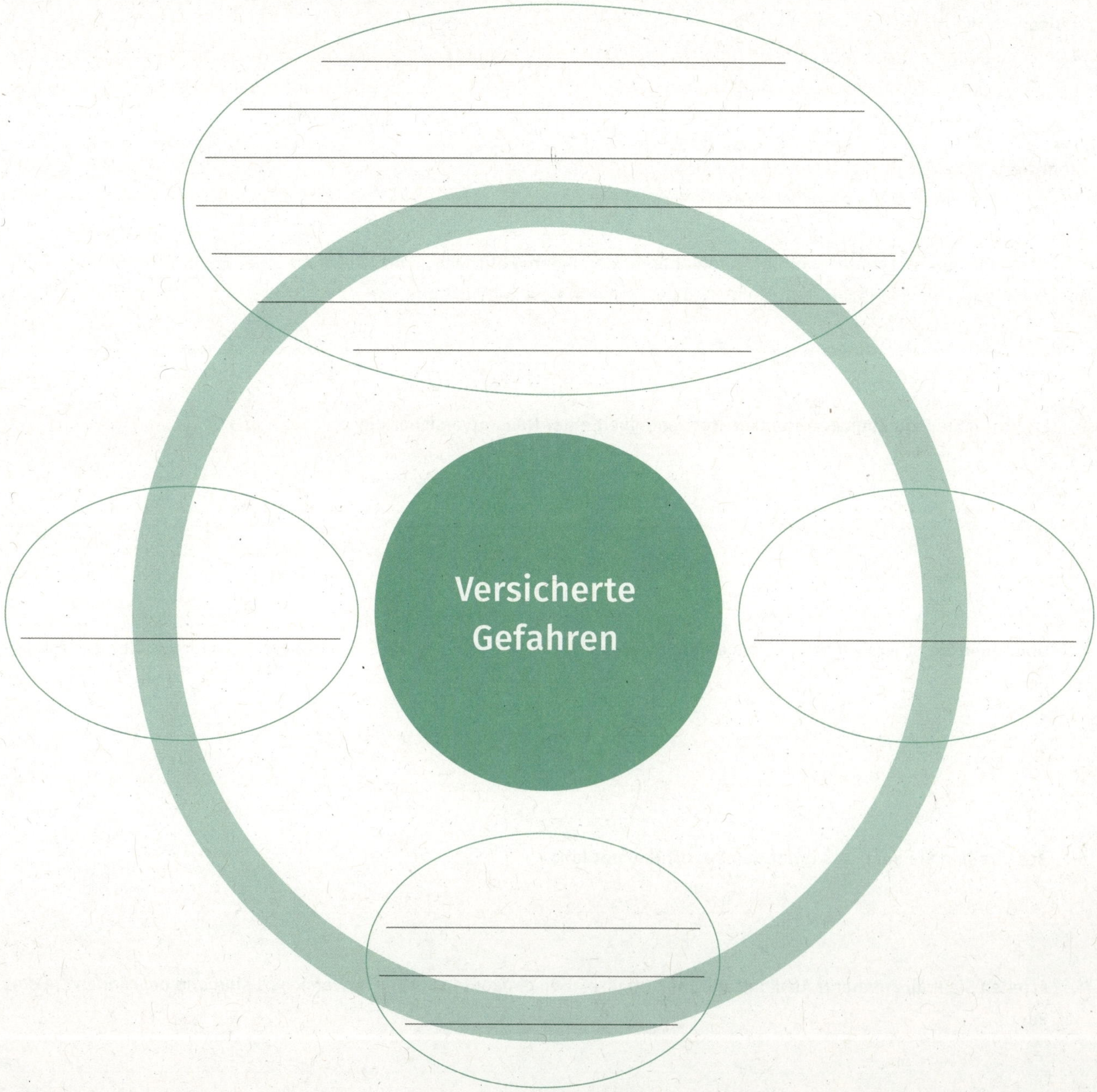

7. **Teilen Sie mit Ihrem/Ihrer Sitzpartner/-in die versicherten Gefahren der Hausratversicherung untereinander auf und notieren sich stichpunktartig die wichtigsten Merkmale. Tauschen Sie sich danach zu Ihren Notizen aus und informieren Sie Ihre/-n Sitzpartner/-in, um danach Frau Zimmerer über die versicherten Gefahren informieren zu können.**

8. **Überlegen Sie sich ein Argument, warum selbst bei aller Vorsicht von Frau Zimmerer ein Schaden entstehen kann.**

9. **Beraten Sie Frau Zimmerer über den Versicherungsschutz ihres Aquariums.**

Versicherte Sachen in der Hausratversicherung

1. **Tragen Sie für die unten stehenden Sachen die jeweils richtige Ziffer in die rechten Kästchen ein.**
1 für versicherte Sache nach Ziffer 8 VHB 2021
2 für Wertsachen nach Ziffer 18.1 VHB 2021
9 für eine nicht versicherte Sache nach Ziffer 9 VHB 2021

hochwertiger Wein	
Märklin Eisenbahn	
Autoschlüssel	
Esstisch	
Sparbuch	
Ruderboot	
von einem/einer Gebäudeeigentümer/-in in die Mietwohnung eingefügte Anbauküche	
geliehener Fotoapparat	
antiker Kleiderschrank aus dem Jahre 1850	
Notfalltasche eines/einer Arztes/Ärztin (VN)	
Bettwäsche	
siamesische Katze	
Warndreieck	

2. **Erläutern Sie, ob die genannten Sachen in der Hausratversicherung eingeschlossen sind und ob der Hausratversicherer für diese Gegenstände im Schadenfall Entschädigung leistet.**

a) **Palme im Wohnzimmer**

b) **Blu-ray-Player eines Untermieters**

c) **Motor vom Schlauchboot in der Wohnung**

d) **Kanarienvogel im Käfig**

e) **Küchenzeile, die ein Schreiner exakt nach den Maßen der Küche gefertigt hat**

f) **fest eingeklebter Teppichboden, den ein Vermieter eingebracht hat**

g) in der Wohnung gelagerte Waren für den Kiosk des Vesicherungsnehmers

h) Geige einer Musiklehrerin

i) Münzsammlung im Wohnzimmerschrank.

j) Segelboot in der an dem Einfamilienhaus angebrachten Doppelgarage

k) von einer Mieterin zusätzlich eingebrachter Einbauschrank im Flur

l) 1.500,00 € Bargeld aus dem Arbeitszimmer

m) Anhänger für ein Auto im Nebengebäude auf dem Grundstück des Einfamilienhauses

n) Familienhund

o) ein vom Vermieter eingefügter Teppich

p) Fallschirm und Fahrrad in der Garage eines Garagenkomplexes eines Mehrfamilienhauses auf der gegenüberliegenden Straßenseite

3. Ein Einbrecher entwendet aus der Wohnung eines Versicherungsnehmers Gegenstände. Erläutern Sie, ob der Hausratversicherer für die genannten Gegenstände Entschädigung leistet.

a) Mountainbike

b) Mofa

c) **Surfbrett**

d) **vier nicht montierte Autoreifen**

4. **Eine Versicherungsnehmerin renoviert ihre Mietwohnung. Sie tauscht im Wohnzimmer den alten PVC-Boden gegen einen Parkettboden aus und baut im Flur einen zusätzlichen Einbauschrank ein. Erläutern Sie, ob diese Sachen in der Hausratversicherung eingeschlossen sind.**

5. **Die Frau eines Versicherungsnehmers nimmt als Angestellte im Außendienst häufig das Notebook ihres Arbeitgebers mit nach Hause. Durch einen Brand in der Wohnung des Versicherungsnehmers wurde das Notebook komplett zerstört. Geben Sie an, ob das Notebook versichert ist.**

6. **Ein Versicherungsnehmer ist ein Hobbybastler und besitzt mehrere ferngesteuerte Modellbauschiffe mit Benzinmotor. Sein Prunkstück ist das Passagierschiff „Queen Mary“ mit einer Länge von 1,20 m. Geben Sie an, ob Versicherungsschutz besteht.**

7. **Frau Melanie Müller besitzt eine Sammlung von wertvollen Gemälden (Wert 35.000,00 €), die Sie im Wohnzimmer an einer Wand hängen hat. Sie möchte eine Hausratversicherung mit einer Versicherungssumme von 100.000,00 € abschließen. Unterversicherungsverzicht soll vereinbart werden. Beraten Sie Frau Müller bezüglich der Absicherung ihrer Wertsachen.**

Versicherte Gefahren in der Hausratversicherung

Prüfen Sie bei den Aufgaben 1 bis 10 anhand der VHB 2021, ob der Hausratversicherer leistungspflichtig wäre. Achten Sie dabei nicht nur darauf, ob die versicherte Gefahr abgesichert ist, sondern auch, ob die beschädigte Sache mitversichert ist.

1. Brand

a) Eine Versicherungsnehmerin wirft versehentlich eine Kerze um und die Tischdecke beginnt zu brennen.

b) In der Nachbarwohnung eines Versicherungsnehmers brennt es, was zu Rußschäden an den Wänden und Möbeln des Versicherungsnehmers führt.

c) Eine Gardine wird an eine Kerze geweht und schmort an.

d) Durch die Verstopfung eines Kamins kann der Rauch nicht richtig abziehen. Dadurch dringt dieser in die Wohnung eines Versicherungsnehmers und führt zu Rußschäden an einer Kommode.

e) Ein Brand in der Nachbarwohnung einer Versicherungsnehmerin führt zu einem Stromausfall, der den Inhalt der Tiefkühltruhe der Versicherungsnehmerin unbrauchbar werden lässt.

f) **Löschwasser, das nach einem Brand in der Wohnung über einem Versicherungsnehmer durch die Decke tropft, beschädigt den Hausrat des Versicherungsnehmers.**

g) **Ein Hund, der sich in der Obhut einer Versicherungsnehmerin befindet, erstickt während eines Brandes in dessen Wohnung.**

h) **Ein Glutstück spritzt aus einem Kamin und glimmt ein Loch in den Teppich eines Versicherungsnehmers. Das Glutstück erlischt daraufhin.**

2. **Blitzschlag, Überspannung**

a) **Ein Blitz schlägt in das Dach eines Versicherungsnehmers ein, was zu einem Brand im Dachgeschoss führt und die dort abgestellten Möbel verbrennen lässt.**

b) **Ein Blitz, der in das Haus einer Versicherungsnehmerin einschlägt, führt zu einem Überspannungsschaden an deren Fernseher und dem ausgeliehenen Laptop des Nachbarn.**

c) **Ein Blitz schlägt im Wohnort einer Versicherungsnehmerin ein, führt zu einem Stromausfall, der dafür sorgt, dass der Inhalt der Tiefkühltruhe der Versicherungsnehmerin auftaut und nicht mehr zu gebrauchen ist.**

d) **Ein Mieter lässt in seine Wohnung ein Smart-Home-System einbauen, das die Heizung und das Licht steuert. Aufgrund eines Gewitters erleidet das System einen Überspannungsschaden.**

3. Explosion, Verpuffung, Implosion

a) **Eine Leuchtröhre der Deckenlampe eines Versicherungsnehmers implodiert.**

b) **Eine Versicherungsnehmerin kocht mit einem Schnellkochtopf. Das Ventil ist defekt, dadurch kann der Druck nicht entweichen und der Topf explodiert. Durch den umherfliegenden Topf entstehen Schäden an der Dunstabzugshaube und dem Cerankochfeld.**

c) **In einem brennenden Kamin kommt es zu einer Verpuffung, was dafür sorgt, dass Glutstücke herumspritzen und den Teppich eines Versicherungsnehmers verbrennen.**

4. Anprall oder Absturz eines Luftfahrzeuges, seiner Teile oder Ladung

a) An Silvester fällt eine Rakete auf das Dach einer Versicherungsnehmerin, das zu brennen beginnt. Der Hausrat der Versicherungsnehmerin verbrennt ebenfalls.

b) Ein Düsenjet durchbricht die Schallmauer, wodurch die Fensterscheibe eines Versicherungsnehmers zerspringt.

c) Ein Segelflugzeug verliert ein Teil seiner Ladung, das auf den Gartentisch einer Versicherungsnehmerin fällt und diesen zerstört.

d) Eine Drohne gerät außer Kontrolle, fliegt durch das geschlossene Fenster eines Versicherungsnehmers und beschädigt dort auch den Glastisch im Wohnzimmer.

5. Einbruchdiebstahl

a) Ein Unbekannter dringt mit einem Dietrich in die Wohnung einer Versicherungsnehmerin ein und entwendet dort deren Geldbörse und den Arbeitslaptop.

b) **Ein Unbekannter bricht das Fahrzeug in der Tiefgarage eines Versicherungsnehmers auf und entwendet dessen Lederjacke.**

c) **Ein Unbekannter bricht das Schließfach im Fitnessstudio eines Versicherungsnehmers auf und entwendet dessen Geldbörse.**

d) **Eine Versicherungsnehmerin hat im Sommer ihre Balkontür geöffnet. Während sie in der Küche kocht, dringt jemand unbemerkt über den Balkon in die Wohnung ein und entwendet ein Tablet sowie wertvollen Schmuck aus der Kommode.**

e) **Am helllichten Tag steigt ein Unbekannter über den Gartenzaun eines Versicherungsnehmers und entwendet dessen neuen teuren Markengrill, der im Garten steht.**

f) **Während eine Versicherungsnehmerin ihre Wohnungstür lediglich anlehnt, um ihren Briefkasten zu leeren, betritt ein unbekannter Täter unbemerkt die Wohnung der Versicherungsnehmerin, entwendet deren wertvolle Katze und verschwindet wieder.**

g) **Als ein Versicherungsnehmer seine Wohnung betritt, überrascht er einen Einbrecher. Dieser bedroht den Versicherungsnehmer mit einem Messer und verlässt fluchtartig mit dessen Laptop die Wohnung.**

h) **Die Reinigungsfachkraft eines Versicherungsnehmers hat sich heimlich einen Zweitschlüssel anfertigen lassen und ihr Ehemann entwendet während der Arbeitszeit des Versicherungsnehmers den Fernseher, wertvollen Schmuck und ein Gemälde.**

i) **Während eine Versicherungsnehmerin mit Freunden in einer Bar etwas trinken geht, wird ihr unbemerkt der Haustürschlüssel entwendet und aus ihrer Wohnung werden ein antiker Schrank und Bargeld in Höhe von 2.000,00 € gestohlen.**

j) **Ein unbekannter Täter betritt unbemerkt im Sommer die Wohnung eines Versicherungsnehmers durch die offenstehende Terrassentür. Er entwendet dort ein Handy sowie 1.000,00 € Bargeld und zerstört den Fernseher.**

6. **Vandalismus**

a) **Nachdem unbekannte Täter die Wohnungstür einer Versicherungsnehmerin aufgebrochen und scheinbar nichts Wertvolles gefunden haben, besprühen sie die Möbel mit roter Farbe.**

b) **Ein Dieb verschafft sich durch ein Fenster Zugang zu der Wohnung eines Versicherungsnehmers, stiehlt Bargeld in Höhe von 1.000,00 € und zerstört das gesamte Mobiliar im Wohnzimmer.**

7. **Raub**

a) **Markus Schreiner hat seinem Hausratversicherer folgendes Schreiben zugesandt, mit dem er einen Schaden meldet:**

> Sehr geehrte Damen und Herren,
>
> am Freitag, den 25.4.20.., sind Schränke im Gebäude meines Sportvereins aufgebrochen worden. Aus meinem Spind wurden mein Wohnungsschlüssel, ein Ersatzschläger und meine Jacke gestohlen. Ich habe noch einen Ersatzschlüssel für die Wohnung. Mit dem Schlüssel kann der Dieb eigentlich nichts anfangen. Falls doch, habe ich dann Nachteile bei der Schadenregulierung, wenn er in meine Wohnung eindringt oder bezahlen Sie mir die Schlossänderungskosten, wenn ich vorsichtshalber ein neues Schloss einbauen lasse?
>
> Der Vereinsvorsitzende kam auf die Idee, Gepäckboxen am Spielfeldrand im Freien aufzustellen, die hätten wir besser im Blick. Ändert sich aus versicherungsrechtlichen Aspekten etwas, wenn diese aufgebrochen werden?
>
> ...

Beantworten Sie die Fragen von Herrn Schreiner.

b) **Als ein Versicherungsnehmer abends spät nach Hause geht, hält ihm plötzlich jemand ein Messer vors Gesicht und verlangt die Herausgabe seiner Geldbörse.**

c) **Während der Geburtstagsfeier einer Versicherungsnehmerin dringen vier Täter in deren Wohnung ein, bedrohen die Versicherungsnehmerin und deren Gäste mit Waffen und entwenden sämtlichen Schmuck, Geldbörsen und Handys aller Anwesenden.**

d) **Ein Versicherungsnehmer hat wegen Kreislaufproblemen einen starken Schwindelanfall. Während eine unbekannte Person so tut, als würde sie sich um den Versicherungsnehmer kümmern, entwendet sie dessen Armbanduhr.**

e) **Eine Versicherungsnehmerin wird im Dunklen von einer unbekannten männlichen Person attackiert, die sie dazu zwingt, am Geldautomaten den höchstmöglichen Betrag abzuheben.**

8. Leitungswasser- und Bruchschäden

a) Die Tochter eines Versicherungsnehmers lässt sich Badewasser ein und vergisst während des Telefonierens dieses wieder abzustellen. Das Wasser läuft über den Wannenrand und beschädigt die Möbel im Badezimmer.

b) Ein unbemerkter Rohrbruch im Haus einer Versicherungsnehmerin führt dazu, dass eine Wand zu schimmeln beginnt. Eine Kommode, die vor dieser Wand steht, trägt ebenfalls Schimmelspuren davon.

c) Aus dem Zuleitungsrohr eines Heizkessels im Keller tropft aufgrund eines Lecks im Rohr unbemerkt Wasser und verursacht einen Wasserschaden an einem Schrank, der daneben steht.

d) Da ein Versicherungsnehmer während eines harten Winters gewisse Räume nicht heizt, bricht ein Rohr des Heizkörpers frostbedingt und das austretende Wasser beschädigt Mobiliar.

e) **Die von einer Versicherungsnehmerin in deren Mietwohnung selbst eingebaute Dusche ist nicht richtig angeschlossen, sodass Wasser durch die Decke des Mieters im Stockwerk unter der Wohnung der Versicherungsnehmerin tropft und dort die Möbel beschädigt.**

f) **Der Spülmaschinenschlauch eines Versicherungsnehmers ist durch einen Bruch undicht und durch das austretende Wasser quillt der Küchenschrank auf.**

g) **Das Zuleitungsrohr des Warmwasserboilers einer Versicherungsnehmerin hat ein Leck und das austretende Wasser beschädigt den Badezimmerschrank.**

h) **Ein Versicherungsnehmer wirft versehentlich seinen Putzeimer um. Das Wasser fließt unter eine Kommode und lässt den Sockelbereich aufquellen.**

i) **Das Kind einer Versicherungsnehmerin wirft beim Spielen versehentlich das Aquarium um und die teuren Fische verenden qualvoll. Außerdem werden eine Kommode und ein Tisch im Wohnzimmer beschädigt.**

j) **Das Zuleitungsrohr zu der Dusche eines Mieters im Garten ist gebrochen und muss repariert werden.**

9. Sturm, Hagel

a) **Ein starker Sturm bricht den Ast eines Baumes ab, der durch die Fensterscheibe einer Versicherungsnehmerin fliegt und dort eine Kommode zerstört.**

b) **Ein plötzlich auftretender Sturm lässt die Gartenmöbel eines Versicherungsnehmers durch den Garten fliegen, die dadurch beschädigt werden.**

c) **Ein starker Sturm deckt das Dach eines Versicherungsnehmers ab und eindringender Regen beschädigt den im Dachgeschoss abgestellten Hausrat.**

d) **Ein Versicherungsnehmer wird von einem Sturm überrascht und der Drachen, den er gerade steigen lässt, wird zerstört.**

e) **Starker Hagel durchbricht die Fensterscheibe einer Versicherungsnehmerin und beschädigt eine Kommode.**

f) **Starker Hagel durchbricht die Fensterscheibe des Pkw eines Versicherungsnehmers und beschädigt dessen darin befindlichen Laptop.**

g) **Ein von der Versicherungsnehmerin gekipptes Fenster kann einem Sturm nicht standhalten und wird aus der Verankerung gerissen. Dadurch wird der Esszimmertisch ebenfalls beschädigt.**

10. Elementargefahren

a) **Nach lang andauerndem Regen tritt ein Fluss über die Ufer. Das Wasser läuft in den Keller eines Versicherungsnehmers und beschädigt den dort abgestellten Hausrat.**

b) **In der Nacht erschüttert ein Erdbeben die Region. Die Glasvitrine einer Versicherungsnehmerin fällt um und der gesamte Inhalt an Geschirr, sowie die Vitrine selbst werden zerstört.**

c) **Auf dem Dach des Hauses eines Versicherungsnehmers liegt so viel Schnee, dass das Dach nachgibt und beschädigt wird. Die eindringenden Schneemassen beschädigen den dort abgestellten Hausrat.**

d) **Durch starke Regenfälle läuft die Kanalisation voll und das Wasser wird zurück in das Haus einer Versicherungsnehmerin gedrückt. Der Hausrat im Keller wird beschädigt.**

e) **Während ein Versicherungsnehmer auf der Arbeit ist, regnet es sehr stark und durch ein gekipptes Fenster regnet es in die Wohnung auf eine Holzkommode, die neben dem Fenster steht. Die Kommode wird stark beschädigt.**

f) **Durch immer mehr Schneefall löst sich irgendwann eine Lawine und zerstört das Gebäude einer Versicherungsnehmerin samt Inhalt.**

g) **Durch starken Regenfall kann das Regenfallrohr eines Versicherungsnehmers das Wasser nicht schnell genug ableiten, wodurch die Hauswand durchnässt wird. Der innen an der Wand stehende Kleiderschrank wird beschädigt.**

3 Geltungsbereich der Hausratversicherung

3.1 Versicherungsort

3.2 Außenversicherung

4 Versicherte Kosten in der Hausratversicherung

Handlungssituation

Luisa Zimmerer, 28 Jahre alt, hat beschlossen, eine Hausratversicherung abzuschließen. Während des Kundenberatungsgesprächs erzählt sie dem Mitarbeiter der Versicherungsagentur, dass sie in der Zeitung gelesen hat, dass in einer Hausratversicherung auch Kosten versichert sind.

Sie fragt sich welche Kosten außer der Reparatur eines Schadens noch auf sie zukommen könnten.

Außerdem möchte Frau Zimmerer wissen, ob sich der Hausrat immer in der Wohnung befinden muss, um versichert zu sein.

Informationen zum Lösen der Handlungsaufgaben finden Sie im Lehrbuch „Alles versichert – Kaufmann/Kauffrau für Versicherungen und Finanzanlagen, 1. Ausbildungsjahr“, in Lernfeld 4 Teil A Kapitel 3.1, 3.2 und 4.

Handlungsaufgaben

1. Überlegen Sie, über welche Themengebiete Sie sich informieren müssen, um Frau Zimmerer fachgerecht beraten zu können.

2. Erläutern Sie Frau Zimmerer, was in der Hausratversicherung mit Versicherungsort gemeint ist und nennen Sie ihr dazu zwei Beispiele.

3. **Geben Sie Frau Zimmerer Auskunft darüber, welchen Versicherungsschutz die Hausratversicherung über die Außenversicherung bietet.**

4. **Nennen Sie Frau Zimmerer, welche Kosten durch die Hausratversicherung abgedeckt sind.**

Vertiefungs- und Anwendungsaufgaben

Versicherungsort

Geben Sie bei den folgenden Fällen jeweils an, ob es sich um den Versicherungsort handelt. Überlegen Sie auch, ob es sich um versicherte Sachen handelt. Nutzen Sie dazu die VHB 2021.

a) **Auf der Terrasse am Einfamilienhaus eines Versicherungsnehmers zerstört ein Brand die Liegen und den Sonnenschirm, die dort ständig stehen.**

b) **Bei einem Einbruch in eine Garage, die über 700 m Luftlinie vom Einfamilienhaus außer Sichtweite entfernt liegt, werden ein Rasenmäher und ein Schlauchboot entwendet.**

c) **Eine Versicherungsnehmerin ist selbstständige Versicherungsvertreterin. Von den acht Räumen ihres Einfamilienhauses nutzt sie drei Räume ausschließlich für ihre Versicherungsagentur mit eigener Eingangstür.**

d) **Ein Versicherungsnehmer bewahrt im gemeinschaftlich genutzten Waschkeller sein Fahrrad auf, das bei einem Einbruchdiebstahl entwendet wird.**

e) **Eine Versicherungsnehmerin hat in der zur Mietwohnung gehörenden Tiefgarage auf ihrem Stellplatz ihre Skiausrüstung, den Rasenmäher und ein Planschbecken abgestellt, die bei einem Brand zerstört werden.**

f) **Beurteilen Sie den Fall e), wenn der Hausrat im Keller der Versicherungsnehmerin zerstört worden wäre.**

g) **Bei einem Sturm werden die Gartenmöbel eines Versicherungsnehmers, die auf dem Balkon stehen, beschädigt.**

Außenversicherung

1. **Der Versicherungsnehmer Jan Schneider schickt seinem Hausratversicherer eine Schadenmeldung.**

...

Während meines Urlaubs auf der Insel Ibiza wurde mein gemietetes Ferienappartement aufgebrochen. Es fehlen:

- 600,00 €
- Lederjacke (auf Ibiza gekauft)
- Schlüsselbund mit Wohnungs- und Autoschlüssel
- vor Ort geliehene Taucherausrüstung.

Ich ließ sofort in Deutschland die Schlösser der Wohnungstür meiner Mietwohnung, der Eingangstür des Mehrfamilienhauses und meines Pkw austauschen.

a) Beurteilen Sie den Schaden.

b) Beurteilen Sie, ob der Hausratversicherer auch die Reparaturkosten für die beschädigte Ferienappartementtür übernehmen wird.

2. Die Tochter eines Versicherungsnehmers und ihr Freund mieten sich während des Studiums eine Wohnung. Durch einen Blitzeinschlag im Gebäude werden der PC und die Stereoanlage der Tochter zerstört. Beurteilen Sie, ob die Hausratversicherung der Eltern leisten wird.

3. Eine Versicherungsnehmerin hat sich für ihren Umzug einen Transporter geliehen. Auf der Fahrt zur neuen Wohnung gerät der Transporter durch einen Reifenschaden in Brand und der Hausrat wird vernichtet.
Versicherungssumme: 60.000,00 €
Hausratschaden: 25.000,00 €
Berechnen und begründen Sie, welchen Betrag der Hausratversicherer erstatten wird.

4. **Ein Räuber bedroht abends auf der Straße mit dem Messer einen Versicherungsnehmer. Dieser gibt dem Räuber seine goldene Armbanduhr, die dieser verlangt. Außerdem zwingt er den Versicherungsnehmer, mit ihm zum nächsten Geldautomaten zu gehen, um dort Geld abzuheben. Der Täter entkommt mit der Uhr und 200,00 € Bargeld aus dem Geldautomaten. Beurteilen Sie, ob Versicherungsschutz besteht.**

5. **Herr Daniel Klein übernachtet bei einem Freund und lässt sein nicht abgeschlossenes Fahrrad in dessen verschlossener Garage stehen. Hieraus wird es bei einem Einbruchdiebstahl entwendet. Herr Klein möchte von Ihnen wissen, ob dieser Schaden durch die Außenversicherung abgedeckt ist.**

6. **Prüfen Sie, ob die Versicherungsfälle über die Außenversicherung abgedeckt sind.**

a) **Das Gartenhaus einer Versicherungsnehmerin befindet sich einer Kleingartenanlage in der Nähe der Wohnung. Durch Brandstiftung wird das Gartenhaus samt dem darin befindlichen Hausrat zerstört.**

b) **Daniela Meier lagert in dem Spind ihres Tennisclubs immer diverse Sportklamotten, Tennisschläger und Bälle. Ihr Spind wird aufgebrochen und die Sachen werden entwendet.**

c) **Christian Bayer hat seinen Arbeitslaptop und diverse Sportklamotten in dem Kofferraum seines Autos vergessen, das er nachts am Straßenrand abstellt. Bei einem Einbruchdiebstahl werden die Sachen gestohlen.**

d) Sabine Schneider hat eine Ferienwohnung auf Sylt. Dort hält sie sich jedes Jahr für zwei Monate auf und nimmt diversen Hausrat mit. Prüfen Sie, ob dieser während des Aufenthalts über die Außenversicherung mitversichert ist.

Versicherte Kosten

1. Eine Explosion in einem nahegelegenen Glaswerk sorgt für Schäden bei verschiedenen Versicherungsnehmern und Versicherungsnehmerinnen. Prüfen Sie, ob die entstandenen Kosten übernommen werden.

a) Die Explosion zerstört die Tür- und Fensterscheiben im Einfamilienhaus einer Versicherungsnehmerin. Bis die Reparatur durchgeführt ist, übernimmt eine Sicherheitsfirma die Bewachung.

b) Durch die Explosion ist die Wohnung eines Versicherungsnehmers unbewohnbar. Er mietet für sich und seine Familie zwei Zimmer in einer Pension. Übernachtungskosten 65,00 € pro Zimmer zuzüglich 25,00 € Frühstück für die ganze Familie. Die Versicherungssumme beträgt 50.000,00 €.

c) In der Pension sind keine Hunde erlaubt, sodass der Hund der Familie in einem Tierheim untergebracht werden muss. Prüfen Sie, ob dem Versicherungsnehmer diese Kosten erstattet werden.

d) Durch einen Einbruch wird eine Terrassentür zerstört. Bis eine neue Tür geliefert werden kann, wird eine provisorische Reparatur durchgeführt.

e) Für das Ausräumen und Aufräumen der Wohnung benötigt die Familie eines Versicherungsnehmers insgesamt zehn Stunden und verlangt dafür vom Versicherer 25,00 € pro Stunde.

f) Die Teppichläufer im Flur und im Schlafzimmer sind zerstört und müssen zur Mülldeponie gebracht werden.

g) **Während des Ausräumens kommen die Wohnungsschlüssel einer Versicherungsnehmerin abhanden, wahrscheinlich hat sie ein Helfer gestohlen.**

2. **Durch einen Bruch der Wasserleitung um 02:00 Uhr morgens in der Mietwohnung eines Versicherungsnehmers im ersten Obergeschoss eines Altbaus tritt für mehrere Stunden Wasser aus, bis der Versicherungsnehmer den Schaden bemerkt. Prüfen Sie, ob der Versicherer die Kosten für Schäden an Tapeten, Innenanstrichen und Bodenbelägen übernimmt.**

3. **Prüfen Sie, ob die Schadenabwendungs- und Schadenminderungskosten vom Versicherer übernommen werden.**

a) **Ein Versicherungsnehmer wirft über das brennende Fernsehgerät eine Decke, die danach stark beschädigt und somit unbrauchbar ist.**

b) **Aufgrund einer Orkanwarnung lässt eine Versicherungsnehmerin teure Möbelstücke aus den Zimmern der Dachgeschosswohnung ihres Einfamilienhauses durch Möbelpacker in den Keller bringen. Durch den Orkan wird das Dachgeschoss tatsächlich beschädigt, sodass Regen eindringen kann.**

c) **Nach einem Blitzeinschlag in das Dachgeschoss eines Hauses funktioniert das Fernsehgerät nicht mehr. Der Versicherungsnehmer bringt es in eine Fachwerkstatt, wo eindeutig Spuren eines Überstroms infolge eines Blitzschlages festgestellt werden. Die Reparaturkosten sollen 250,00 € betragen. Für die Schadenfeststellung werden 50,00 € verlangt.**

3.3 Wohnungswechsel

5 Klauseln in der Hausratversicherung

6 Glasversicherung

Handlungssituation

Der Versicherungsnehmer Martin Klein teilt seinem Versicherer mit, dass er sich von seiner Frau getrennt hat. In Kürze möchte er nach Duisburg umziehen und er fragt sich, welche Auswirkungen dies auf seinen Versicherungsschutz hat.

Außerdem möchte er gerne wissen, ob er durch die Klausel PK 7213 seinen Hausrat absichern kann, der in der alten Wohnung bleibt. Seine Frau würde zwar diese Sachen nutzen, kann sich aber keine eigene Hausratversicherung leisten.

Weiterhin gehört zu seiner neuen Wohnung auch ein Wintergarten, den er gerne in seiner Hausratversicherung mit versichern würde.

Informationen zum Lösen der Handlungsaufgaben finden Sie im Lehrbuch „Alles versichert – Kaufmann/Kauffrau für Versicherungen und Finanzanlagen, 1. Ausbildungsjahr", in Lernfeld 4 Teil A Kapitel 3.3, 5 und 6.

Handlungsaufgaben

Überlegen Sie, über welche Themengebiete Sie sich informieren müssen, um Herrn Klein fachgerecht beraten zu können.

Wohnungswechsel

1. **Geben Sie an, für welche Wohnung Versicherungsschutz besteht, wenn Herr Klein in eine andere Wohnung umzieht.**

2. **Geben Sie den Zeitpunkt an, zu dem der Umzug beginnt.**

3. **Geben Sie an, wie es sich mit dem Versicherungsschutz verhält, wenn Herr Klein die alte Wohnung als Zweitwohnung behält.**

4. **Geben Sie an, was mit dem Versicherungsschutz geschieht, wenn Herr Klein ins Ausland zieht.**

5. **Geben Sie an, wann und in welchem Umfang Herr Klein den Wohnungswechsel anzeigen muss.**

6. **Geben Sie an, welches Kündigungsrecht Herrn Klein zusteht, wenn er in eine neue Wohnung wechselt.**

7. **Prüfen Sie, wie es um den Versicherungsschutz steht, wenn Herr Klein aus der Ehewohnung auszieht und seine Ehefrau in der Wohnung wohnen bleibt.**

8. **Prüfen Sie, wie es um den Versicherungsschutz steht, wenn Herr Klein und seine Ehefrau gemeinsam Versicherungsnehmer/-in sind und einer der beiden aus der gemeinsamen Wohnung auszieht.**

9. **Prüfen Sie, was mit dem Versicherungsschutz passiert, wenn beide Ehepartner aus der gemeinsamen Wohnung ausziehen.**

10. **Prüfen Sie, ob der Abschluss der Klausel 7213 für Martin Klein sinnvoll ist.**

11. **Prüfen Sie, ob Martin Klein den Wintergarten in seiner Hausratversicherung mit einschließen kann.**

Klauseln

1. **Ein Versicherungsnehmer meldet den Diebstahl seines Fahrrades. Er hatte dieses vor ca. drei Monaten im Waschkeller verschlossen abgestellt, da in seinem Keller kein Platz war. Seine Versicherungssumme beträgt 50.000,00 €, das Fahrrad kostet 800,00 €. Die Fahrraddiebstahlklausel PK 7110 ist vereinbart. Prüfen Sie, ob der Versicherer eine Entschädigung zahlt.**

2. **Auszug aus einer Schadenmeldung: „Um 21:00 Uhr haben meine Frau und ich unsere Fahrräder vor einer Gaststätte in Wuppertal abgeschlossen abgestellt. Als wir die Gaststätte um 23:30 Uhr wieder verlassen haben, waren beide Fahrräder gestohlen. Beide Fahrräder haben zusammen einen Wert in Höhe von 700,00 €.“**
(VS = 50.000,00 €, Einschluss der Klausel PK 7110 mit 1 % der VS)

3. **Eine Versicherungsnehmerin hat ihr Fahrrad tagsüber mit einem starken Bügelschloss vor dem Schwimmbad abgeschlossen. Ein Dieb versucht das Schloss aufzubrechen. Als es ihm nicht gelingt, tritt er gegen das Fahrrad und beschädigt das Vorder- und das Hinterrad.**

4. **Ein Dieb baut von einem verschlossenen Fahrrad den Ledersattel ab und nimmt die Luftpumpe mit.**

5. **Eine Versicherungsnehmerin kommt morgens um 07:00 Uhr von einer Nachtschicht nach Hause und stellt ihr Fahrrad mit einem Bügelschloss gesichert am Fußweg ab. Als sie das Fahrrad abends im gemeinschaftlichen Abstellraum des Mehrfamilienhauses unterstellen will, ist es gestohlen.**

6. **Vor dem Supermarkt wird ein elektrischer Krankenfahrstuhl gestohlen.
Prüfen Sie, ob der Versicherer leisten muss.**

7. **Ordnen Sie den Aussagen die unten stehenden Klauseln zu und tragen Sie die jeweils passende Klausel in die rechte Tabellenspalte ein.**

PK 7110 **PK 7610**
PK 7112 **PK 7710**
PK 7215 **PK 7712**
PK 7213

Aussage	Klausel
keine Entschädigung für Kosten einer neuerlichen Lizenzerwerbung	
Versicherte Sachen außerhalb des Gebäudes sind gegen Sturm versichert.	
Pro Quadratmeter Wohnfläche werden mindestens 650,00 € Versicherungssumme vereinbart.	
Alle vereinbarten Sicherungen sind in einem gebrauchsfähigen Zustand zu erhalten.	
Je Versicherungsfall wird die Leistung um den vereinbarten Selbstbehalt gekürzt.	
Der Krankenfahrstuhl muss abgeschlossen abgestellt werden.	
In einer Zweitwohnung sind Wertsachen nicht versichert.	

8. **Der Versicherungsnehmer Steffen Müller möchte von Ihnen wissen, ob seine Fahrraddiebstahl-Klausel hoch genug abgeschlossen worden ist. Er bewohnt eine 95 m² große Wohnung, hat eine Versicherungssumme von 80.000,00 € und die Fahrraddiebstahlklausel mit 1 % der Versicherungssumme vereinbart. Sein Mountainbike hat einen Neuwert von 2.000,00 € und einen Zeitwert von 500,00 €.**
Prüfen Sie ob Herr Müller sein Fahrrad hoch genug versichert hat.

Glasversicherung

Prüfen Sie, ob die Fälle in der Glasversicherung mitversichert sind.

a) **Eine Versicherungsnehmerin hat einen Wintergarten, für den sie eine Glasversicherung abschließen möchte. Sie fragt sich, ob es ein Problem darstellt, dass eine Seite des Wintergartens aus Glasbausteinen besteht.**

b) **Ein Nachbarsjunge spielt draußen Fußball und zerstört dabei die Scheibe eines Versicherungsnehmers.**

c) **Eine Versicherungsnehmerin trägt ein Tablett mit Kaffeetassen ins Wohnzimmer und lässt dieses fallen. Dabei wird das teure Porzellan zerstört.**

d) Ein Versicherungsnehmer setzt sich versehentlich auf seine Brille, wodurch diese zerbricht.

e) Einer Versicherungsnehmerin fällt ihr neues Handy herunter, wodurch das Display reißt.

f) Ein Versicherungsnehmer lässt das Glas seiner Balkontür erneuern, da dieses gerissen war. Da er in der dritten Etage wohnt, stellt ihm eine Firma eine Rechnung aus, in der sie eine Gebühr für den Kran berechnet.

g) Um die Glasscheibe einer Versicherungsnehmerin austauschen zu können, muss vorher ein Schutzgitter entfernt und danach wieder angebracht werden.

h) Die Glasscheibe des Gartenhauses zerbricht bei einem Sturm.

i) Während des Kochens fällt einem Versicherungsnehmer ein Topf auf das Cerankochfeld, das dadurch reißt. Auch die Elektronik des Kochfeldes wird beschädigt.

7 Versicherungswert und Versicherungssumme

8 Grundzüge der Prämienkalkulation

Handlungssituation

Lars Winter, Auszubildender einer Proximus Versicherungsagentur, berechnet für seine Kundin Lara Emsig ein Angebot für eine Hausratversicherung.

Während er dabei ist, die Versicherungssumme einzugeben, wird er von einem Mitauszubildenden gefragt, wie er diesen Wert ermittelt hat.

Als das System ihm dann die Prämie angibt, fragt ihn der Mitauszubildende weiterhin, wie sich diese Prämie zusammensetzt und woher der Versicherer weiß, welche Prämie er verlangen muss, um das Risiko abdecken zu können.

Informationen zum Lösen der Handlungsaufgaben finden Sie im Lehrbuch „Alles versichert – Kaufmann/Kauffrau für Versicherungen und Finanzanlagen, 1. Ausbildungsjahr", in Lernfeld 4 Teil A Kapitel 7 und 8.

Handlungsaufgaben

1. Geben Sie an, über welches Fachwissen Sie verfügen müssen, um dem Mitauszubildenden fachgerecht antworten zu können.

2. Definieren Sie die Begriffe Neuwert, Wiederbeschaffungswert und gemeiner Wert.

3. Beschreiben Sie, wie eine Versicherungssumme ermittelt wird.

4. Nennen Sie die drei versicherungstechnische Risiken.

5. Nennen Sie den Unterschied zwischen einem subjektiven und einem objektiven Risiko. Geben Sie dazu jeweils ein Beispiel an.

6. Tragen Sie in der Tabelle die Bestandteile einer Tarifprämie ein.

7. **Nutzen Sie die Tabelle aus Aufgabe 6 und berechnen Sie die Jahresprämie für eine/-n Versicherungsnehmer/-in auf der Grundlage der Daten:**

- **Versicherungssumme: 60.000,00 €**
- **Grundprämiensatz: 2 ‰**
- **Vertragsdauer: 3 Jahre**
- **Zahlweise: jährlich**

Vertiefungs- und Anwendungsaufgaben

Versicherungswert und Versicherungssumme

Der Versicherungsnehmer Tobias Müller hat diverse Hausratgegenstände, bei denen er sich nicht sicher ist, auf welche Art und Weise die Hausratversicherung diese entschädigen würde. Bestimmen Sie ob diese Sachen zum

1 Neuwert,
2 Wiederbeschaffungswert oder
3 gemeinen Wert

versichert sind und tragen sie die richtige Ziffer in die rechte Tabellenspalte ein.

ein kaputter Staubsauger, der im Keller steht	
ein zehn Jahre alter Fernseher, der im Schlafzimmer steht	
1 000 Schallplatten aus den 1970er Jahren	
ein 100 Jahre alter Schmuck	
Wertpapiere aus den 1990er Jahren	
eine Couch, die neu mit 20 % Rabatt erworben wurde	

Grundzüge der Prämienkalkulation

1. **Erstellen Sie mithilfe Ihres/-r Sitznachbarn/-in eine Formelsammlung, die alle nötigen Formeln zum Thema Risikoprämienermittlung beinhaltet.**

2. Im betrieblichen Unterricht besprechen Sie die gesamt- und einzelwirtschaftliche Bedeutung der Individualversicherung. Prüfen Sie, welche Beschreibung nicht auf die einzelwirtschaftliche Bedeutung zutrifft.

Die Versicherung ist von großer sozialer Bedeutung. Sie bietet Schutz für geschädigte Dritte, insbesondere für Verkehrsopfer durch die Haftpflichtversicherung, zu deren Abschluss aus diesem Grunde in vielen Fällen eine Verpflichtung besteht.	
Im Falle des Eintrittes der versicherten Gefahr werden die wirtschaftlichen Folgen eines Vermögensverlustes ausgeglichen und dem/der Versicherten gegenüber der Zustand wiederhergestellt, als ob kein Schaden entstanden sei.	
Der Versicherungsschutz erspart die Rücklagenbildung für den Eintritt bestimmter Ereignisse und ist billiger als die ständige Bereithaltung entsprechender Mittel für derartige Fälle.	
Die Versicherung schafft bessere Voraussetzungen für eine Kreditaufnahme (Fremdfinanzierung), weil ein Teil der möglichen Risiken ausgeschaltet ist.	
Im Falle des Todes eines/-r Teilhabers/-in stellt die Versicherung die Mittel für etwaige Erbschaftsforderungen zur Verfügung und erübrigt das Angreifen der Kapitalbasis.	

3. In einer Diskussion über die gesamtwirtschaftliche Bedeutung der Versicherung werden Behauptungen aufgestellt. Prüfen Sie, welche Behauptung zutreffend ist.

Das Sozialversicherungssystem der Bundesrepublik deckt alle Risiken des täglichen Lebens als Grundvoraussetzung ab.	
Durch persönliche Versicherungen wird das Sozialversicherungssystem abgelöst.	
Die Versicherung als Dienstleistungseinrichtung ist volkswirtschaftlich ohne wesentliche Bedeutung.	
Die Individualversicherung stellt vielfach sicher, dass der Sozialstaat bei Schäden weitgehend von Leistungen entlastet wird.	
Die Versicherung dient ausschließlich privaten Haushalten zur Abwälzung von unkalkulierbaren Schäden.	

4. Der Individualversicherung kommt eine einzelwirtschaftliche und eine gesamtwirtschaftliche Bedeutung zu. Prüfen Sie, in welchem Fall eine einzelwirtschaftliche Bedeutung dargestellt wird.

Die Versicherung stellt sicher, dass sich ein Schaden in der Regel auf den Bereich des/der Versicherungsnehmers/-in beschränkt und nicht auf andere Personen oder Betriebe ausstrahlt, sodass der Wirtschaftsprozess nicht gefährdet wird.	
Bei Wegfall der Individualversicherung (z. B. Sachversicherung) müsste das einzelne Wirtschaftssubjekt Rücklagen bilden, um im Schadenfall die vernichteten Sachen wiederbeschaffen zu können.	
Die Versicherung, vor allem die Lebensversicherung, bildet ein Kapitalsammelbecken, das aus den Prämien der Versicherungsnehmer/-innen finanziert wird.	
Die Bundesregierung empfiehlt allen Arbeitnehmern/-innen zusätzlich zur gesetzlichen Sozialversicherung eine private Vorsorge zu treffen, um den Sozialstaat entsprechend entlasten zu können.	
Gäbe es keine Individualversicherung, müsste unter Umständen der Staat den betroffenen Wirtschaftssubjekten helfen.	

5. Der Individualversicherung kommt eine einzelwirtschaftliche und eine gesamtwirtschaftliche Bedeutung zu. Prüfen Sie, bei welchem Beispiel es sich um eine gesamtwirtschaftliche Bedeutung handelt.

Durch einen Blitzschlag brennt der Stall eines Landwirtes ab. Die bestehende Feuerversicherung ersetzt dem Landwirt den Schaden.	
Bei einem Verkehrsunfall wird eine Fußgängerin getötet. Die Haftpflichtversicherung des verursachenden Kfz-Halters zahlt eine Unterhaltsrente an die Hinterbliebenen der Getöteten.	
Der selbstständige Kaufmann Paulsen finanziert bei Erreichen des Ruhestandes seinen weiteren Lebensunterhalt durch eine fällige Lebensversicherung.	
Bei einem Arbeitsunfall verletzt sich eine Arbeiterin erheblich. Sie erleidet einen Dauerschaden. Neben den Leistungen der betreffenden Berufsgenossenschaft erhält sie aus ihrer privaten Unfallversicherung die vereinbarte Invaliditätsleistung.	

6. Unterscheiden Sie bei den Merkmalen, ob es sich um
1 objektive Risikomerkmale oder um
2 subjektive Risikomerkmale
handelt. Tragen Sie die jeweils richtige Ziffer in die rechte Tabellenspalte ein.

leichtsinniger Umgang mit offenem Feuer	
Alter	
arztfeindliche Einstellung	
Vorerkrankungen	
übermäßiger Alkoholkonsum	
Bauartklasse	

7. Beschreiben Sie kurz die versicherungstechnischen Risiken.

a) **Zufallsrisiko**

b) **Irrtumsrisiko**

c) **Änderungsrisiko**

8. Entscheiden Sie, ob von einer
1 Individualversicherung oder einer
2 Sozialversicherung
die Rede ist. Tragen Sie die jeweils richtige Ziffer in die rechte Tabellenspalte ein.

Rechtsgrundlage Sozialgesetzbuch	
meist freiwillige Versicherungen	
Leistungsumfang frei vereinbar	
Es gibt fünf Zweige.	
Rechtsgrundlage BGB, HGB, VAG, VVG	
Leistungsumfang einheitlich festgelegt	
Rechtsform vor allem AG und VVaG	
Ende mit Ablauf, Kündigung, Rücktritt	
Solidaritätsprinzip	
Äquivalenzprinzip	

9. Entscheiden Sie, welcher nachstehende Träger der Sozialversicherung für die genannten Leistungen zuständig ist.
1 Krankenversicherung
2 Rentenversicherung
3 Pflegeversicherung
4 Arbeitslosenversicherung
5 Unfallversicherung
Tragen Sie die jeweils richtige Ziffer in die rechte Tabellenspalte ein.

Zuschüsse zu behindertengerechten Umbauten	
Mutterschaftshilfe	
Waisenrente	
Verletztenrente	
Kurzarbeitergeld	
Altersruhegeld	
Pflegegeld	
Arbeitsvermittlung	
Arztkosten	
Ein-Euro-Jobs	
Krankengeld ab den 43. Krankheitstag	
Arbeitslosengeld II	

10. **Folgende Gefahren können Personen, Sachen oder Vermögen bedrohen.**

1 entgangener Gewinn, der durch einen Brand verursacht wurde
2 Leitungswasser
3 Tod
4 Rechtsanwalts- und Gerichtskosten bei einem Prozess
5 Sturm oder andere Elementargewalten
6 Unfall
7 Berufs- oder Erwerbsunfähigkeit
8 Brand
9 Schadenersatzleistung nach einem Haftpflichtfall
10 Krankheit

Ordnen Sie die entsprechenden Gefahren zu, indem Sie die jeweiligen Ziffern (jede nur einmal) in die rechte Tabellenspalte eintragen.

Gefahr bedroht Personen	
Gefahr bedroht Sachen	
Gefahr bedroht Vermögen	

11. **Bei der Prüfung des Risikos sind subjektive und objektive Gefahrenmerkmale zu unterscheiden. Kreuzen Sie in der rechten Tabellenspalte an, in welchem Fall es sich im Rahmen einer Sachversicherung um ein objektives Merkmal handelt.**

Auf dem Nachbargrundstück eines zu versichernden Gebäudes befindet sich ein Lager, in dem es schon mehrere Male zu einem Brand kam.	
Das zu versichernde Gebäude weist ein Alter von 70 Jahren auf.	
Der/die Versicherungsnehmer/-in raucht gerne im Bett.	
Die auf den Korridoren angebrachten Handfeuerlöscher sind durch den/die Gebäudeeigentümer/-in schon mehrere Jahre nicht mehr überprüft worden.	

12. **Bei der Prüfung eines Risikos sind subjektive und objektive Gefahrenmerkmale zu unterscheiden. Kreuzen Sie in der rechten Tabellenspalte an, in welchem Fall es sich im Rahmen einer Sachversicherung um ein subjektives Merkmal handelt.**

Der/die Versicherungsnehmer/-in nutzt die Wohnung als Zweitwohnsitz.	
Der/die Versicherungsnehmer/-in wohnt neben einer Ölraffinerie.	
Der/die Versicherungsnehmer/-in ist sehr vermögend.	
Der/die Versicherungsnehmer/-in besitzt ein Wasserbett.	

13. **Geben Sie an, was im Zusammenhang mit der Prämienkalkulation das Gesetz der großen Zahlen bedeutet.**

14. **Die Kalkulation der Versicherungsbeiträge basiert auf der Grundlage von Schadenstatistiken. In diesem Zusammenhang wird in einer Fachzeitschrift auf das Gesetz der großen Zahl verwiesen. Kreuzen Sie in der rechten Tabellenspalte die richtige Erklärung dieser Gesetzmäßigkeit an.**

Auch bei einer kleinen beobachteten Menge in einer Schadenstatistik kann eine genaue Kalkulation der Prämie erfolgen.	
Je größer die Zahl der versicherten Risiken ist, desto geringer ist die zufällige Abweichung von der Schadenstatistik.	
Bei einer Vielzahl unterschiedlicher Versicherungssummen kann ein optimaler Risikoausgleich erzielt werden.	
Bei einer sorgfältigen Risikoprüfung sinkt die Schadenhäufigkeit bei dem Versicherungsunternehmen.	
Mit der Anzahl der versicherten Risiken steigt die Schadenquote.	

15. **Sie sollen die Sozialversicherung von der Individualversicherung unterscheiden. Kreuzen Sie in der rechten Tabellenspalte an, welche Unterscheidung nicht zutrifft.**

Die Sozialversicherungen werden als Staatsbetriebe ausnahmslos in der Rechtsform von Anstalten oder Körperschaften des öffentlichen Rechts betrieben. Die Individualversicherungen werden ausnahmslos in der Rechtsform von Körperschaften des privaten Rechts betrieben.	
Der Beginn des Versicherungsverhältnisses entsteht in der Sozialversicherung regelmäßig mit Aufnahme einer versicherungspflichtigen Beschäftigung, in der Individualversicherung durch Annahme eines Versicherungsantrages.	
Die Beitragsbemessung richtet sich in der Sozialversicherung nach dem Bruttogehalt des/der Versicherten, in der Individualversicherung nach dem zu deckenden Risiko des Einzelnen.	
Der Leistungsumfang in der Sozialversicherung ist gesetzlich festgelegt, in der Individualversicherung dagegen frei vereinbart.	
Zuständige Gerichte sind in der Sozialversicherung die Sozialgerichte, in der Individualversicherung die Zivilgerichte.	
Die Risikoübernahme in der Sozialversicherung ist auf personenbezogene Risiken begrenzt, in der Individualversicherung sind alle Arten von versicherbaren Risiken natürlicher und juristischer Personen möglich.	

16. **In der Ausbildung behandeln Sie das Thema Individual- und Sozialversicherung. Kreuzen Sie in der rechten Tabellenspalte an, in welchem Fall es sich nicht um eine Leistung der Sozialversicherung handelt.**

Kostenerstattung bei Inanspruchnahme von Kassenärzten oder Kassenärztinnen	
Zahlung von Verletztengeld bei Freizeitunfällen	
Zahlung von Arbeitslosengeld	
Kostenerstattung für Maßnahmen zur Erhaltung, Besserung und Wiederherstellung der Erwerbsfähigkeit	
Zahlung von Altersruhegeld	

17. **Bei 800 000 Gebäuden wurden 20 000 Leitungswasserschäden registriert.**

a) **Berechnen Sie die Schadenwahrscheinlichkeit.**

b) **Berechnen Sie die erwartete Schadenhäufigkeit, wenn 60 000 Gebäude versichert werden.**

18. **50 000 Häuser sollen gegen die Gefahr Feuer versichert werden. Aus der statistischen Beobachtung von 500 000 Häusern ist ermittelt worden, dass durchschnittlich 1 250 Häuser jährlich von einem Schaden betroffen sind.**

a) **Berechnen Sie die Schadenwahrscheinlichkeit.**

b) **Angenommen der Versicherer hat eine durchschnittliche Schadenhöhe von 25.000,00 € ermittelt. Berechnen Sie, wie hoch dann der Risikobeitrag ohne Beachtung weiterer Kostenbestandteile des Versicherers ausfallen muss.**

19. **Bei 500 000 Gebäuden wurden 15 000 Brandschäden registriert.**

a) **Berechnen Sie die Schadenwahrscheinlichkeit.**

b) **Berechnen Sie die erwartete Schadenhäufigkeit, wenn 40 000 Gebäude versichert werden.**

20. **Die Statistik eines Kfz-Versicherers weist folgende Daten auf:**

- **je 1 000 Versicherte** — **92 Schäden**
- **durchschnittliche Schadenhöhe** — **2.400,00 €**
- **Sicherheits- und Betriebskostenzuschlag** — **35 %**
- **Versicherungsteuer** — **19 %**

a) **Ermitteln Sie die Risikoprämie.**

b) **Ermitteln Sie den durchschnittlichen Bruttojahresbeitrag.**

21. **Berechnen Sie die Risikoprämie zur Sturmversicherung. Aus der Statistik ergeben sich**

- **Anzahl der Wagnisse** — **10 000**
- **Anzahl der Versicherungsfälle** — **2 000**
- **Gesamtwert der Wagnisse** — **250.000.000,00 €**
- **Summe der Schäden in einer Periode** — **2.000.000,00 €**

a) **Berechnen Sie die Schadenhäufigkeit.**

b) **Berechnen Sie die durchschnittliche Schadenhöhe.**

c) **Berechnen Sie die Risikoprämie in Promille.**

22. **Aus der Schadenstatistik liegen Ihnen Werte für die Haftpflichtversicherung für Motorräder vor:**

• Schadenfälle bei 20 000 Motorradrisiken	1 350 Schäden pro Jahr
• Schadenaufwand	2.673.000,00 €
• Sicherheits- und Verwaltungskostenzuschlag	40 % der Risikoprämie
• Versicherungsteuer zur Kraftfahrtversicherung	19 %

a) **Ermitteln Sie die Höhe die Risikoprämie für derartige Risiken.**

b) **Ermitteln Sie den Sicherheits- und Verwaltungskostenzuschlag.**

c) **Ermitteln Sie die zu zahlende Gesamtprämie eines Versicherungsnehmers.**

Beitragsberechnung in der Hausratversicherung

1. **Ein/-e Versicherungsnehmer/-in beantragt eine Hausrat- und Glasversicherung:**

• Versicherungsgegenstand	Einfamilienhaus
• Wohnfläche	90 m²
• Postleitzahl des Wohnortes	50997
• Vereinbarung von Klauseln	PK 7712 und PK 7112
• Glasversicherung	
• Vertragsdauer	ein Jahr
• Zahlweise	halbjährlich

a) **Notieren Sie zuerst die betreffende Tarifzone und einzelnen Promillesätze.**
Berechnen Sie die Prämie für die Hausrat- und Glasversicherung.

2. **Ein/-e Versicherungsnehmer/-in beantragt eine Hausrat- und Glasversicherung:**

- **Versicherungsgegenstand** **Mehrfamilenhaus**
- **Wohnfläche** **120 m²**
- **Postleitzahl des Wohnortes** **42499**
- **Vereinbarung von Klauseln** **PK 7712**
- **Erhöhung der Entschädigungsgrenze für Wertsachen auf 30 % der Versicherungssumme**
- **Einfache Einbruchmeldeanlage ist vorhanden.**
- **Fahrraddiebstahl bis 1 % der Versicherungssumme**
- **Einschluss der Elementarschadenversicherung (ohne Vorschäden)**
- **Haushaltsglasversicherung**
- **Vertragsdauer** **drei Jahre**
- **Zahlweise** **vierteljährlich**

a) **Notieren Sie zuerst die betreffende Tarifzone und einzelnen Promillesätze.**

b) **Berechnen Sie die Prämie für die Hausrat- und Glasversicherung.**

3. **Der Kunde Jonas Meier möchte eine Hausratversicherung abschließen. Berechnen Sie den Jahresbeitrag für eine Zweitwohnung in einem ständig bewohnten Gebäude mit 80 m² Wohnfläche im PLZ-Gebiet 84082. Gehen Sie davon aus, dass eine Einbruchmeldeanlage mit zusätzlichem Wähl- und Ansagegerät vorhanden ist und dass der Versicherungsnehmer Unterversicherungsverzicht wünscht. Wertsachen sollen mit 25 % der Versicherungssumme versichert sein und die Klausel PK 7110 soll mit 2 % eingeschlossen werden. Die Vertragslaufzeit soll drei Jahre betragen bei jährlicher Zahlweise.**

4. **Ein/-e Versicherungsnehmer/-in möchte eine Glasversicherung in eine bestehende Hausratversicherung einschließen. Die Wohnung in einem Mehrfamilienhaus ist 165 m² groß und das Aquarium hat ein Volumen von 500 Litern. Der/die Kunde/-in möchte einen Dreijahresvertrag mit vierteljährlicher Zahlungsweise.**

5. **Zu dem Haus von Herrn Meller, für das eine Hausratversicherung abgeschlossen werden soll, liegen folgende Daten vor:**

- **Das Versicherungsgrundstück befindet sich in 30642 Vilsband.**
- **Die Wohnfläche beträgt 103 m²**
- **Gewünscht wird die Klausel PK 7712.**
- **Es handelt sich um eine Zweitwohnung in einem ständig bewohnten Mehrfamilienhaus.**
- **Fahrräder im Wert von 4.000,00 € sollen eingeschlossen werden.**
- **Die Entschädigungsgrenze für Wertsachen soll auf 50 % der Versicherungssume erhöht werden.**
- **Die Alarmanlage hat einen Anschluss an eine Polizeidienststelle.**
- **Herr Meller wünscht eine monatliche Zahlungsweise.**
- **Der Vertrag soll auf drei Jahre abgeschlossen werden.**

Berechnen Sie den Beitrag unter Angabe des Rechenweges.

Nachbeitrag/Rückbeitrag

1. Nach einem erneuten Schadenfall durch Brand im laufenden Versicherungsjahr kündigt der Versicherer die Hausratversicherung des Versicherungsnehmers Ralf Kühn am 06.09.20..
Die Kündigung geht Herrn Kühn am 08.09.20.. zu.

Ralf Kühn hat eine Hausratversicherung mit folgenden Daten:

- Versicherungssumme 65.000,00 €
- Promillesatzsatz 2,8 ‰
- Versicherungsperiode 01.04.–01.04. des Folgejahres

Berechnen Sie den Rückbeitrag einschließlich Versicherungsteuer bei jährlicher Zahlweise.

2. **Ein/-e Versicherungsnehmer/-in hat eine Hausratversicherung mit folgenden Daten:**

- **Versicherungssumme** 50.000,00 €
- **Promillesatz** 1,8 ‰
- **Versicherungsperiode** 01.10.–01.10. des Folgejahres

Am 12.03. wird der Vertrag geändert:

- **neue Versicherungssumme** 55.000,00 €
- **Promillesatz** 2,1 ‰

Berechnen Sie den Nachbeitrag einschließlich Versicherungsteuer bei jährlicher Zahlweise (Auf eine Änderung der Versicherungsperiode soll hier einfachheitshalber verzichtet werden).

3. **Ein/-e Hausratversicherungsvertrag/-in mit einer Versicherungssumme von 85.000,00 € wird zum 20.03. geändert. Der Vertrag hatte bisher folgende Daten:**

- **Versicherungsperiode** **15.05.–15.05. des Folgejahres**
- **Promillesatz** **2,0 ‰**
- **Zahlungsweise** **jährlich**

Nun wird die Versicherungssumme um 20.000,00 EUR erhöht.
Ab der Änderung gewährt der Versicherer einen Dauernachlass von 10 %.

Berechnen Sie den Nachbeitrag einschließlich Versicherungsteuer (Auf eine Änderung der Versicherungsperiode soll hier einfachheitshalber verzichtet werden).

4. **Ein/-e Versicherungsnehmer/-in ist in eine andere Tarifzone umgezogen und hat gleichzeitig weitere Einrichtungsgegenstände angeschafft.**

Daten der bisherigen Hausratversicherung:

- **Versicherungssumme** 52.000,00 €
- **Tarifzone** H I
- **Promillesatz** 1,70 ‰
- **Versicherungsperiode** 01.01.–01.01. des Folgejahres

Zum 20.05. wird der Vertrag neu geordnet:

- **Versicherungssumme** 65.000,00 €
- **Tarifzone** H III
- **Promillesatz** 2,30 ‰

Berechnen Sie den Nachbeitrag einschließlich Versicherungsteuer bei jährlicher Zahlweise.

5. Nach einem erneuten Schadenfall durch Leitungswasser im laufenden Versicherungsjahr kündigt der Versicherer die Hausratversicherung der Versicherungsnehmerin Silke Heer zum 03.11.20..

Auszug aus dem Vertragsspiegel:

- Versicherungssumme 48.000,00 €
- Versicherungsperiode 04.08.–04.08. des Folgejahres
- Promillesatzsatz 2,70 ‰

Berechnen Sie die Rückerstattung einschließlich Versicherungsteuer bei jährlicher Zahlweise.

6. Ein/-e Versicherungsnehmer/-in hat eine Hausratversicherung mit folgenden Daten:

- Versicherungssumme 55.000,00 €
- Promillesatz 1,8 ‰,
- Versicherungsperiode 10.05.–10.05. des Folgejahres
- Dauernachlass 10 %

Aufgrund eines Wohnungswechsels wird der Vertrag am 25.07. neu geordnet.

- neuer Beitragssatz 2,6 ‰
- neue Versicherungsperiode 25.07.–25.07. des Folgejahres
- Dauernachlass 10 %

Berechnen Sie die Beitragsschuld des/der Versicherungsnehmers/-in am 25.07. einschließlich Versicherungsteuer bei jährlicher Zahlweise.

9 Obliegenheiten in der Hausratversicherung

10 Versicherungsfall und Entschädigung in der Hausratversicherung

Handlungssituation

Christian Meier ruft seine Versicherungsagentur an.

„Gestern Abend hat es in meinem Haus gebrannt. Das komplette Erdgeschoss wurde dabei zerstört. Heute Nacht habe ich bei einem Bekannten übernachtet, doch würde ich nun gerne in ein Hotel ziehen. Übernehmen Sie die Kosten dafür und bin ich dazu verpflichtet Ihnen irgendwelche Rechnungen oder Bilder einzureichen?"

Zusätzliche Angaben:

Ein paar Tage später meldet sich Herr Meyer noch einmal bei Ihnen und teilt ihnen mit, dass sich der Schaden auf 50.000,00 € beläuft und die Firma circa zwei Monate für die Beseitigung des Schadens benötigt.

Das Hotel, in dem Herr Meyer untergekommen ist, kostet 70,00 € pro Nacht (ohne Verpflegung).

Aus dem Vertragsspiegel ersehen Sie, dass Herr Meyer 150 m² Wohnfläche und eine Versicherungssumme von 98.000,00 € versichert hat.

Informationen zum Lösen der Handlungsaufgaben finden Sie im Lehrbuch „Alles versichert – Kaufmann/Kauffrau für Versicherungen und Finanzanlagen, 1. Ausbildungsjahr", in Lernfeld 4 Teil A Kapitel 9 und 10.

Handlungsaufgaben

1. **Überlegen Sie, welches Fachwissen Sie sich aneignen müssen, um Herrn Meier optimal beraten zu können.**

2. **Stellen Sie fest, welche Obliegenheiten Herr Meier nach einem Versicherungsfall hat.**

3. **Nennen Sie die Folgen, die eine Obliegenheitsverletzung nach dem Versicherungsfall für Herrn Meier hätte.**

4. **Informieren Sie sich über die fachgerechte Abwicklung einer Entschädigungsleistung in der Hausratversicherung.**

5. **Prüfen Sie, wie hoch die Entschädigungsleistung für Herrn Meier wäre.**

Vertiefungs- und Anwendungsaufgaben

Obliegenheiten

1. **Bestimmen Sie, welche Obliegenheit in den Fällen von dem/der Versicherungsnehmer/-in verletzt wurde.**

a) **Der/die Versicherungsnehmer/-in legt dem Versicherer keine Fotos vor.**

b) **Der/die Versicherungsnehmer/-in weigert sich, eine geforderte Notverschalung für die Haustür anbringen zu lassen.**

c) **Der/die Versicherungsnehmer/-in macht unwahre Angaben zum Schadenhergang.**

d) **Der/die Versicherungsnehmer/-in unternimmt keinen Versuch, ein Feuer zu löschen.**

2. **Erstellen Sie eine Übersicht über die Obliegenheiten in der Hausratversicherung als Mindmap.**

Prüfen Sie in den Fällen 3. bis 5. die Rechtslage, indem Sie auf folgende Punkte eingehen:
- **Art der Obliegenheitsverletzung**
- **leicht fahrlässig, grob fahrlässig oder vorsätzlich**
- **Konsequenz ohne Versicherungsfall**
- **Konsequenz für den Leistungsfall Nutzen Sie zur Beantwortung §§ 93-96 VVG**

3. **Ein Versicherungsnehmer hat bei der Angabe eines Vorschadens gelogen und die Frage mit Nein beantwortet. Bei einem Schadenfall fällt die Obliegenheitsverletzung auf.**

4. **Eine Versicherungsnehmerin hat unbemerkt am 01.02. eine Gefahrerhöhung herbeigeführt. Am 17.02. bricht ein Feuer aus und der Schaden erhöht sich dramatisch aufgrund der Gefahrerhöhung.**

5. **Ein Versicherungsnehmer hat ein Gerüst an seiner Hauswand anbringen lassen, um die Fassade zu erneuern. Zwei Monate später wird über das Schlafzimmerfenster im Obersgeschoss eingebrochen und Hausrat im Wert von 3.000,00 € entwendet.**

6. **Der Versicherer erhält am 12.08. davon Kenntnis, dass eine Versicherungsnehmerin in dem versicherten Einfamilienhaus eine Töpferwerkstatt mit einem Brennofen eingerichtet hat. Ein Schaden entstand nicht.**

7. **Ein Versicherungsnehmer hat mehrere 10-l-Benzinkanister ungesichert im Keller gelagert, weil er eine weitere Steuer- oder Preiserhöhung befürchtet. Der Versicherer hat hiervon keine Kenntnis. Beschreiben Sie die Folgen, die sich ergeben, wenn …**

a) **der Versicherungsfall durch Explosion des Treibstoffes eintritt.**

b) **der Versicherungsfall durch einen Blitzschlag eintritt.**

Entschädigungsleistungen

1. **Durch Leitungswasser werden Schäden in der Wohnung eines Versicherungsnehmers verursacht:**

• **Parkettboden:**	**3.500,00 €**
• **Möbel:**	**5.650,00 €**
• **Tapete:**	**800,00 €**
• **Fernseher:**	**1.200,00 €**

Daten liegen Ihnen vor:
- Wohnfläche: 65 qm
- Versicherungssumme: 42.300,00 €
- PK 7712 ist vereinbart.

Berechnen Sie die Entschädigung.

2. Von einem Versicherungsnehmer liegt die Meldung zu einem Einbruchdiebstahlschaden vor.

Ein Einbrecher stemmte die Haustür des Mehrfamilienhauses und danach die Wohnungstür des Versicherungsnehmers auf. Danach entwendete er Schmuck sowie einen Laptop und entkam unerkannt.

Vertragsdaten liegen vor:
- Wohnfläche 90 m^2
- Versicherungssumme 60.000,00 €
- Die Unterversicherungsverzichtklausel wurde vereinbart.

Der Versicherungsnehmer reicht mehrere Rechnungen ein:
- Reparaturkosten Haustür 400,00 €
- Reparaturkosten Wohnungstür 250,00 €
- Laptop 1.200,00 €
- Schmuck 6.000,00 €

Berechnen Sie die Entschädigung.

3. **Sie sind Mitarbeiter der Leistungsabteilung Sachversicherungen der Proximus Versicherung und erhalten eine E-Mail Ihres Versicherungsnehmers Niklas Möhring.**

> Am Wochenende feierten wir mit Freunden eine Gartenparty.
>
> Für die Kinder haben wir eine Feuerschale angemacht. Leider sorgte eine kleine Windböe dafür, dass die Hecke neben der Feuerschale Feuer fing, und konnten ein Übergreifen auf das danebenstehende Gartenhaus nicht mehr verhindern.
>
> Das Gartenhaus (ca. 1.000,00 €) ist völlig abgebrannt. Darin lagerte mein Rasenmäher (90,00 €), eine Biertischgarnitur (200,00 €) und die Fahrräder (400,00 €) meiner Kinder. Außerdem hatte ich mir letzte Woche von meinem Nachbarn eine Teleskop-Astschere (110,00 €) ausgeliehen. Beim Löschen des Feuers half mir mein Nachbar, wobei dessen Jacke (200,00 €) leicht beschädigt wurde.
>
> Ich bin allerdings der Meinung, dass die Jacke noch genutzt werden kann.
>
> Mit welcher Entschädigungsleistung kann ich rechnen?

Vertragsdaten liegen vor:

- **Wohnfläche:** **120 qm**
- **Versicherungssumme:** **78.000,00 €**
- **Unterversicherungsverzicht wurde vereinbart.**

Berechnen Sie die Entschädigung.

4. **Die Stereoanlage einer Versicherungsnehmerin wird bei einem Rohrbruch beschädigt.**

- **Neuwert** **1.200,00 €**
- **Reparaturkosten** **1.500,00 €**
- **Restwert des gebrauchsfähigen Plattenspielers** **150,00 €**
- **Die Versicherungsnehmerin ist nicht unterversichert.**

Berechnen Sie die Entschädigung.

5. Bei einem Vollbrand in der Wohnung eines Versicherungsnehmers wird der komplette Hausrat zerstört. Die Wohnung ist 100 m² groß und die Versicherungssumme beträgt 65.000,00 €. Die Gutachterin stellt einen Versicherungswert von 75.000,00 € fest. Außerdem kommen Aufräumkosten von 5.000,00 € hinzu.

Berechnen Sie die Entschädigung.

6. Eine Kundin hat Versicherungsschutz gemäß VHB 2021. Die Versicherungssumme beträgt 50.000,00 € bei 90 m² Wohnfläche. Der Schaden beläuft sich laut Gutachter auf 15.000,00 €. Der Versicherungswert liegt bei 98.000,00 €.

Berechnen Sie die Entschädigung.

7. Ein Versicherungskunde meldet seinem Versicherer ein Schadenereignis. Auf dem Weg vom Theater nach Hause wurden der Kunde und seine Frau von zwei Männern mit Messern bedroht.

Die Täter entwendeten:

- Schmuck 8.600,00 €
- Geldbörse 80,00 €
- Bargeld 300,00 €
- Schlüsselbund mit Haustür-, Wohnungstür- und Autoschlüssel

Durch einen Notdienst ließ der Versicherungsnehmer sofort das Schloss zur Haustür (Mehrfamilienhaus) und zur Wohnungstür austauschen.

- Kosten für das Haustürschloss 340,00 €
- Kosten für das Wohnungsschloss 120,00 €
- Kosten für das Autoschloss 175,00 €

Es besteht Versicherungsschutz nach VHB 2021:

- Wohnfläche 100 m²
- Versicherungssumme 65.000,00 €

Der Kunde geht davon aus, dass die Schäden und Kosten durch seine Hausratversicherung gedeckt sind.

Berechnen Sie die Entschädigung.

8. **Berechnen Sie jeweils die Entschädigungshöhe mithilfe der Entschädigungsformel.**

a)

Versicherungssumme	**=**	**50.000,00 €**
Versicherungswert	**=**	**60.000,00 €**
Schadenhöhe	**=**	**5.000,00 €**

b)

Versicherungssumme	**=**	**80.000,00 €**
Versicherungswert	**=**	**120.000,00 €**
Schadenhöhe	**=**	**50.000,00 €**

c)

Versicherungssumme	**=**	**95.000,00 €**
Versicherungswert	**=**	**90.000,00 €**
Schadenhöhe	**=**	**8.000,00 €**

11 Vertragsbeendigung

Handlungssituation

Bei der Abteilung Kundenbetreuung der Proximus Versicherung AG geht eine E-Mail (Auszug) ein:

> Sehr geehrte Damen und Herren,
>
> hiermit teile ich Ihnen mit, dass mein Vater Manfred Müller vor drei Wochen am 03.03.20.. verstorben ist.
> Ich bitte Sie daher, seine Hausratversicherung zum 03.03.20.. aufzulösen, da diese nicht mehr benötigt wird.
> Bitte um Bestätigung!
>
> Mit freundlichen Grüßen
> Jan Müller

Informationen zum Lösen der Handlungsaufgaben finden Sie im Lehrbuch „Alles versichert – Kaufmann/Kauffrau für Versicherungen und Finanzanlagen, 1. Ausbildungsjahr“, in Lernfeld 4 Teil A Kapitel 11.

Handlungsaufgaben

1. Überlegen Sie, welches Fachwissen sie sich aneignen müssen, um diese E-Mail bearbeiten zu können.

2. Prüfen Sie, ob Sie noch genauere Informationen von Herrn Jan Müller benötigen.

3. Nach Rückfrage wird Ihnen von Jan Müller mitgeteilt, dass der Hausrat seines Vaters komplett gespendet wird. Antworten Sie Herrn Jan Müller fachgerecht zur Aufhebung des Vertrages.

Vertiefungs- und Anwendungsaufgaben

Prüfen Sie in den Fällen 1. bis 6., wann der Vertrag beendet wird und was mit der Prämie geschieht.
In allen Fällen gilt folgende Vereinbarung:
Versicherungsperiode war vom 01.01. bis zum 01.01. des Folgejahres. Die Prämie wurde jährlich bezahlt.

1. Ein Versicherungsnehmer verkauft seinen kompletten Hausrat zum 01.02. des Jahres an einen Erwerber.

2. Die Versicherungsnehmerin zieht zum 15.04 ins Ausland, und verkauft diesen an mehrere Erwerber.

3. Der Versicherungsnehmer verkauft teilweise seine Hausratgegenstände und zieht dann am 01.10 mit seiner neuen Lebensgefährtin zusammen.

4. Eine Versicherungsnehmerin verstirbt am 01.06. Sie lebte alleine.

5. Am 01.01 bekommt ein Versicherungsnehmer eine neue Beitragsrechnung des Versicherers mit einer Beitragserhöhung von 15 % aufgrund einer neuen Risikoprämie.
Prüfen Sie die Rechtslage.

6. Am 10.05. meldet eine Versicherungsnehmerin einen Versicherungsfall, der von der Proximus Versicherung AG vertragsgemäß abgewickelt wird. Am 10.06. macht die Versicherungsnehmerin von ihrem Sonderkündigungsrecht nach einem Versicherungsfall Gebrauch und kündigt den Vertrag fristlos.

Prüfen Sie die Rechtslage.

13 Kundenberatungsgespräche in der Hausratversicherung

Handlungssituation

Sie sind Auszubildende/er bei einer Versicherungsagentur.
In Ihrem E-Mail-Eingang finden Sie eine Nachricht des Versicherungskunden Matthias Schumacher (Auszug).

Hallo,

bei mir haben sich in jüngster Zeit einige Änderungen ergeben.
Ich habe kürzlich geheiratet und bin zusammen mit meiner Ehefrau in eine neue Wohnung Am Rheinhafen 10 in 50676 Köln gezogen. Meine Ehefrau hat einen Großteil ihrer Möbel und eine wertvolle Schallplattensammlung sowie Schmuck mitgebracht.
In den nächsten Tagen wird noch eine Einbauküche vom Möbelhaus geliefert und eingebaut. Außerdem wird noch eine komplette Entertainmentanlage, die wir bei einem Elektronikfachmarkt bestellt haben, installiert.
Wir möchten unseren gemeinsamen Hausrat so schnell wie möglich versichert sehen.

Bitte rufen Sie mich baldmöglichst zwecks Terminvereinbarung an.

Gruß aus dem sonnigen Köln

Matthias Schumacher

Informationen zum Lösen der Handlungsaufgaben finden Sie im Lehrbuch „Alles versichert – Kaufmann/Kauffrau für Versicherungen und Finanzanlagen, 1. Ausbildungsjahr“, in Lernfeld 4 Teil A alle Kapitel, besonders Kapitel 13.

Handlungsaufgaben

Ihr Chef beauftragt Sie, alle notwendigen Vorbereitungen für das Kundenberatungsgespräch zu treffen und dann den Besuchstermin zu vereinbaren. Sie sollen den Besuch anschließend im Beisein Ihres Chefs Herrn Krause weitgehend selbstständig durchführen. Nur bei speziellen Fragen will er unterstützend eingreifen.
Damit Sie gut vorbereitet sind, hat Herr Krause die nachstehenden Aufgaben zusammengestellt. Sie sollen sich damit auseinandersetzen und ihm später Ihre Ergebnisse präsentieren, damit er gegebenenfalls noch weitere Anregungen geben kann, bevor Sie den Kunden beraten.

1. **Überlegen Sie sich, welche Materialien Sie benötigen und welche weiteren organisatorischen Vorbereitungen Sie für den Besuch treffen müssen, um die Beratung erfolgreich durchführen zu können.**

2. **Stellen Sie eine Liste der risikorelevanten Daten zusammen, die Sie zusammen mit Herrn Schumacher für die gewünschte Hausratversicherung prüfen und gegebenenfalls erfassen müssen.**

3. **Prüfen Sie, ob sich aufgrund der schon vorhandenen Informationen ein spezieller Beratungsbedarf zum erforderlichen Umfang des Versicherungsschutzes abzeichnet und bereiten Sie auch diesen vor.**

4. **Bereiten Sie sich auf das Kundenberatungsgespräch vor, indem Sie dieses mit Ihrem/-r Tischnachbarn/-in üben. Wechseln Sie sich danach ab.**

Teil B: Kunden zu Wohngebäudeversicherungen beraten

1 Risikodeckung in der Wohngebäudeversicherung

Handlungssituation

Frau Birte Breuer betritt eine Versicherungsagentur der Proximus Versicherung AG. Sie hat ein Haus gekauft und von ihrem Vater erfahren, dass einige Versicherungen rabattiert werden, wenn man Wohneigentum besitzt. Der Agenturmitarbeiter Leo Wagner öffnet die Kundendaten von Frau Breuer. In seinem System findet er lediglich eine Kfz-Versicherung. Er schlägt Frau Breuer einen Termin zusammen mit seinem Agenturleiter Max Zweig vor, in dem auch über das neu erworbene Objekt gesprochen werden kann.

Darauf erwidert Frau Breuer: „Vielen Dank für das Angebot, aber ich habe bereits die vorhandene Wohngebäudeversicherung gekündigt und möchte lediglich erfahren, ob meine Kfz-Versicherung reduziert werden kann. Ich finde mein Haus schön und mag den Platz darin, aber die Nebenkosten summieren sich. Das Haus ist erst fünf Jahre alt, was soll denn da schon passieren?“

Leo Wagner fragt Frau Breuer: „Die wichtigste Frage dabei ist, ob Sie sich die Finanzierung eines zweiten Hauses leisten können, wenn Ihr jetziges Haus einen Schaden erleidet.“

Frau Breuer antwortet fragend: „Wie meinen Sie das?“

Informationen zum Lösen der Handlungsaufgaben finden Sie im Lehrbuch „Alles versichert – Kaufmann/Kauffrau für Versicherungen und Finanzanlagen, 1. Ausbildungsjahr“, in Lernfeld 4 Teil B Kapitel 1.

Handlungsaufgaben

1. Informieren Sie Frau Breuer zu den folgenden Punkten:

a) Bedeutsamkeit und Notwendigkeit der Wohngebäudeversicherung

b) Zielgruppen für eine Wohngebäudeversicherung

c) berechtigte Interessen Dritter an einem Versicherungsnachweis

2. **Erik Schlösser hat durch Birte Breuer von der informativen Beratung zur Wohngebäudeversicherung durch den Agenturleiter der Proximus Versicherung AG erfahren und möchte nun ebenfalls einen Beratungstermin vereinbaren. Er ruft in der Versicherungsagentur an und hinterlässt eine Nachricht (Auszug):**

> …
> „Ich habe vor kurzem für mich und meine Familie ein älteres freistehendes Einfamilienhaus gekauft, das ich nun nach meinen Wünschen umbauen möchte. Der Verkäufer machte mich darauf aufmerksam, dass für das Haus eine Feuerversicherung besteht. Da ich zum Thema Wohngebäudeversicherung einige Fragen habe, möchte ich Sie bitten, mich zwecks Terminvereinbarung zu einem Beratungsgespräch anzurufen."
> …

a) **Notieren Sie sich stichpunktartig, über welche Punkte sich Herr Schlösser im Beratungsgespräch wahrscheinlich unterhalten möchte und auf welche Aspekte der Kundenberater eingehen muss.**

b) **Zeigen Sie Erik Schlösser die versicherten Gefahren der verbundenen Wohngebäudeversicherung auf.**

c) **Erläutern Sie Herrn Schlösser die Besonderheit der Versicherungssumme in der verbundenen Wohngebäudeversicherung.**

2 Deckungsumfang in der Wohngebäudeversicherung

3 Versicherte Gefahren und Schäden

4 Nicht versicherte Schäden

5 Übernahme von Kosten bei Schadeneintritt

6 Erweiterbarer Versicherungsschutz durch Klauselvereinbarungen

Handlungssituation

Der Agenturleiter Max Zweig hat sich das Kundenberatungsprotokoll des Kundenberatungsgesprächs mit Frau Breuer nochmals genau angesehen und zeigt sich beeindruckt von den umfassenden Kenntnissen seines Mitarbeiters Leo Wagner. Er bittet diesen, sein Wissen mit den beiden Praktikanten Marvin Grape und Isabelle Wulfter zu teilen und schlägt deshalb eine mehrtägige interne Schulung zur Sparte Wohngebäudeversicherung vor, die Leo Wagner leiten soll.

Das Angebot über diese interne Schulung nehmen die Praktikanten gerne wahr. Doch ehe die Schulung beginnt, bittet Leo Wagner seine Kollegen darum, sich im Vorfeld mit den Versicherungsbedingungen ein wenig auseinander zu setzen.

Informationen zum Lösen der Handlungsaufgaben finden Sie im Lehrbuch „Alles versichert – Kaufmann/Kauffrau für Versicherungen und Finanzanlagen, 1. Ausbildungsjahr“, in Lernfeld 4 Teil B Kapitel 2 bis 6.

Handlungsaufgaben

Definieren Sie kundengerecht die Begriffe im Sinne der Versicherungsbedingungen und nennen Sie Beispiele.

a) **Versicherungsort**

b) **Gebäude**

c) **Gebäudebestanteile**

d) Gebäudezubehör

e) zusätzlich versicherbare Sachen

Vertiefungs- und Anwendungsaufgaben

1. Zu Beginn seiner Schulung ist Leo Wagner etwas aufgeregt. Im Vorfeld hat er eine PowerPoint-Präsentation erstellt. Diese will er gemeinsam mit den Praktikanten durchgehen. Er legt ebenfalls Ausfertigungen der Versicherungsbedingungen bereit, damit sich seine Kollegen/-innen zusätzlich informieren können. Doch leider kommt es anders...
Nach der Begrüßung und der Vorstellung der Inhalte meldet sich der Praktikant Marvin Grape und schildert aufgeregt:
„Vorhin habe ich einen Anruf unserer Kundin Gerda Valtweide entgegengenommen.
Sie löcherte mich mit Fragen, welche Sachen standardgemäß in der Wohngebäudeversicherung versichert sind. Da ich in der Sparte Wohngebäude noch nicht so fit bin, habe ich einen Rückruf zur Beantwortung der Fragen zugesagt. Ich habe mir eine Liste erstellt, um die Fragen zu beantworten. Können wir die Liste vielleicht kurz durchgehen?"

Helfen Sie Marvin Grape und ordnen Sie die Sachverhalte den versicherten Sachen zu.

Sachverhalt	Gebäudebestandteil	Gebäudezubehör	zusätzlich versicherbare Sachen	nicht über VGB 2021 versichert
Ersatzfliesen				
Tapeten				
Solarmodule einer Photovoltaikanlage				
Gewächshaus im Garten				
Waschbecken im Badezimmer				
von einer Schreinerei gefertigte Einbauküche				
Sonnenschirm auf der Terrasse				
Pflanzenkübel am Balkongeländer				
Heizungsanlage				
Müllboxen, Mülltonnen				
Zimmertür in einem Gebäude				
freistehender Briefkasten auf dem Grundstück				
Rasenmäher im Gartenhaus				
Programm der computergesteuerten Heizungsanlage				
Heizölvorrat im Kellertank				
am Mauerwerk befestigte Markise				
Gartenhaus				
Fassadenfarbe in der Garage				
Dachrinnen				
verklebte Wandtapete				

Sachverhalt	Gebäude-bestandteil	Gebäude-zubehör	zusätzlich versicherbare Sachen	nicht über VGB 2021 versichert
Einbruchmeldeanlage				
Carport				
Gartenbeleuchtung				
Anbauküche, die von einem/-r Mieter/-in eingebracht wurde				
Dachleiter für den Zugang zum Schornstein				
Schwimmbecken im Garten				

2. Nachdem Leo Wagner seinem Kollegen Marvin Grape helfen konnte, meldet sich Isabelle Wulfter zu Wort und schildert eine Situation:

„Ich hatte gestern einen Anruf von Herrn Wright. Er beabsichtigt eine Wohngebäudeversicherung bei uns abzuschließen. In dem Gespräch bat er um schriftliche Informationen, ob

- das Gewächshaus im Garten,
- die Fensterscheibe der Terrassentür,
- die vergrößerte Terrasse,
- der Pool im Garten,
- die Garage, die an das Haus gebaut wurde,
- die neue Hundehütte im Garten,
- die Solaranlage auf dem Dach,
- die neu gepflanzte Hecke und
- der neu errichtete Wintergarten

in der Wohngebäudeversicherung versichert sind."

Leo Wagner bittet Marvin Grape zu helfen und aufzuzeigen, wo die Angaben in den VGB 2021 zu finden sind.

3. **Nachdem Leo Wagner die Fragen der Schulungsteilnehmer/-innen klären konnte, schildert er zum Ende seiner PowerPoint-Präsentation einen Sachverhalt. Der Kunde Herbert Klein besitzt in der Goethestraße ein Mehrfamilienhaus über drei Etagen und einen Kellerbereich, das er vermietet hat. In dem Haus ist vor wenigen Tagen durch einen Wasserrohrbruch erheblicher Schaden entstanden. Das defekte Rohr befand sich im Badezimmer der dritten Etage und das ausgetretene Wasser floss alle Stockwerke bis in den Keller hinunter. Herr Klein teilt dem Versicherer mit, dass seine Mieter und Mieterinnen viele Gegenstände nachträglich auf ihre Kosten eingebaut oder ausgetauscht haben, wie zum Beispiel die Sanitärobjekte. Jedoch weiß er nicht genau, um welche Gegenstände es sich handelt.**

Leo Wagner bittet die Schulungsteilnehmer/-innen anhand des Bedingungswerkes eine Checkliste in Tabellenform zu erstellen. Die Tabelle soll zeigen, welche Gebäudebestandteile eventuell zu erstatten sind, auch in Hinblick auf die Hausratversicherung.

Nachträglicher Einbau oder Austausch von Sachen, die zu den Gebäudebestanteilen zählen	Hausratversicherung des/der Mieters/-in	Wohngebäudeversicherung des Vermieters
Austausch des vom Vermieter eingebrachten, festverklebten Teppichbodens auf Kosten des/der Mieters/-in		
Einbringung eines Teppichbodens, der auf dem vorhandenen Parkettboden mit Klebestreifen befestigt wird, durch den/die Wohnungseigentümer/-in auf dessen/deren Kosten		
Einbau einer maßgefertigten Einbauküche auf Gefahr und Kosten des/der Mieters/-in		

Nachträglicher Einbau oder Austausch von Sachen, die zu den Gebäudebestanteilen zählen	Hausratversicherung des/der Mieters/-in	Wohngebäudeversicherung des Vermieters
Der Vermieter lässt auf seine Gefahr und Kosten ein neues Waschbecken in die vermietetet Wohnung einbauen.		
Der/die Mieter/-in lässt sich in Absprache mit dem Vermieter eine neue Anbauküche in die Küche einbauen.		
Der Wohnungseigentümer lässt auf seine Kosten und seine Gefahr nachträglich eine Markise an der Terrasse anbringen.		
Der/die Mieter/-in lässt auf seine/ihre Kosten und seine/ihre Gefahr nachträglich eine Markise anbringen.		

4. **Nach dem erfolgreichen ersten Schulungstag, macht sich Leo Wagner Gedanken, wie er das Thema versicherte Gefahren am zweiten Schulungstag erörtern soll. In der Pause spricht er mit seiner Kollegin Frau Fontes über seine Idee. Frau Fontes findet sein Vorhaben außerordentlich gut und bietet ihm ein Feedback an. Er nimmt das Angebot dankend an und setzt sich an die Vorbereitung.**

Neben einer Präsentation bereitet er auch kleine Wiederholungsaufgaben zu den versicherten Gefahren vor, da die versicherten Gefahren der Wohngebäudeversicherung denen der Hausratversicherung ähneln.

a) **Prüfen Sie die Merkmale der versicherten Gefahr Brand nach den Versicherungsbedingungen und tragen Sie in der rechten Tabellenspalte neben dem jeweiligen Sachverhalt die richtige Lösungsziffer ein.**

1 wenn es sich um einen versicherten Brand handelt
2 wenn es sich um einen versicherten Blitzschlag handelt
3 wenn es sich um eine versicherte Explosion, Implosion, Verpuffung handelt
4 wenn es sich um einen Absturz oder Anprall eines Luftfahrzeuges oder seiner Teile handelt
5 wenn es sich um keine versicherte Gefahr Brand handelt.

Ein Heißluftballon stürzt in den Garten einer Versicherungsnehmerin. Zum Glück wurde kein Insasse verletzt. Die herbeigerufene Feuerwehr bekommt den brennenden Heißluftballon schnell unter Kontrolle. Leider wurde die Garage in Mitleidenschaft gezogen und das Löschwasser verursachte erhebliche Gebäudeschäden.	
Der Blitz schlägt in den Schornstein ein und verursacht einen Dachbodenbrand.	
Durch ein kleines Erdbeben kommt es zu einer Explosion der Gasleitung eines Versicherungsnehmers. Dies führt zu Schäden am Gebäude.	
Durch Rußablagerungen kommt es zu einem Brand des Schornsteins, der von außen an der Hauswand befestigt ist. Neben dem Schornstein wird auch die Hauswand beschädigt.	
Bei einem starken Gewitter kommt es zu einer Überspannung in der Freileitung einer Versicherungsnehmerin. Dies führt zu einem Kurzschluss der Heizungsanlage sowie des Warmwassertanks.	
Kaminglut fällt auf den Parkettboden und hinterlässt einen Brandfleck, der direkt vom Versicherungsnehmer bemerkt und gelöscht wird.	
Kaminglut fällt auf den Parkettboden und hinterlässt einen Sengfleck.	
Unbekannte Jugendliche werfen Knallfrösche in die Papiertonne einer Versicherungsnehmerin. Die Tonne gerät in Brand und beschädigt die Hauswand.	

b) **Prüfen Sie die Merkmale der versicherten Gefahr Leitungswasser nach den Versicherungsbedingungen und tragen Sie in der rechten Tabellenspalte neben dem jeweiligen Sachverhalt die richtige Lösungsziffer ein.**

1 **wenn es sich um einen frostbedingten und sonstigen Bruchschaden an Rohren handelt**
2 **wenn es sich um einen versicherten Bruchschaden außerhalb von Gebäuden handelt**
3 **wenn es sich um einen versicherten Nässeschaden handelt**
4 **wenn es sich um keine versicherte Gefahr Leitungswasser handelt**

Der mit Schmutzwasser gefüllte Putzeimer fällt um und beschädigt den im Flur verlegten Parkettboden.	
Frustrierte Einbrecher, die keine Beute erlangt haben, verstopfen aus Rache den Abfluss in Waschbecken und drehen den Wasserhahn auf. Es entsteht ein erheblicher Schaden in der gesamten Etage.	
Das auf der Auffahrt verlegte Zuleitungsrohr bricht und muss erneuert werden.	
In der Nacht platzen die Rohre an zwei Heizkörpern. Das austretende Wasser beschädigt den Parkettboden.	
Der plötzlich auftretende Starkregen wird von der Kanalisation nicht mehr aufgefangen und läuft in den Keller eines Einfamilienhauses.	
Das Zuleitungsrohr der Badewanne bricht und Wasser tritt aus.	
Nach dem fünfmonatigen Urlaub eines/-r Versicherungsnehmers/-in bildet sich Schwamm im Badezimmer und im Keller.	
Durch die defekte Klimaanlage tritt Kühlmittel aus und beschädigt die Gebäudewand.	

c) Prüfen Sie die Merkmale der versicherten Gefahr Sturm, Hagel nach den Versicherungsbedingungen und tragen Sie in der rechten Tabellenspalte neben dem jeweiligen Sachverhalt die richtige Lösungsziffer ein.
1 **wenn es sich um einen versicherten Schaden durch unmittelbare Einwirkung handelt**
2 **wenn es sich um einen versicherten Schaden durch mittelbare Einwirkung handelt**
3 **wenn es sich um einen versicherten Folgeschaden handelt**
4 **wenn es sich um keinen versicherten Schaden handelt.**

Durch einen starken Sturm wird die Antenne auf dem Dach der Doppelhaushälfte abgerissen.	
Eine starke Sturmflut verursacht erhebliche Schäden im gesamten Dorf.	
Nachdem große Hagelkörner den Wintergarten beschädigt haben, läuft Regenwasser in das Haus eines Versicherungsnehmers und verursacht Schäden u. a. an dem Parkettboden und den Tapeten.	
Die Schaufensterscheiben, des im Erdgeschoss befindlichen Kiosks werden bei einen Sturm der Windstärke 8 durch herumfliegende Äste zerstört.	
Ein Sturm schleudert Äste durch die Luft, die die Fensterscheiben einer Versicherungsnehmerin beschädigen.	
Durch eine leichte Böe wird Schnee aufgewirbelt, der durch das gekippte Fenster eindringt und die Tapete beschädigt.	
Hagelkörner beschädigen die Regenrinne.	
Durch Sturm wird die neue Hundehütte im Garten beschädigt, die dem Versicherer nicht bekannt war.	

d) Prüfen Sie die untenstehenden Sachverhalte, ob durch den Einschluss weiterer Naturgefahren Versicherungsschutz besteht und tragen Sie in der rechten Tabellenspalte neben dem jeweiligen Sachverhalt die richtige Lösungsziffer ein.
1 **Mit dem Einschluss weiterer Elementargefahren besteht Versicherungsschutz.**
2 **Es besteht kein Versicherungsschutz durch den Einschluss weiterer Elementargefahren.**

Das Dach des Einfamilienhauses bricht nach tagelangen Schneefällen aufgrund des Schneedrucks zusammen.	
Durch die geplatzte Hauptwasserleitung läuft Wasser in den Keller eines Versicherungsnehmers.	
Durch eine Sturmflut an der Nordsee werden etliche Gebäude beschädigt. Betroffen ist auch das Gebäude einer Versicherungsnehmerin.	
In der Nähe eines Versicherungsnehmers soll ein neues Sandwerk errichtet werden. Dadurch sinkt der Boden ab und hinterlässt Risse am Gebäude des Versicherungsnehmers.	
Ein starkes Erdbeben beschädigt das Gebäude einer Versicherungsnehmerin.	

5. Nachdem Leo Wagner zu jeder einzelnen Gefahr kleinere Wiederholungsaufgaben vorbereitet hat, mischt er die Gefahren, um zu schauen, ob die Schulungsteilnehmer/-in ihr Wissen anwenden können.
Ordnen Sie den jeweiligen Situationen den versicherten Gefahren zu und begründen Sie Ihre Entscheidung, ob der Schaden versichert ist.

a) **Ein Blitz schlägt in einen Baum, der auf dem Versicherungsgrundstück steht, ein. Herunterfallende Äste zerstören einige Scheiben am Wintergarten des Versicherungsnehmers.**

b) **Ein Jugendlicher zerschlägt ein Kellerfenster, steckt den Gartenschlauch hindurch, öffnet den Wasserhahn und verschwindet. Das Wasser läuft über eine Stunde lang in den Keller, bevor die Versicherungsnehmerin dies bemerkt.**

c) **Durch einen Sturm bricht ein Ast von einem Baum ab und fällt auf ein Rohr der Solarheizungsanlage.**

d) **Ein Versicherungsnehmer bemerkt an der Küchendecke einen großen Wasserfleck und vermutet einen Wasserrohrbruch. Der Installateur stellt bei der Suche nach dem Rohrbruch fest, dass das Wasser aus dem porösen Siphon austrat.**

e) **Das Wohngebäude einer Versicherungsnehmerin liegt im Erzgebirge. Durch herabfallende Steine wird der Gastank, der auf dem Versicherungsgrundstück steht, beschädigt. Das austretende Gas entzündet sich und das Feuer beschädigt das Wohngebäude.**

f) **Einem Versicherungsnehmer fällt eine Karaffe mit Leitungswasser auf den Fliesenboden und beschädigt diesen.**

g) **Hagel verstopft den Abfluss am Balkon einer Versicherungsnehmerin. Das Wasser kann nicht abfließen und dringt in die Wohnung ein. Dadurch wird der Parkettboden der Versicherungsnehmerin beschädigt.**

h) **In dem Waschkeller eines Mehrfamilienhauses beginnt die Waschmaschine einer Mieterin während des Waschvorgangs zu brennen. Die Waschmaschine, sowie die Wäsche sind zerstört. Die Wände in dem Waschkeller und dem Trocknungsraum wurden durch Rauch und Ruß beschädigt.**

i) **An einem warmen Sommertag lässt ein Versicherungsnehmer den Gartensprenger laufen und unterhält sich vor dem Haus mit seinen neuen Nachbarn. Als er wieder hinein geht, bemerkt er, dass das Wasser des Gartensprengers die Tapeten und die Sockelleisten durchnässt hat, da er vergaß die Terrassentür zu schließen.**

6. **Als nächstes möchte Leo Wagner mit seinen Schulungsteilnehmern das Thema der versicherten Kosten besprechen. Neben seiner Präsentation bereitet er verschiedene Fälle vor. Tragen Sie in der rechten Tabellenspalte neben dem jeweiligen Sachverhalt die richtige Lösungsziffer ein.**

1 wenn es sich um versicherte Kosten gemäß Ziffer 12 VGB 2021 handelt
2 wenn es sich um Mehrkosten gemäß Ziffer 14 VGB 2021 handelt
3 wenn es sich um Mietausfall, Mietwertkosten gemäß Ziffer 13 VGB 2021 handelt
4 wenn es sich um Aufwendungsersatz nach § 83 VVG handelt
5 wenn es sich nicht um versicherte Kosten handelt.

Nach einem Leitungswasserschaden in der Küche, muss diese teilweise demontiert und zwischengelagert werden, damit der Installateur an das defekte Rohr gelangen kann.	
Nach einem Hagelschauer, deckt eine Versicherungsnehmerin die Terrassentür provisorisch mit einer Plane ab, damit kein Regenwasser eindringen kann.	
Ein Sturm lässt die Birke im Garten eines Versicherungsnehmers umfallen und beschädigt die Garage. Die Entsorgung des Baumes verursacht erhebliche Kosten.	
Nach einem Brand wird das Gebäude einer Versicherungsnehmerin komplett beschädigt. Aufgrund einer behördlichen Auflage, die eine spezielle Wärmedämmung vorschreibt, entstehen der Versicherungsnehmerin Mehrkosten.	
Durch einen Brand werden die Garderobe und die Abstellkammer beschädigt und können einige Zeit nicht benutzt werden. Der Versicherungsnehmer möchte den ortüblichen Mietwert ersetzt bekommen.	
Nach einem Brand wird der Bauschutt kostenpflichtig entsorgt.	
Nach einem Leitungswasserschaden sind Schlafzimmer, Küche und Badezimmer nicht mehr bewohnbar. Daher kürzt die Mieterin entsprechend die Miete.	
Nach einem Kurzschluss im Stromverteilungskasten breitet sich im Keller eines Versicherungsnehmers starker Qualm aus. Um einen möglichen Brand zu verhindern, benutzt der Versicherungsnehmer seinen Feuerlöscher. Nun möchte er die Füllung des Feuerlöschers ersetzt bekommen.	

7. **Zum besseren Verständnis der Thematik hat Leo Wagner noch weitere Fälle zusammengestellt, die seine Schulungsteilnehmer/-innen ausführlich beurteilen sollen.**

a) **Ein starker Sturm reißt eine alte Buche auf einem Versicherungsgrundstück um. Beim Umfallen der Buche streift der Baum das Gebäude des Versicherungsnehmers Harry Klein und richtet erheblichen Schaden an. Über die Höhe der Reparaturkosten am Gebäude gibt es zwischen Herr Klein und dem Sachverständigen keine Meinungsverschiedenheiten. Jedoch versteht Herr Klein nicht, warum der Versicherer für den Abtransport des Schuttes aufkommt, jedoch nicht für die Beseitigung der umgefallenen Buche.**

b) **Durch eine Gasexplosion im Einfamilienhaus einer Versicherungsnehmerin werden Gebäudeteile auch auf das Nachbargrundstück geschleudert.**

c) **Nach einem Leitungswasserschaden im Wohn- und Essbereich müssen Schränke, Tisch und Stühle, die Couch sowie der Fernsehschrank aus dem Zimmer geräumt werden, um den beschädigten Parkettboden wieder instand setzen zu können.**

8. **Während Leo Wagner mit der Zusammenstellung der verschiedenen Übungsfälle beschäftigt ist, erhält er eine E-Mail von seiner Kundin Sabine Peters. Nachdem er die E-Mail gelesen hat, beschließt er, diesen Fall in die morgige Schulung aufzunehmen.**

Betreff: Leitungswasserschaden/Schadenhergang

Versicherungsnummer: 143-738-4689

Sehr geehrte Damen und Herren,

am Freitagabend waren mein Mann und ich auf unserem Straßenfest. Unsere 17-jährige Tochter war zu Hause. Als sie sich für eine Geburtstagsparty zurecht machen wollte und oben in das Badezimmer ging, stellte sie fest, dass das Laminat im Flur unter Wasser stand. Nach dem Telefonat mit unserer Tochter eilten wir sofort nach Hause. Glücklicherweise stellte sie sofort das Wasser ab. Doch leider stand auch im Badzimmer der Boden unter Wasser. Der herbeigerufene Installateur stellte fest, dass ein Bruch der Warmwasserleitung am Waschbecken für diese Überflutung ursächlich war.

Durch das austretende Wasser wurden der Parkettboden und die dazugehörigen Sockelleisten im Flur und im Schlafzimmer beschädigt. Die Möbel aus dem Schlafzimmer müssen wir im Dachgeschoss lagern, damit wir an das beschädigte Laminat gelangen können. Auch die Tapete im Flur und im Schlafzimmer sind durch das Wasser aufgequollen.

> Für die Repartur im Badezimmer musste die Wand aufgestemmt werden, damit der Installateur an das Rohr gelangen konnte. Anschließend wurde die Wand wieder verputzt. Heute werden wir neue Fliesen kaufen, da wir keine Ersatzfliesen mehr haben.
>
> Wird der enstandene Schaden von Ihnen ersetzt?
> Mit freundlichen Grüßen
>
> Sabine Peters

Entwerfen Sie eine Antwort auf die E-Mail der Kundin Sabine Peters.

9. **Nachdem Leo Wagner die E-Mail in seine Schulungsunterlagen aufgenommen hat, befasst er sich zum Schluss mit den verschiedenen Klauseln, die zusätzlich in einen Wohngebäudevertrag eingeschlossen werden können. In der Wohngebäudeversicherung können eine Vielzahl von individuellen Klauseln in den Vertrag aufgenommen werden, die den Versicherungsschutz erweitern. Tragen Sie in der rechten Tabellenspalte neben der jeweiligen Aussage die richtige Klausel ein.**

Versichert sind die infolge eines Versicherungsfalles am Versicherungsort tatsächlich entstanden Kosten für die technische Wiederherstellung von elektronisch gespeicherten, ausschließlich für die private Nutzung bestimmten Daten und Programme.	
Versichert sind Frost- und sonstige Bruchschäden an Wasserableitungsrohren, die außerhalb des Versicherungsgrundstückes verlegt sind und die Rohre, die der Entsorgung versicherter Gebäude oder Anlagen dienen.	
Der Versicherer leistet Entschädigungen für versicherte Sachen, die durch Fahrzeuganprall zerstört oder beschädigt werden.	
Bei Zwei- oder Mehrfamilienhäusern ersetzt der Versicherer die notwendigen Kosten für die Beseitigung von Schäden an Türen, Schlössern, Fenstern, Rolläden und Schutzgittern, wenn diese durch das Eindringen unbefugter Dritter entstanden sind.	
Der Versicherer ersetzt die Mehrkosten von Frischwasser, die infolge eines Versicherungsfalles entstanden sind und vom Wasserversorgungsunternehmen in Rechnung gestellt worden sind.	
Der Versicherer leistet Entschädigung für außerhalb von Gebäuden eintretende frostbedingte und sonstige Bruchschäden an den Zuleitungsrohren der Wasserversorgung, die außerhalb des Versicherungsgrundstücks liegen und der Versorgung versicherter Gebäude dienen.	
Der Versicherer ersetzt die notwendigen Kosten für das Entfernen, den Abtransport und die Entsorgung eines umgestürzten Baumes auf dem Versicherungsgrundstück, sofern dieses Ereignis durch Blitzschlag oder Sturm hervorgerufen wurde.	

10. Zum Schluss seines Schulungstages stellt Leo Wagner zur Vertiefung noch verschiedene Sachverhalte zusammen, die ausführlich beantwortet werden sollen.

a) Der Versicherungsnehmer Klaus Meitz besitzt auf seinem Versicherungsgrundstück einen Pool. Das Wasserzuleitungsrohr des Pools platzt, wodurch Wasser in den Keller des Einfamilienhauses läuft und Durchnässungsschäden verursacht.

b) Die Versicherungsnehmerin Sabrina Mutig meldet bei ihrer Versicherungsagentur einen Schaden. Das Feuer, das im Haus der Versicherungsnehmerin entstand, griff auf die 15 Meter hohe Kiefer über, die seit Jahren auf dem Versicherungsgrundstück steht. Ein Teil des verbrannten Stammes stürzt hinunter, der Rest bleibt stehen und muss abgesägt werden. Die Versicherungsnehmerin hat die Klausel 7363 im Versicherungsvertrag eingeschlossen.

c) Paul Schmitz, der seit längerer Zeit Kunde der Proximus Versicherung AG ist, meldet seiner Versicherungsagentur einen Sachverhalt.
„Am Donnerstagabend kam ich mit meinem Pkw vom Einkaufen nach Hause. Beim Rückwärtsfahren kam er versehentlich gegen die Garage, die auf meinem Versicherungsgrundstück steht. Das Garagentor, die Garagenwand und mein Pkw haben Schaden erlitten."
In dem Wohngebäudeversicherungsvertrag ist der Einschluss der Klausel 7165 vereinbart.

d) In einem Kundenberatungsgespräch mit Herrn Meier, der vor kurzem ein freistehendes Einfamilienhaus erworben hat, bittet dieser um Erläuterung der Klausel 7261, da er wissen möchte, ob der Einschluss dieser Klausel für Ihn vorteilhaft wäre.

7 Versicherungswert und Versicherungssumme

Handlungssituation

Nach dem erfolgreichen Schulungstag meldet sich Jürgen Margotte bei Leo Wagner. Seine Telefonnummer bekam er von dem langjährigen Agenturkunden Felix Ortig. Herr Margotte möchte gerne einen Beratungstermin vereinbaren, da er vor kurzem ein Einfamilienhaus erworben hat. Aus diesem Grund möchte er sich über den möglichen Versicherungsschutz in der Wohngebäudeversicherung informieren.

Informationen zum Lösen der Handlungsaufgaben finden Sie im Lehrbuch „Alles versichert – Kaufmann/Kauffrau für Versicherungen und Finanzanlagen, 1. Ausbildungsjahr", in Lernfeld 4 Teil B Kapitel 7.

Handlungsaufgaben

1. **Erklären Sie Herrn Margotte, zu welchen Werten ein Wohngebäude versichert werden kann. Gehen Sie auch auf die Vorteile der gleitenden Neuwertversicherung ein.**

Versicherungswerte in der Wohngebäudeversicherung

gleitender Neuwert	______________	______________
Erläuterung	**Erläuterung**	**Erläuterung**

Vorteile der gleitenden Neuwertversicherung

____

____

____

____

2. **Herr Margotte findet Ihre Beratung sehr gut und möchte sich deshalb ein Angebot zum gleitenden Neuwert erstellen lassen. Nachdem Leo Wagner alle relevanten Daten aufgenommen hat, um später in Ruhe das Angebot zu erstellen, erörtert Herr Margotte, dass er und seine Frau gerne nächstes Jahr einen Wintergarten errichten lassen möchten.**

Erklären Sie Herrn Margotte, was er nach Fertigstellung des Wintergartens beachten muss.

1. **Nach dem erfolgreichem Beratungsgespräch setzt sich Leo Wagner am Folgetag an die Angebotserstellung. Die Daten hat er während des Beratungsgespräches schon in das System aufgenommen:**

Versicherungsnehmer

Name, Vorname:	Margotte, Jürgen	Beruf:
Geburtsdatum:	28.02.1975	[x] Arbeitnehmer/-in
Anschrift:	Kleintalstr. 73	[ ] Selbstständige/-r
	76135 Karlsruhe	[ ] Beamter/-in
	Beginn: 01.10.20.. Ablauf: 30.09.20..	
Zahlungsweise:	[x] 1/1 [ ] 1/2 [ ] 1/4 [ ] 1/12	
Versicherungsdaten:		
Versicherungsnummer:	143-788-5627	
Bedingungen:	VGB 2021	
Klauseln:	keine	
Versicherungsort:	Kleintalstr. 73, 76135 Karlsruhe	
Versicherte Gefahren:	Feuer, Leitungswasser, Sturm, Hagel	
Gebäudetyp:	Einfamilienhaus, Bauartklasse I, mit Unterkellerung, Satteldach, Erdgeschoss und Obergeschoss, Dachgeschoss nicht ausgebaut, hochwertiger Parkettboden, Solaranlage auf dem Dach, dreifach verglaste Fenster, eine Garage	
Baujahr:	2018	
Wohnfläche (in m²)	154	
Selbstbeteiligung:	keine	
Weitere Einschlüsse:	keine	

Ermitteln Sie die Versicherungssumme 1914 mithilfe des Summenermittlungsbogens.

2. **Mitten in der Angebotserstellung ruft Herr Margotte in der Versicherungsagentur an. Leider kann Leo Wagner nicht persönlich mit ihm sprechen, aber sein Kollege schickt ihm folgende Gesprächsnotiz per E-Mail (Auszug):**

Name, Vorname: Margotte, Jürgen

Versicherungsnummer: 143-788-5627

Herr Margotte plant Umbaumaßnahmen:

- Er möchte den Dachboden zu einem 47 m² großen Studio umbauen.
- Im Keller soll ein 25 m² großes Gästezimmer eingerichtet werden.
- Die Türen im Haus möchte er durch Edelholztüren ersetzen lassen.
- Der Wintergarten ist in Planung.

Das Angebot für Kunden soll entsprechend neu berechnet werden.

Ermitteln Sie mithilfe des Summenermittlungsbogens die neue Versicherungssumme 1914 unter den Angaben der Gesprächsnotiz.

3. **Leo Wagners Auszubildende wundert sich, warum bei der Ermittlung des Gebäudetyps der Wert 1914 pro m² Wohnfläche in Mark von ursprünglich 165 Mark auf 150 Mark gesunken ist. Erläutern Sie den Grund hierfür.**

8 Tarifierung und Beitragsberechnung

9 Neuordnung und vorzeitige Beendigung des Wohngebäudeversicherungsvertrages

10 Formen des Eigentumswechsels bei versicherten Wohngebäuden

Handlungssituation

Nach einem weiteren Schulungstag meldet sich Jürgen Margotte nochmals telefonisch bei Leo Wagner.

Jürgen Margotte: „Guten Tag, Herr Wagner."

Leo Wagner: „Guten Tag, Herr Margotte. Was kann ich für Sie tun?"

Jürgen Margotte: „Vielen Dank, dass Sie mir so schnell das Angebot zur Wohngebäudeversicherung haben zukommen lassen."

Leo Wagner: „Sehr gerne. Ich hoffe, Sie sind mit dem Angebot zufrieden."

Jürgen Margotte: „Ich habe mir das Angebot in Ruhe durchgelesen. Es ist alles enthalten, was wir besprochen haben. Aber vielleicht können Sie mir einige Punkte nochmal kurz erklären."

Leo Wagner: „Sehr gerne."

Jürgen Margotte: „In Ihrem Angebot haben Sie meinen Leitungswasserschaden aufgenommen. Warum ist das wichtig?"

Informationen zum Lösen der Handlungsaufgaben finden Sie im Lehrbuch „Alles versichert – Kaufmann/Kauffrau für Versicherungen und Finanzanlagen, 1. Ausbildungsjahr", in Lernfeld 4 Teil B Kapitel 8 bis 10.

Handlungsaufgaben

1. Nennen und erläutern Sie Herrn Margotte die risikorelevanten Merkmale der Tarifierung.

2. **Erläutern Sie Ihm in diesem Zusammenhang auch die Bedeutung des Anpassungsfaktors für die Prämienberechnung.**

Vertiefungs- und Anwendungsaufgaben

1. **In einer Versicherungsagentur wird eine Vielzahl von Beratungsgesprächen zum Abschluss von Wohngebäudeversicherungen geführt. Tragen Sie in der rechten Tabellenspalte die richtige Lösungsziffer neben der jeweiligen Aussage ein,**

1 für die Risikodeckung in der Wohngebäudeversicherung relevant
2 für die Risikodeckung in der Wohngebäudeversicherung nicht relevant

Das neu bezogene Gebäude ist ein Gebäude der Bauartklasse III.	
Das neue Einfamilienhaus einer Kundin ist mit einer Blitzschutzanlage gesichert.	
Herr Korke lässt ein Schwimmbecken in sein Haus einbauen.	
Das Haus von Familie Forte befindet sich im Postleitzahlgebiet 73956.	
Das freistehende Einfamilienhaus eines Kunden wird zu 20 % gewerblich genutzt.	
Ihr Kunde Martin Bruch möchte nachträglich eine Einbruchmeldeanlage einbauen lassen.	
Ihre Kundin Carina Plump möchte das Dach Ihres Hauses zu einem Reetdach umbauen lassen.	
Herr Baumann möchte eine Wohngebäudeversicherung für sein Ferienhaus an der Nordsee.	

2. **Tragen Sie in der rechten Tabellenspalte neben der jeweiligen Situation den richtigen Prämiensatz ein.**
Prämiensätze: 0,80 ‰; 0,65 ‰; 1,45 ‰; 1,05 ‰ und 0,85 ‰

Situation	
Haus der Bauartklasse I (F, Lw, St, Hg) im Postleitzahlgebiet 46259	
Haus der Bauartklasse II (F, Lw, St, Hg) mit einem Schwimmbecken im Keller im Postleitzahlengebiet 36392	
Stahlfachwerkhaus mit Steinfüllung (F, Lw, St, Hg) im Postleitzahlengebiet 84419	
Fertighaus der Gruppe 1 (F, Lw) im Postleitzahlengebiet 78132	
Wochenendhaus (F, Lw, St, Hg) im Postleitzahlengebiet 84090	

3. **Bei der Tarifierung des zu versicherten Risikos sehen die Wohngebäudeversicherungsbedingungen Zu- und Abschläge vor. Tragen Sie in der rechten Tabellenspalte neben der jeweiligen Aussage die richtige Lösungsziffer ein.**

1 entspricht dem Tarif VGB 2021

2 entspricht dem Tarif VGB 2021 nicht

Bei einer vereinbarten Vertragslaufzeit von drei Jahren wird ein Nachlass von 10 % gewährt.	
Schwimmbecken in Gebäude sind zuschlagsfrei mitversichert.	
Die Versicherungsteuer ohne den Einschluss von Feuer beträgt 16,34 %.	
Die Klausel 7262 und Klausel 7264 sind auf Anfrage einschließbar.	
Für die Gefahrenerhöhung eines Schwimmbeckens im Gebäude beträgt der Zuschlag 0,15 ‰ auf die Gefahr Leitungswasser.	
Wird die Jahresprämie in zwei Raten beglichen, so verringert sich diese um 3 %.	
Für Neubauten, die nicht älter als 15 Jahre sind, wird ein Nachlass von 20 % gewährt.	
Die Mindestjahresprämie ohne Versicherungsteuer, aber inklusive aller Nachlässe muss mindestens 60,00 € betragen.	
Für den Einschluss weiterer Elementargefahren im Postleitzahlgebiet 47807 beträgt der Zuschlag 0,20 ‰.	
Für den Einschluss der Klauseln 7362, 7264, 7168 und 7261 wird ein Zuschlag von insgesamt 0,50 ‰ erhoben.	
Bei einer gewerblichen Teilnutzung des Gebäudes von bis zu 50 % wird ein Zuschlag von 1,3 ‰ erhoben.	
Für den Einschluss der Klausel 7363 beträgt der Zuschlag 0,15 ‰.	
Bei Ferienhäusern wird ein Zuschlag für die Gefahr Leitungswasser in Höhe von 0,05 ‰ erhoben.	

4. **Florian Bendel möchte für sein neues Einfamilienhaus eine Wohngebäudeversicherung abschließen. Ermitteln Sie die zu zahlende Prämie.**

Anfrage von Florian Bendel

Einfamilienhaus in der Gerdesstraße 17, 48460 Grafschaft Bentheim

Baujahr 2009

Erd- und Obergeschoss, Dachgeschoss nicht ausgebaut, Spitzboden, unterkellert

Wohnfläche: 180 m²

Natursteinböden

Solaranlage

Handstrichklinker

Stuckarbeiten an den Decken

Schwimmbecken im Keller

eine Garage

gewünschte Klauseln: PK 7167, PK 7264 und PK 7761

Zahlweise: jährlich

Vertragslaufzeit: drei Jahre

versicherte Gefahren: Feuer, Leitungswasser, Sturm, Hagel

5. **Gerda Müller möchte eine Wohngebäudeversicherung für ihr Ferienhaus abschließen. Dazu hätte sie gerne ein Angebot. Ermitteln Sie die zu zahlende Prämie.**

Anfrage von Gerda Müller

Bungalow - Ferienhaus in der Deichstraße, 26506 Norddeich
kein Keller
Wohnfläche: 165 m²
massive Außenwände mit Reetdach

gewünschte Klausel:	PK 7265
Zahlweise:	jährlich
Vertragslaufzeit:	drei Jahre
versicherte Gefahren:	Feuer, Leitungswasser, Sturm, Hagel

6. **Herr Gunter Wittich hat sein neu gebautes Mehrfamilienhaus in 58091 Hagen kürzlich bezogen. Im Erdgeschoss des Hauses möchte er seine Arztpraxis (120 m²) einrichten. Die erste Etage (160 m²) bewohnt er mit seiner Familie selbst, die zweite Etage (110 m²) möchte er an seinen Bruder vermieten. Die Versicherungssumme Wert 1914 wurde vorab in Höhe von 63.100 Mark ermittelt. Herr Wittich möchte die Gefahren Feuer, Leistungswasser, Sturm, Hagel und weitere Elementargefahren versichern. Ebenso möchte er die Klauseln PK 7167, PK 7261, PK 7264, PK 7363 und PK 7366 eingeschlossen wissen. Die Vertragsdauer soll drei Jahre betragen.**
Ermitteln Sie die Halbjahresprämie für Herrn Wittich.

7. **Ole Topfen teilt seinem Versicherer telefonisch mit, dass er auf Wunsch seiner Kinder ein Schwimmbecken im Keller hat einbauen lassen. Aus diesem Grund möchte er nun die Klausel PK 7261 in seinen bestehenden Wohngebäudeversicherungsvertrag einschließen lassen. Herr Topfen möchte ein Angebot zur Vertragsanpassung ab dem 15.10. dieses Jahres, wobei die Versicherungsperiode unverändert bleiben soll.**

Versicherungssumme Wert 1914:	32.900 Mark
Baujahr:	2015
Klauseln:	keine
Versicherungsbeginn:	01.08. dieses Jahr – 00:00 Uhr
Versicherungsablauf:	31.07. nächstes Jahr – 24:00 Uhr
Zahlweise:	jährlich
Prämiensatz:	0,85 ‰

Berechnen Sie die Nachprämie unter Berücksichtigung des aktuellen Anpassungsfaktors.

8. **Tim Kleinig teilt seinem Wohngebäudeversicherer mit, dass er zum 22.07. dieses Jahres Um- und Anbauten an seinem Wohnhaus vollständig abgeschlossen hat.**

- Das Dachgeschoss (60 m^2) wurde zum Wohnraum ausgebaut.
- Ein Teil des Kellers (35 m^2) wurde ebenfalls zum Wohnraum ausgebaut.
- Hochwertiges Parkett wurde verlegt.
- Eine neue Terrasse am Haus wurde fertig gestellt.
- Eine Solaranlage wurde auf dem Dach installiert.
- Ein Reetdach wurde aus optischen Gründen angebracht.

a) **Erläutern Sie, ob die von Herrn Kleinig durchgeführten Um- und Anbauten Auswirkungen auf dessen Versicherungsvertrag haben.**

b) **Von Herrn Kleinig liegen Vertragsdaten vor.**

Gebäudetyp:	EG + OG, Dachgeschoss nicht ausgebaut, unterkellert, Bauweise aus Stein
Wohnfläche:	140 m²
Baujahr:	2019
Versicherungssumme Wert 1914:	23.100 Mark
Klauseln:	keine
Versicherungsbeginn:	15.04.2019 – 00:00 Uhr
Versicherungsablauf:	15.04.2022 – 24:00 Uhr
versicherte Gefahren:	Feuer, Leitungswasser, Sturm, Hagel
Prämiensatz:	0,80 ‰
Zahlweise:	jährlich
Nachlass:	Neubau

Ermitteln Sie die neue Versicherungssumme Wert 1914 und berechnen Sie die entsprechende Nachprämie.

9. Zum Jahresbeginn hatte Frau Sonja Meulders eine Wohngebäudeversicherung gemäß den VGB 2021 abgeschlossen.

Versicherungsnehmer:	Sonja Meulders
Versicherungsort:	89081 Eselsberg
Gebäudetyp:	Einfamilienhaus EG + OG + ausgebautes Dachgeschoss, unterkellert, Doppelgarage, Neubau, Bauartklasse I
Wohnfläche:	250 m², zusätzlicher Wohnraum im Keller mit 35 m²
Baujahr:	2021
Klauseln:	PK 7167, PK 7362 und PK 7363
Versicherungsbeginn:	01.01.2022 – 00:00 Uhr
Versicherungsablauf:	31.12.2025 – 24:00 Uhr
versicherte Gefahren:	Feuer, Leitungswasser, Sturm, Hagel
Zahlweise:	vierteljährlich
Nachlass:	Neubau
Zusatz:	Gefahrenerhöhung durch 20 % gewerbliche Nutzung

a) Ermitteln Sie die Versicherungssumme Wert 1914 und berechnen Sie die Prämie gemäß Zahlweise.

b) **Ende Februar 2022 informiert Frau Meulders ihren Versicherer, dass sie sich über der Terrasse einen Wintergarten errichten ließ. Dadurch erhöht sich die Wohnfläche um 50 m². Zeitgleich mit dieser Baumaßnahme wurden im Bad hochwertige Sanitäranlagen montiert sowie auf dem Dach eine Solaranlage installiert.**
Frau Meulders wünscht eine Vertragsneuordnung sowie eine Umstellung auf jährliche Zahlweise ab dem 01.03.2022. Berechnen Sie die neue Versicherungsprämie.

c) **Berechnen Sie die Nachzahlung, die Frau Meulders nach der Vertragsneuordnung zahlen muss.**
Beachten Sie dabei die Umstellung auf eine neue Zahlweise.

10. **Der Versicherungskunde Ole Topfen teilt der Proximus Versicherung AG telefonisch mit, dass er sich im Jahr 2021 (Baupreisindex: 1568,30) ein neues Gartenhaus gebaut hat. Das Gartenhaus hat 2.500,00 € gekostet.**
Aus der Vertragsmaske liegen Ihnen folgende Daten vor:

Versicherungssumme Wert 1914:	32.900 Mark
Baujahr:	2015
Klauseln:	keine
Versicherungsbeginn:	01.08. des Jahres – 00:00 Uhr
Versicherungsablauf:	31.07. nächsten Jahres – 24:00 Uhr
Zahlweise:	jährlich
Prämiensatz:	0,85 ‰

a) **Berechnen Sie die neue Versicherungssumme Wert 1914.**

b) **Berechnen Sie die neue Jahresprämie unter Berücksichtigung des aktuellen Anpassungsfaktors.**

11. **Von dem Kunden Stephan Willems geht eine E-Mail bei dessen Wohngebäudeversicherer ein (Auszug).**

> Betreff: Wohngebäudeversicherung: WG 384-492-475
>
> Sehr geehrte Damen und Herren,
>
> mit diesem Schreiben möchte ich meine Wohngebäudeversicherung zum 01.19.20.. kündigen. Ich habe mein Haus im Juni dieses Jahres verkauft. Da ich zum 31. Juli nach München in das Haus meiner Eltern ziehe, benötige ich meine Wohngebäudeversicherung nicht mehr. Bitte überweisen Sie mir die zu viel gezahlten Beiträge auf mein Konto 85337584 bei der Sparkasse Düsseldorf.
>
> Mit freundlichen Grüßen
>
> Stephan Willems

Laut Vertragsspiegel ergeben sich folgende Vertragsdaten:

	Name	Vorname	Geburtsdatum	Beruf	A = Angestellte/r S = Selbstständige/r B = Beamtin/-er
Antragsteller/ Versicherungsnehmer	Willems	Stephan	07.08.1979	Finanzberater	A
Ehepartner	Willems	Lara	21.05.1980	Buchhalterin	A
Kinder	Willems	Madeleine	28.02.2012		
Anschrift	Maria-Barben-Str. 76, 40210 Düsseldorf				
Versicherungsort	Maria-Barben-Str. 76, 40210 Düsseldorf				
Versicherungsnachweis					
Versicherungsnummer	WG 384-492-475				
Bedingungen	VGB 2021				
Beginn	01.02.2020 – 00:00 Uhr				
Ablauf	31.01.2023 – 24:00 Uhr				
Fälligkeit	01.02.				
Versicherte Gefahren	Feuer, Leitungswasser, Sturm, Hagel				
Wohnfläche (m²)	150				
Versicherungssumme	25.500 Mark				
Klauseln	PK 7363				
Zahlungsweise	jährlich				
Prämie (netto)					
Prämienkonto	ausgeglichen				
Selbstbeteiligung	-/-				
besondere Gefahrenverhältnisse	-/-				
zusätzliche Einschlüsse	-/-				

Prüfen Sie die Rechtslage und antworten Sie Herrn Willems.

12. Die Kundin Karla Wiesner schildert ihrem Versicherungsvertreter einen Sachverhalt:
Mein Mann hat am 26.03. dieses Jahres ein Einfamilienhaus bei einer Zwangsversteigerung ersteigert. Sechs Wochen später hat er einen Brief der Südstern Versicherung erhalten. Darin wird er aufgefordert, die am 01.01. dieses Jahres fällig gewesene Jahresprämie der Wohngebäudeversicherung zu zahlen, da er jetzt neuer Eigentümer des Hauses ist.
Klären Sie Karla Wiesner über die Rechtslage auf.

13. Bei der Proximus Versicherung AG geht von dem Kunden Sascha Schmetterling eine E-Mail ein (Auszug).

> Betreff: Vereinbarung eines Beratungstermins
>
> Sehr geehrte Damen und Herren,
>
> durch den Tod meiner Mutter vor zwei Monaten habe ich nun ihr Reihenhaus geerbt. Ich werde dortin in ca. drei Monaten von meiner kleinen Wohnung umziehen. Ein Teil der Möbel werde ich von meiner Mutter übernehmen. Bei der Durchsicht aller Unterlagen, habe ich festgestellt, dass meine Mutter sowohl eine Wohngebäudeversicherung als auch die Hausratversicherung bei der Südstern Versicherung AG besitzt. Da ich schon meine Hausratversicherung und meine Kfz-Versicherung bei der Proximus Versicherung AG habe, möchte ich bei Ihnen auch eine Wohngebäudeversicherung abschließen.
>
> Bitte melden Sie sich telefonisch bei mir, um einen Beratungstermin zu vereinbaren.
>
> Mit freundlichen Grüßen
>
> Sascha Schmetterling

Prüfen Sie zur Vorbereitung auf den Beratungstermin mit Herrn Schmetterling die Rechtslage.

11 Versicherungsfall

Handlungssituation

Bei einer Versicherungsagentur der Proximus Versicherung AG befindet sich am Montagmorgen eine Nachricht auf dem Anrufbeantworter:

„Guten Morgen. Hier spricht Gisela Brahm. Durch den Sturm in dieser Nacht ist eine Birke auf mein Haus gefallen. Das Dach ist völlig kaputt. Zum Glück war meine Mieterin, die im Dachgeschoss wohnt, nicht zu Hause. Ich habe sofort die Feuerwehr gerufen. Diese hat den Baum erst einmal vom Dach geholt und alles abgesperrt, damit keine Personen verletzt werden, wenn Ziegel herunterfallen. Außerdem hat mein Sohn zusammen mit meinem Nachbarn eine Kunststoffplane am Dach befestigt, damit kein Regen in das Haus gelangen kann. Mir wurde von meiner Nachbarin geraten, mich bei meiner Versicherung zu melden, damit jemand vorbei kommt. Ich bin jetzt bei meinem Bruder. Bitte rufen Sie mich schnellstmöglich unter meiner Handy-Nummer 0174 28493643 zurück."

Informationen zum Lösen der Handlungsaufgaben finden Sie im Lehrbuch „Alles versichert – Kaufmann/Kauffrau für Versicherungen und Finanzanlagen, 1. Ausbildungsjahr", in Lernfeld 4 Teil B Kapitel 11.

Handlungsaufgaben

1. **Erläutern Sie Ihrer Kundin Gisela Brahm allgemein die Obliegenheiten im Versicherungsfall.**

2. **Informieren Sie Frau Brahm mit welcher Kostenübernahme Sie zu rechnen hat.**

Vertiefungs- und Anwendungsaufgaben

1. **Der Außendienstmitarbeiter Leo Wagner befindet sich bei seinem Kunden Albrecht Lenz, um in dessen Doppelhaushälfte einen Leitungswasserschaden zu besichtigen. Aus den Vertragsunterlagen entnimmt er, dass Herr Lenz lediglich eine Wohngebäudeversicherung bei der Proximus Versicherung AG abgeschlossen hat.**
Herr Lenz schildert den Schadenhergang:

„In der Nacht zum Samstag ist ein Wasserzuleitungsrohr in der gefliesten Badezimmerwand im ersten Obergeschoss gebrochen. Als ich morgens den Schaden bemerkte, habe ich sofort den Installateur meines Vertrauens angerufen. Der Installateur hat die Badezimmerwand aufgestemmt und das Rohr repariert. Zuvor mussten meine Frau und ich den Badezimmerschrank, der vor der Bruchstelle stand, ausräumen und in das Gästezimmer bringen. Das Wasser ist bis in das Erdgeschoss, um genau zu sein, in das Wohnzimmer gelaufen und hat dort die Decke durchnässt, die Tapete, den Parkettboden, den neuen Fernseher mit Surroundanlage sowie unser neu angefertigtes, eingebautes Sideboard beschädigt. Der Estrich wurde auch in Mitleidenschaft gezogen, wodurch eine Trocknungsfirma zur Trocknung beauftragt wurde. Aus dem Sideboard haben wir das Geschirr retten können, jedoch die Tischdecken meiner Frau mussten wir entsorgen."

Besprechen Sie mit Herrn Lenz die Regulierung.

2. **In der Schadenabteilung der Proximus Versicherung AG liegt eine Schadenanzeige der Kundin Martina Peters sowie das Schadengutachten des zuständigen Sachverständigen vor. In das versicherte Mehrfamilienhaus ist vor sechs Monaten ein Blitz eingeschlagen und hat einen Brand verursacht. Inzwischen sind alle Schäden behoben und betragen nach Gutachter:**

- **Gebäudeschaden 517.000,00 €**
- **Aufräumungs- und Abbruchkosten 109.000,00 €**
- **Mietausfall für sechs Monate 13.000,00 €**
- **Mehrkosten durch öffentliche Auflagen 1.750,00 €**

Aus dem Vertragsspiegel sehen Sie, dass Frau Peters eine Versicherungssumme Wert 1914 von 90.000 Mark vereinbart hat. Der Gutachter beziffert den Versicherungswert allerdings mit 95.000 Mark.

Erläutern Sie die Regulierung des Schadens.

13 Kundenberatungsgespräche in der Wohngebäudeversicherung

Handlungssituation

Kurz vor dem Mittag erscheint die Kundin Stefanie Stevens in der Proximus Versicherungsagentur Deroy. Sie erzählt, dass sie ein Baugrundstück geerbt hat und dort ein Einfamilienhaus errichten möchte. Bei der Bauträgergesellschaft Wunschhaus GmbH haben ihr Mann und sie den Haustyp Berlin ausgewählt. Das Haus wird durch die Bauträgergesellschaft schlüsselfertig übergeben. Gleichwohl wird den Kunden aber die Möglichkeit eingeräumt, Eigenleistungen zu erbringen oder Sonderwünsche einzuplanen. Mit der Bank hat das Ehepaar die Finanzierung bereits besprochen. Um das Darlehen auszuzahlen, verlangt die Bank einen Nachweis über eine bestehende Gebäudeversicherung. Diese soll für die Bauzeit und nach Fertigstellung Versicherungsschutz bieten.

Da Frau Stevens noch einen anderen Termin wahrnehmen muss, lässt sie Ihnen die Unterlagen der Wunschhaus GmbH im Büro und bittet Sie, ein passendes Angebot inklusive Prämienberechnung vorzubereiten. Am nächsten Tag will sie wieder um die gleiche Zeit vorbei kommen.

Überlassene Unterlagen von Frau Stevens

Objektart: Einfamilienhaus

Objektbeschreibung:

Der Haustyp Berlin zeichnet sich durch weiße Thermoputzfassade und dreifach verglaste Fenster im Erdgeschoss und Obergeschoss aus. Das Obergeschoss bietet hervorragende Stellmöglichkeiten für Ihre Möbel, da keine Schrägen vorhanden sind. Der großzügige Wohn- und Essbereich erhält durch die großen, bodentiefen Fenster reichlich Tageslicht und lädt zum Verweilen ein. Direkt neben der Küche befindet sich ein kleiner Abstellraum, der kurze Wege garantiert. Außerdem befinden sich im Erdgeschoss zwei weitere Zimmer, die perfekt als Büro oder Gästezimmer genutzt werden können. Ein Gäste-WC komplettiert das Erdgeschoss.

Das Obergeschoss ist optimal ausgenutzt. Das geräumige Familienbadezimmer mit Dusche und Wanne befindet sich zentral am Ende des Flures. Im Obergeschoss befindet sich ein großes Schlafzimmer mit angrenzendem Ankleidezimmer, außerdem sind zwei Kinderzimmer vorhanden.

Im Keller befindet sich die Heizungsanlage. Außerdem ist dort ein weiterer, großer Vorratsraum vorhanden, sodass der privaten Vorratshaltung nichts mehr im Wege steht. Das Highlight bietet der hauseigene Partyraum mit einem gemütlichen Tresen, für lange Abende mit Familie oder Freunden.

Ausstattung

Fußböden: Parkett im OG und EG, Fliesen im Keller

Fenster: Leichtmetallfenster

Türen: Edelholztüren

Bad: hochwertige sanitäre Einrichtung

Kaufpreis: 550.000,00 € mit Fassade, inkl. Bodenplatte, schlüsselfertig übergeben (ohne Maler- und Tapezierarbeiten)

Individuelle Kundenwünsche, Aufpreise:

Keller: 48.000,00 €

Doppelgarage: 20.000,00 €

Alle Preise sind inklusive der Mehrwertsteuer.

Grundrisse des Bauvorhabens:

Da die Grundrisse der einzelnen Stockwerke in der frühen Planungsphase vom Kunden in einem bestimmten Rahmen noch individuell gestaltet werden, hat Frau Stevens zusammen mit ihrem Mann eigene Planskizzen ihrer gewünschten Raumaufteilung angefertigt.

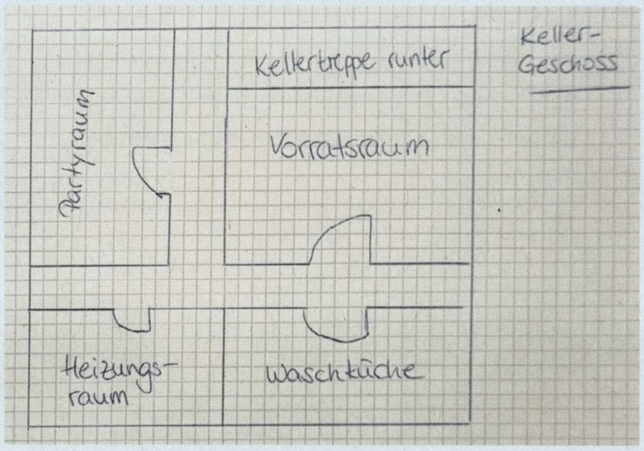

Manuelle Planskizze Kellergeschoss

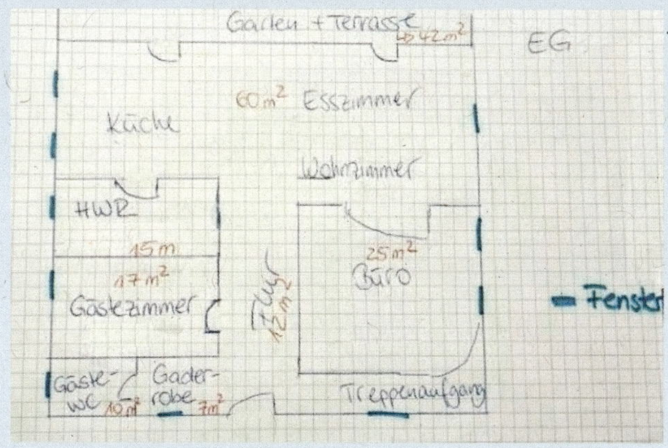

Manuelle Planskizze Erdgeschoss

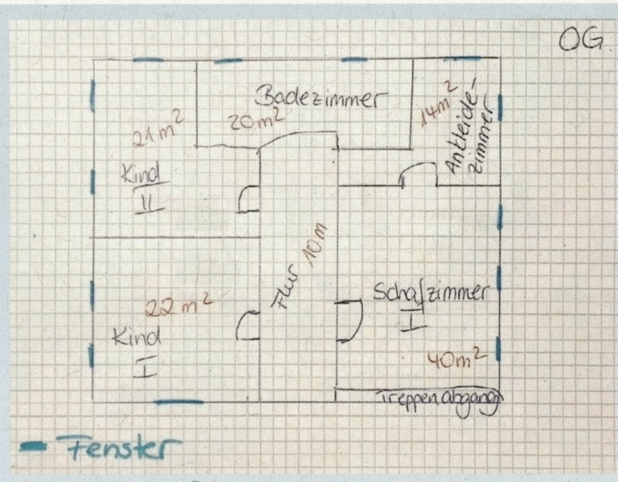

Manuelle Planskizze Obergeschoss

Bei den Unterlagen, die Frau Stevens vorbeigebracht hat, befinden sich auch das Finanzierungsangebot der Bank sowie ein Angebot für eine Wohngebäudeversicherung samt Versicherungsbedingungen.

Informationen zum Lösen der Handlungsaufgaben finden Sie im Lehrbuch „Alles versichert – Kaufmann/Kauffrau für Versicherungen und Finanzanlagen, 1. Ausbildungsjahr“, in Lernfeld 4 Teil B alle Kapitel, besonders Kapitel 13.

Handlungsaufgaben

Neben den hausinternen Bedingungen Ihres Ausbildungsunternehmens, die Sie in der Praxis anwenden, arbeiten Sie in der Berufsschule mit den fiktiven Versicherungsbedingungen der Proximus Versicherung AG. Gehen Sie bei der Bearbeitung der folgenden Handlungsaufgaben davon aus, dass das Angebot zur Wohngebäudeversicherung der Bank gemäß den Bedingungen der Proximus Versicherung AG erstellt wurde, und Ihr eigenes Angebot auf den Versicherungsbedingungen Ihres Ausbildungsunternehmens basiert.

1. Überlegen Sie, in welchen Punkten sich die Versicherungsbedingungen (VGB 2021) der Proximus Versicherung AG von den Bedingungen Ihres Ausbildungsuntenehmens unterscheiden könnten.
Halten Sie Ihre Ergebnisse in der Übersicht fest.

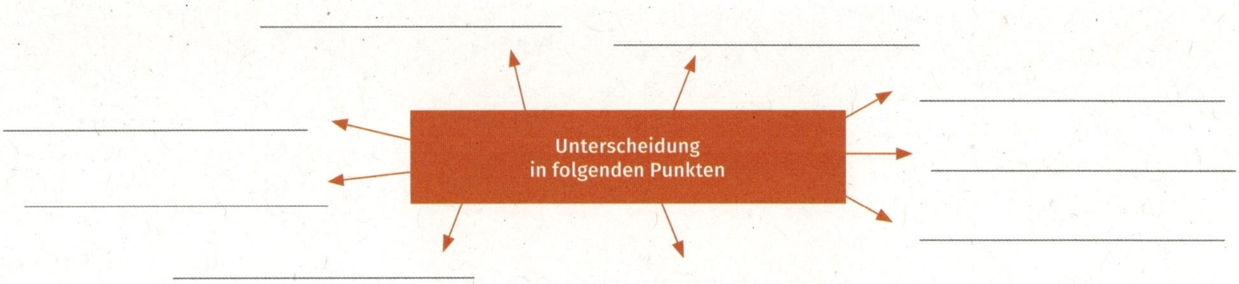

2. Stellen Sie die Gemeinsamkeiten und Unterschiede beider Bedingungswerke, der Proximus Versicherung AG und Ihres Ausbildungsunternehmens, zum Deckungsumfang in der Wohngebäudeversicherung gegenüber.

Unterschiede/Gemeinsamkeiten	Wie ist es bei der Proximus Versicherung AG geregelt?	Wie ist es bei ____________ geregelt?

3. **Nennen Sie Gründe für die Wichtigkeit eines Vergleichs von Versicherungsbedingungen in der Praxis.**

Vertiefungs- und Anwendungsaufgaben

1. **Prüfen Sie die Lösungen aus Handlungsaufgabe 2. und beraten Sie Frau Stevens in einem Kundengespräch über den Schutz Ihres Neubaus.**

2. **In der Proximus Versicherungsagentur Agentur Deroy geht ein Anruf von Herrn Matthias Rath ein. Er teilt dem Agenturleiter mit, dass sein Vater Olaf Rath verstorben ist. Aus diesem Grund bittet er um einen Gesprächstermin. Der Agenturleiter besucht Herrn Rath in dem Haus seines verstorbenen Vaters. Herr Rath möchte in das Haus nach aufwendiger Renovierung mit seiner Familie einziehen.**

Der Vertragsspiegel des verstorbenen Kunden Olaf Rath sieht wie folgt aus:

Sparte	Hausratversicherung bei der Proximus Versicherung AG
Versicherungsnehmer:	Olaf Rath
Versicherungsnummer:	143-536-645 HR 02
Versicherungsbeginn:	01.01.2006
Versicherungsablauf:	31.12. des Jahres
Deckungssumme:	117.000,00 €
vereinbarte Klauseln:	keine
Zahlweise:	jährlich
Beitrag:	285,83 €
Notiz:	Ein Wohngebäudeversicherung besteht bei der Pfefferminzia Versicherung AG.

Bereiten Sie sich auf das Kundenberatungsgespräch vor.

Lernfeld 5

Kunden im Bedarfsfeld Rechtsstreitigkeiten und Ansprüche Dritter beraten

Zielbeschreibung:

Sie verfügen über die Kompetenz, Kunden über Vorsorgemöglichkeiten im Falle von Rechtsstreitigkeiten und bei Ansprüchen Dritter zu beraten, notwendige Vertragsänderungen zu berücksichtigen und Leistungsfälle zu bearbeiten.

5

Es folgen die Inhalte des Rahmenlehrplans für Lernfeld 5:

Kunden im Bedarfsfeld Rechtsstreitigkeiten und Ansprüche Dritter beraten

Die Schülerinnen und Schüler grenzen die Bereiche des öffentlichen Rechts und das Privatrecht voneinander ab und unterscheiden die verschiedenen Instanzen der ordentlichen Gerichtsbarkeit. Sie **analysieren** Risikosituationen, die zu privatrechtlichen Schadenersatzansprüchen und Rechtstreitigkeiten führen können.

Die Schülerinnen und Schüler ermitteln die Kundenbedarfe zur Absicherung des eigenen Vermögens *(Haftpflichtversicherung)* und zur Durchsetzung der eigenen Rechte *(Rechtschutzversicherung)*. Hierbei **informieren** sich die Schülerinnen und Schüler über das Haftungsrecht *(Verpflichtung zum Schadenersatz)* und die Haftungsarten *(reine und vermutete Verschuldenshaftung, Gefährdungshaftung)* in den entsprechenden Rechtsgrundlagen. In diesem Zusammenhang unterscheiden sie zwischen der Beweislast und der umgekehrten Beweislast des Haftpflichtrechts.

Die Schülerinnen und Schüler **planen** kundenspezifische Haftpflicht- und Rechtschutzversicherungslösungen für die Kunden und ihre Familienangehörigen *(Privathaftpflichtversicherung, Tierhalter-Haftpflichtversicherung, Haus- und Grundbesitzerhaftpflichtversicherung, Bauherrenhaftpflichtversicherung, Gewässerschadenhaftpflichtversicherung, Privatrechtschutzversicherung, Berufsrechtschutzversicherung, Verkehrsrechtschutzversicherung, Fahrzeugrechtschutzversicherung, Fahrerrechtschutzversicherung, Wohnungs- und Grundstücksrechtschutzversicherung)*. Sie erläutern den Versicherungsumfang der jeweiligen Produkte und erstellen bedarfsgerechte Angebote für die Privathaftpflicht- sowie die Rechtschutzversicherung.

Es folgen weitere Inhalte des Rahmenlehrplans für Lernfeld 5:

Im Beratungsgespräch **unterbreiten** die Schülerinnen und Schüler den Kunden Vorschläge zur Risikobewältigung. Sie erfassen unter Beachtung des Datenschutzes und der Datensicherheit die zur Risikobeurteilung notwendigen Daten, nehmen Anträge auf und bereiten den Abschluss von Haftpflicht- und Rechtschutzversicherungen vor.

Im Rahmen der Bestandspflege **kontrollieren** die Schülerinnen und Schüler den Versicherungsschutz ihrer Kunden und beraten diese bei Änderungen der individuellen Risikosituation *(Volljährigkeit, Beginn der Berufstätigkeit, Heirat, Änderung der Familienkonstellation)*. Im Sinne einer langfristigen Kundenbindung optimieren sie den Versicherungsschutz ihrer Kunden.

Im Leistungsfall führen die Schülerinnen und Schüler die formelle und materielle Deckungsprüfung *(Prämienverzug, Geltungsbereich, Wartezeiten, Ausschlüsse)* durch. Sie **beurteilen** den Leistungsfall, berechnen die Entschädigung, informieren die Versicherungsnehmer und Versicherungsnehmerinnen – auch mithilfe digitaler Medien – über die Regulierung und weisen sie auf ihre Rechte und Pflichten hin.

Im Hinblick auf Kundenzufriedenheit und Kundenbindung **reflektieren** die Schülerinnen und Schüler ihr Service- und Kommunikationsverhalten im Beratungsgespräch und holen sich ein Kundenfeedback ein.

Teil A: Kunden zu Haftpflichtversicherungen beraten

2 Grundlegende Haftpflichtbestimmungen

2.1 Reine Verschuldenshaftung

Handlungssituation

Leo Wagner, Angestellter einer Agentur der Proximus Versicherung AG, trifft seine gute Freundin Melanie Müller, 20 Jahre alt, die ihm folgendes erzählt:

„Gestern ist mir was total Ungeschicktes passiert. Ich war mit meiner zehnjährigen Schwester Lea im Einkaufszentrum und habe sie nur kurz aus den Augen gelassen, höchstens fünf Minuten, als ich telefoniert habe. In der Zeit hat sie sich weiter in dem Spielzeugladen umgesehen und mit einem Ball gespielt. Leider ist eine Frau über den Ball gefallen und hat sich bei dem Sturz einen Arm gebrochen. Die Frau will jetzt Schadenersatz von uns und meine Eltern können sich keinen Anwalt leisten.

Kennst du dich vielleicht damit aus und kannst mir einen Rat geben?“

Informationen zum Lösen der Handlungsaufgaben finden Sie im Lehrbuch „Alles versichert – Kaufmann/Kauffrau für Versicherungen und Finanzanlagen, 1. Ausbildungsjahr“, in Lernfeld 5 Teil A Kapitel 2.1.

Handlungsaufgaben

1. **Überlegen Sie, worüber Sie sich informieren müssen, um Melanie Müller helfen zu können.**

2. **Notieren Sie das Prüfungsschema für die reine Verschuldenshaftung.**

3. **Prüfen Sie den Fall aus der Handlungssituation nach dem Schema der reinen Verschuldenshaftung.**

4. **Geben Sie an, wer in diesem Fall die Beweislast trägt.**

5. **Geben Sie Melanie Müller einen Rat, was sie nun tun soll.**

Vertiefungs- und Anwendungsaufgaben

1. **Prüfen Sie bei den Fällen anhand des Prüfungsschemas, ob der/die Schädiger/-in aufgrund der reinen Verschuldenshaftung zur Verantwortung gezogen werden kann.**
Gehen Sie davon aus, dass der/die Schädiger/-in jeweils volljährig ist.

a) **Da Frau Bauer einen Blumenkasten auf ihrem Balkon im fünften Stock nicht richtig befestigt hat, fällt dieser bei einem leichten Wind herunter und verletzt eine Person, die unter dem Balkon auf dem Bürgersteig entlang geht.**

b) **Frau Meier übersieht eine rote Ampel und überfährt diese mit ihrem Fahrrad. Dabei kollidiert sie mit einem Fußgänger, der sich bei dem Zusammenstoß ein Bein bricht.**

c) **Frau Schmied zerstört eine Wolldecke ihrer Freundin als Sie damit einen Brand löscht, indem sie die Decke nimmt, um das Feuer zu ersticken.**

d) **Beim Tragen seines Fernsehers entgleitet dieser Herrn Neu, weil er nicht richtig zugepackt hat. Der Fernseher fällt dem daneben stehenden Herrn Müller auf den Fuß, der dadurch verletzt wird.**

e) **Frau Diehl wird bei einem Spaziergang ohnmächtig und fällt auf die Straße. Ein Autofahrer weicht aus und fährt gegen einen Baum. Dabei entsteht ein Schaden an dem Pkw.**

2. **Prüfen Sie in den Fällen, ob die jeweiligen Personen aufgrund der Delikthaftung für den entstandenen Schaden haftbar sind.**

a) **Die Eltern des siebenjährigen Marc haben diesem vor Zeugen mehrfach ausdrücklich verboten, mit einer Steinschleuder zu schießen, und ihn eindringlich auf die Folgen hingewiesen. Marc leiht sich trotzdem von einem Freund eine Schleuder und verletzt einen Mitschüler am Auge.**

b) **Der zwölfjährige Förderschüler Bastian wirft auf dem Spielplatz mit Steinen um sich.**

c) **Der neunjährige Max biegt mit seinem Fahrrad von der Hauptstraße, ohne ein Zeichen zu geben, nach links in eine Toreinfahrt ab. Beim Abbiegen kollidiert er mit dem Pkw des Nachbarn Schmidt. Bei dem Unfall entsteht an dem Fahrzeug des Nachbarn ein Schaden in Höhe von 2.000,00 €. Max erleidet glücklicherweise nur einige Schürfwunden.**

d) **Der zehnjährige Liam wirft aus Spaß mehrere Fensterscheiben eines Ferienhauses ein.**

e) **Der fünfjährigen Thea rollt im Beisein ihrer Mutter ein Ball über die Straße und Theas Mutter kann nicht mehr schnell genug reagieren. Ein Radfahrer weicht dem Ball aus und kollidiert mit einem parkenden Pkw, an dem er sich verletzt.**

f) **Die Ausgangslage ist zunächst identisch mit Fall e). Zusätzlich wird jedoch angenommen, dass Thea Erbin eines größeren Vermögens und der verletzte Radfahrer nahezu mittellos ist.**
Klären Sie erneut die Rechtslage.

g) **Der 16-jährige Schüler Felix besucht das Berufskolleg. Zum Geburtstag hat er von seinem Vater ein Luftgewehr geschenkt bekommen. Nach den ersten Zielübungen auf die Zielscheibe im elterlichen Garten entdeckt er im Nachbargarten den Hund des Nachbarn. Er zielt, schießt und trifft den Hund tödlich.**

h) **Der 19-jährige elternlose Sven leidet an einer krankhaften Störung der Geistestätigkeit. Er wohnt bei seinem Vormund Ludwig Thiel auf einem Bauernhof. Während eines Spazierganges mit Ludwig Thiel wirft Sven eine brennende Zigarette fort, wodurch die Scheune eines Nachbarn in Brand gerät und völlig zerstört wird.**

i) **Die siebenjährige Anna zündet die Scheune eines Nachbarn an. Bei der Untersuchung der Brandursache stellt sich heraus, dass Annas Eltern die Streichhölzer nicht sicher genug aufbewahrt hatten.**

3. **Prüfen Sie die Fälle mithilfe des Schemas für die reine Verschuldenshaftung.**

a) **Die fünfjährige Luna besucht mit ihren Eltern und deren Bekannten ein Restaurant. Während einer angeregten Unterhaltung lassen die Eltern Luna etwa eine Viertelstunde ohne Aufsicht. Das Mädchen nutzt die Zeit, um einen nagelneuen BMW mit Steinen zu zerkratzen. Sie richtet damit einen erheblichen Sachschaden an.**

b) **Die elfjährige Kathrin hat keine Lust, einen Sonntagsausflug mit ihren Eltern zu unternehmen. Als diese das Haus verlassen haben, nimmt Kathrin die Gelegenheit wahr, um ein ausgiebiges Vollbad einzulassen, vergisst jedoch den Wasserhahn wieder abzudrehen. Die Badewanne läuft über und durchnässt die Zimmerdecke der darunter liegenden Wohnung.**

c) **Meldung aus einer lokalen Tageszeitung:**
Ein geistig behinderter junger Mann hat am Donnerstag in Ingolstadt ein Auto entwendet und sich ein Rennen mit der Polizei geliefert. Der 22-Jährige entdeckte den Opel Corsa gegen 21.20 Uhr vor einer Pizzeria – der Besitzer hatte vergessen, den Zündschlüssel mitzunehmen. Der junge Mann verstand dies offenbar als Einladung zu einer kleinen Spritztour, startete das Fahrzeug und gab Gas. Dabei rammte der 22-Jährige einen geparkten Audi, an dem ein erheblicher Sachschaden entstand.

d) **Der 30-jährige Christian Meier hört nachts ein Geräusch in seiner Wohnung und überrascht einen Dieb. Dieser fühlt sich in die Enge getrieben und greift Christian an, der aber einen schwarzen Gürtel im Karate hat. Mit wenigen Handgriffen überwältigt Christian den Dieb, der bei dem Angriff einen Rippenbruch erleidet.**

e) **Der 16-jährige Schüler Robert fährt mit hoher Geschwindigkeit auf seinem Mountainbike eine Abkürzung durch die Fußgängerzone, um nicht zu spät zum Unterricht zu kommen. In der Morgendämmerung sieht er die Rentnerin Klara P. erst im letzten Augenblick, sodass er ihr nicht mehr ausweichen kann. Da auch seine Fahrradbremsen nicht funktionstüchtig sind, kommt es zu einem Zusammenstoß mit Klara P., die sich bei diesem Unfall schwere Knochenbrüche zuzieht.**

4. **Erstellen Sie eine Mindmap über die Ausnahmen der reinen Verschuldenshaftung.**

5. **Prüfen Sie bei den Fällen die Haftung aufgrund der Verkehrssicherungspflicht.**

a) **Eine Baustelle, auf der ein Haus errichtet wird, ist mit einem Bauzaun gesichert. Dieser hat jedoch eine Lücke, sodass drei Kinder die Baustelle betreten, um dort zu spielen. Dabei wird eines der Kinder verletzt.**

b) **Als Herr Schuster sich morgens gegen 08:00 Uhr auf den Weg zur Arbeit macht, sind die Straßen spiegelglatt. Obwohl er dies bemerkt, streut er seinen Gehweg vor dem Haus nicht.**

6. **Überlegen Sie sich selbst einen eigenen Fall, den Ihr/-e Tischnachbar/-in nach dem Schema der reinen Verschuldenshaftung lösen soll.**

2.2 Gefährdungshaftung

2.3 Haftung aus vermutetem Verschulden

Handlungssituation

Leni Stern, Azubi bei der Proximus Versicherung AG, trifft sich mit ihrem Azubikollegen Tom Tedesco und bemerkt sofort, dass dieser humpelt. Natürlich will Leni Stern wissen, was passiert ist. Tom Tedesco meint daher: „Du, die Geschichte ist schnell erzählt. Ich war am Samstag zum Joggen im Stadtwald. Als ich an einem kleinen Mädchen mit einem Labrador an der Leine vorbeigelaufen bin, hat mich der Hund einfach so in die Wade gebissen. Ich war beim Arzt, wurde behandelt und werde wohl für einige Tage nicht zur Arbeit kommen können. Inzwischen weiß ich, dass das Mädchen erst acht Jahre alt ist. Vermutlich kann ich deshalb rechtlich noch nicht einmal irgendetwas unternehmen."

Informationen zum Lösen der Handlungsaufgaben finden Sie im Lehrbuch „Alles versichert – Kaufmann/Kauffrau für Versicherungen und Finanzanlagen, 1. Ausbildungsjahr", in Lernfeld 5 Teil A Kapitel 2.2 und 2.3.

Handlungsaufgaben

1. **Nennen Sie die Unsicherheiten, die Tom Tedesco vermutlich beschäftigen.**

2. **Prüfen Sie, ob die Tatsache, dass ein Hund den Schaden verursacht hat, eine andere Rechtsgrundlage hat als die reine Verschuldenshaftung.**

3. **Überlegen Sie, worüber Sie sich informieren müssen, um Tom Tedesco einen Rat geben zu können.**

4. **Bewerten Sie den Fall anhand der Gefährdungshaftung.**

5. **Erläutern Sie, wie sich die Rechtslage ändern würde, wenn der Hund aus der Handlungssituation ein Blindenhund gewesen wäre.**

6. Die Tabelle zeigt eine Gegenüberstellung der Gefährdungshaftung mit der Haftung aus vermutetem Verschulden. Vervollständigen Sie die Tabelle.

	Gefährdungshaftung	Haftung aus vermutetem Verschulden
Haftungsvoraussetzungen		
Entlastungsmöglichkeit		
Beweislast		

7. Erklären Sie den Begriff „Haftung aus vermutetem Verschulden".

8. Überlegen Sie, was sich der Gesetzgeber mit der Beweislast bei der Haftung aus vermutetem Verschulden gedacht haben könnte.

9. Nennen Sie eine Möglichkeit, wie sich Hundehalter/-innen versichern können, um einen solchen Schaden nicht selbst tragen zu müssen.

Vertiefungs- und Anwendungsaufgaben

Gefährdungshaftung

1. **Nennen Sie Geltungsbereiche der Gefährdungshaftung.**

2. **Prüfen Sie, ob bei den Fällen eine Gefährdungshaftung vorliegt und begründen Sie Ihre Entscheidung.**

a) **Ein großer Hund läuft laut bellend auf einen Spaziergänger zu. Dieser weicht erschrocken zurück, stürzt und verletzt sich erheblich. Der Hund war nicht angeleint.**

b) **Als ein Hund eine Katze sieht, reißt er sich von der Leine und läuft über die Straße. Ein Pkw muss ausweichen und kollidiert mit einem Baum. Die Fahrerin wird verletzt. Der Hundebesitzer verweigert eine Leistung, weil er der Ansicht ist, dass der Katzenbesitzer letztendlich schuld gewesen ist.**

c) **Der Briefträger stolpert über einen vor seiner Hütte schlafenden Hund und bricht sich den Knöchel.**

3. **Durch einen Produktionsfehler wird im Mai des Jahres ein Heizölerdtank mit einer zu dünnen Wand hergestellt. Dieser Tank wird im Juli des Jahres ohne Endkontrolle an den Hauseigentümer Schulz verkauft und auf dessen Grundstück eingegraben. Im August des Folgejahres stellt Herr Schulz fest, dass aus dem Tank Heizöl austritt, weil dessen Wandung gebrochen ist. Es entsteht ein Gewässerschaden in Höhe von 220.000,00 €.**

a) **Erläutern Sie, ob Herr Schulz für den Gewässerschaden haften muss, obwohl ihn kein Verschulden trifft.**

b) **Prüfen Sie, ob die Möglichkeit besteht, den Tankhersteller zur Haftung heranzuziehen.**

4. **Ein Hersteller von Holzschutzmitteln bringt nach längerer Testphase ein neues Produkt in den Verkauf. Es stellt sich aber heraus, dass bei der Verarbeitung dieses Produktes in geheizten Räumen giftige Dämpfe entweichen, die zu schweren gesundheitlichen Schäden führen. Prüfen Sie die Rechtslage.**

5. **Nico Schneider kauft in Köln bei dem Autohaus Fernost-Cars einen japanischen Mittelklassewagen. Infolge eines Fabrikationsfehlers bleibt der Gaszug des Pkw mit Automatikgetriebe bei Vollgas hängen und stellt sich, nachdem Herr Schneider seinen Fuß vom Gaspedal genommen hat, nicht mehr zurück. Dies führt zu einem Unfall, bei dem Herr Schneider schwer verletzt wird. Prüfen Sie die Rechtslage.**

6. **Ein Hotel brennt vollständig nieder. Die Gäste kommen nicht zu schaden. Prüfen Sie, ob der Hotelier für die Schäden an dem Hausrat, den mitgebrachten Autos und ausgeliehenen Skiern haften muss.**

7. **In dem Restaurant eines Hotels isst ein Ehepaar zu Abend. Ein plötzlich ausgebrochenes Feuer verletzt die Ehefrau und die liegengebliebenen Mäntel werden zerstört. Klären Sie die Haftungsfrage.**

8. **Ein Zirkusdirektor hat einen verwaisten Wolfswelpen von Hand aufgezogen und führt das inzwischen erwachsene Tier an einer Leine durch die Manege. Als ein Kind den Wolf streicheln möchte, wird es gebissen und schwer verletzt. Prüfen Sie, ob der Besitzer aufgrund der Gefährdungshaftung haftet.**

9. **Nach einem Kegelabend fährt Herr Meister mit seinem Pkw zurück zu seiner Wohnung. Auf dem Heimweg schlägt während eines Unwetters plötzlich ein Blitz unmittelbar vor seinem Auto ein. Bedingt hierdurch kommt Herr Meister von der Fahrbahn ab und landet in einem Gartenzaun. Prüfen Sie die Haftungsfrage.**

10. **Frau Sommer parkt ihren Pkw in einer Seitentasche der Hauptstraße so ungünstig ein, dass das Fahrzeug noch 40 cm auf der Fahrbahn steht. Ein Fahrradfahrer muss daher weiter in die Mitte der Fahrbahn fahren und kollidiert mit einem Auto, das den Fahrradfahrer gerade überholen möchte. Prüfen Sie die Haftungsfrage für Frau Sommer.**

Haftung aus vermutetem Verschulden

1. **Notieren Sie die Tatbestände, die unter eine Haftung aus vermutetem Verschulden fallen.**

2. **Zur Verschuldenshaftung wird jede Person gezählt, die durch ihr Tun oder Unterlassen eine Gefahrenquelle schafft. Nennen Sie zwei Beispiele, bei denen eine Person durch ein Unterlassen ihrer Pflicht andere schädigt.**

3. **Tom Meier stürzt nachmittags wegen Schneeglätte vor dem Grundstück des Mario Becker so schwer, dass er sich den Oberschenkelhals bricht. Prüfen Sie die Rechtslage.**

4. **Ein Bauer treibt morgens 1 000 Schafe auf die Weide. Ein Schaf entwischt ihm und rennt auf eine Straße. Ein vorbeikommender Autofahrer kann nicht ausweichen, wobei sein Fahrzeug beschädigt wird. Prüfen Sie die Haftungsfrage.**

5. **Daniela Sieger, Mieterin eines Einfamilienhauses, befestigt einen Sonnenschirm an dem Geländer ihres Balkons. Eine Windböe reißt den Sonnenschirm ab, der einen Passanten trifft und verletzt. Klären Sie die Haftungsfrage des Gebäudebesitzers.**

6. **Der Chef einer Heizungsfirma Brenner schickt seinen Gesellen Anton Bär zu dem Kunden Teller, um dort die Heizung zu reparieren. Im Treppenhaus des Miethauses rempelt Geselle Bär versehentlich beim Hochtragen verschiedener Werkzeuge die Mieterin Lara Sammer an, die stürzt und sich verletzt. Klären Sie die Haftungsfrage.**

7. **Die fünfjährige Lea ist bei ihrer Oma zu Besuch. Als die beiden einen Spielplatz besuchen, liest die Oma ein Buch, während Lea ein Auto mit Steinen zerkratzt, das neben dem Spielplatz geparkt ist. Klären Sie die Haftungsfrage.**

8. **Während eines Sturmes wird ein völlig intakter Fensterladen abgerissen und zerstört das Auto eines Nachbarn. Klären Sie die Haftungsfrage für den Gebäudeeigentümer.**

9. **Der Klempnermeister Konrad wird von der Hauseigentümerin Barbara Meier beauftragt, bei dem Mieter Behrendt die Wasserleitung zu reparieren. Der Meister veranlasst seinen Gesellen Giesinger, diese Arbeiten auszuführen. Während seiner Reparaturarbeiten beschädigt der Geselle einen Küchenschrank des Mieters Behrendt. Klären Sie die Haftungsfrage.**

10. **Trotz der Reklamation des Mieters, ein schadhaftes Dach auszubessern, unternimmt der Vermieter nichts. Bei einem Gewittersturm dringen größere Wassermengen in die Wohnung des Mieters ein und beschädigen dessen Wohnungseinrichtung. Klären Sie die Haftungsfrage.**

2.4 Amtshaftung

3 Gemeinsame Haftung

4 Vertragshaftung

Handlungssituation

Leni Stern, Azubi bei der Proximus Versicherung AG, erzählt ihrem Azubikollegen Tom Tedesco, dass heute in der Berufsschule sehr viel passiert ist:

„In der Pause hat es auf dem Schulhof eine kleine Schlägerei gegeben.

Scheinbar haben sich drei Berufsschüler mit einem Auszubildenden eines konkurrierenden Unternehmens gestritten und es kam zu Handgreiflichkeiten.

Ein Lehrer war nicht in Sicht, da dieser gerade seine Aufsicht auf der anderen Seite des Schulhofes durchführte. Das Unternehmen des verletzten Auszubildenden will nun nicht nur rechtliche Schritte gegen die beteiligten Schüler, sondern auch gegen die Schule selbst einleiten. Ich frage mich, ob das geht.

Außerdem waren Handwerker an der Schule und haben dort am Dach gearbeitet. Dem Gesellen sind dabei zwei Dachziegel aus der Hand gefallen, während wir Pause hatten. Alle haben es gesehen.

Einer der Dachziegeln fiel dabei auf das parkende Auto einer Schülerin und der andere auf den Zaun der Schule. Beides ging kaputt. Das gab eine große Aufregung. Der Chef von dem Gesellen ist total ausgerastet und meinte, dass der Geselle den Schaden selbst bezahlen muss, da er ohnehin schon unsauber gearbeitet hätte.

Ich frage mich, ob sich der Chef des Gesellen so einfach aus der Haftung raushalten kann."

Informationen zum Lösen der Handlungsaufgaben finden Sie im Lehrbuch „Alles versichert – Kaufmann/Kauffrau für Versicherungen und Finanzanlagen, 1. Ausbildungsjahr", in Lernfeld 5 Teil A Kapitel 2.4, 3 und 4.

Handlungsaufgaben

1. **Nennen Sie das Fachwissen, das Sie sich aneignen müssen, um die Fragen von Leni Stern beantworten zu können.**

2. **Nennen Sie die Unterschiede zwischen der Amtshaftung und der Beamtenhaftung.**

3. **Prüfen Sie, ob der Lehrer oder die Schule aus der Handlungssituation zur Rechenschaft gezogen werden können.**

4. **Drei Schüler haben gemeinsam einen anderen Schüler verletzt und es ist nicht zu ermitteln, wer welchen Schaden verursacht hat.**
   Klären Sie die Haftungsfrage.

5. **Prüfen Sie, in welchem Schadenfall der Geselle bei den Dacharbeiten ein Erfüllungsgehilfe war und in welchem ein Verrichtungsgehilfe.**

6. **Prüfen Sie die vorliegenden Schäden am Auto der Schülerin und dem Zaun der Schule hinsichtlich der Haftungsfrage.**

7. **Beurteilen Sie die Haftungsfrage bezüglich einer schlecht erbrachten Leistung bei der Arbeit am Dach der Schule.**

Vertiefungs- und Anwendungsaufgaben

Amtshaftung und Beamtenhaftung

Prüfen Sie bei den Aufgaben die Rechtslage.

1. **Die Lehrerin Frau Sommer rempelt versehentlich während der Pause eine ihr unbekannte Schülerin auf der Treppe an, die daraufhin stürzt und sich verletzt.**

2. **Ein Sportlehrer lässt seine Klasse Volleyball spielen. Hierbei wird ein Schüler von dem Ball eines Mitschülers im Gesicht getroffen und verletzt.**

3. **Der Lehrer einer Oberstufe unternimmt zum Schuljahresabschluss einen Tagesausflug mit seiner Klasse. Da ein Schüler nicht zur vereinbarten Zeit am Bahnhof ist, fährt der Lehrer mit der Klasse ohne diesen Schüler los, schließlich ist dieser schon volljährig.**

4. **Ein Staatsanwalt reserviert für die Weihnachtsfeier seiner Abteilung ein Restaurant. Da er es versäumt die Rechnung des Restaurants zu bezahlen, wird ein Mahnverfahren eingeleitet. Der Staatsanwalt ist der Meinung, dass sein Arbeitgeber die Konsequenzen tragen muss und nicht er selbst.**

Gemeinsame und gesamtschuldnerische Haftung

1. **Die Schüler Matthes, Alexander und Philipp verursachen einen Schaden in Höhe von 3.000,00 €. Nur Alexander konnte erwischt werden.**
   Klären Sie, wie Alexander haftet.

2. **Bewerten Sie den Fall aus Aufgabe 1 unter der Voraussetzung, dass alle drei Schüler erwischt worden wären und sich der Geschädigte aber nur an Alexander wenden würde.**

3. **Eine Gruppe von mehreren Personen steht am Straßenrand. Einer aus dieser Gruppe wirft einen Stein auf ein vorbeifahrendes Auto. Es kann nicht ermittelt werden, wer dies getan hat.**
Klären Sie die Haftungsfrage.

Vertragshaftung

1. **Die berühmte Sängerin Maja J. neigt dazu, ihre geplanten Auftritte gelegentlich ausfallen zu lassen. Aus diesem Grund hat der Konzertveranstalter mit Maja J. eine Vertragsstrafe, einen pauschalisierten Schadenersatzanspruch, vereinbart, die fällig wird, wenn sie nicht auftritt.**
Klären Sie die Haftungsfrage.

2. **Eine Hauseigentümerin überträgt ihre Streupflicht auf ein gewerbliches Streuunternehmen. Dieses kommt seiner Streupflicht nicht nach und ein Passant rutscht auf dem schneeglatten Bürgersteig aus, wodurch er sich verletzt.**
Klären Sie die Haftungsfrage.

Verrichtungsgehilfe und Erfüllungsgehilfe

Klären Sie für die Vertiefungs- und Anwendungsaufgaben die Haftungsfrage.

1. **Möbeltischler M schickt seinen Tischlergesellen T zum Kunden K, um dort eine Einbauküche aufzubauen. Hierbei beschädigt T aus Unachtsamkeit den Fliesensockel in der Küche.**

2. **Der Klempnermeister K wird vom Hausbesitzer H beauftragt, bei der Mieterin M die Wasserleitung zu reparieren. Der Meister beauftragt seinen Gesellen G mit der Ausführung dieser Arbeiten. Während der Reparaturarbeiten beschädigt G die Kücheneinrichtung des Mieters M.**

3. **Ein Gebäudereiniger stellt ungelernte Hilfskräfte ein und setzt diese zur Reinigung von Fensterscheiben ein. Bei einer Grundreinigung zerkratzt ein solcher Mitarbeiter die Scheiben eines Kunden (Eigentümer der Wohnung), weil er mit dem Reinigungsgerät nicht richtig umgehen kann.**

4. **Der Geselle eines Malerbetriebes trägt eine Leiter vom Lieferwagen zur Wohnung einer Kundin. Dabei stößt er gegen das Kfz eines Anwohners und beschädigt dieses. Der Anwohner verlangt Schadenersatz.**

5. **Der Geselle des Malerbetriebes aus Aufgabe 4 trägt die Leiter nach dem ersten Missgeschick in die Wohnung der Kundin und stößt dort eine Lampe um, die zerstört wird.**

6. **Ein Gebäudereiniger kann aus Zeitgründen einen Auftrag nicht selbst ausführen. Aus diesem Grund wird ein Subunternehmer beauftragt. Der Geselle des Subunternehmers verursacht beim Auftraggeber einen Schaden, indem er mit der Leiter gegen das Aquarium des Kunden stößt und stark beschädigt.**

Verschuldenshaftung, Gefährdungshaftung, Haftung aus vermutetem Verschulden und Vertragshaftung

Prüfen Sie bei den beiden komplexen Vertiefungs- und Anwendungsaufgaben die Rechtslage und gehen Sie hierbei auf alle haftpflichtrechtlichen Bestimmungen ein.
Informationen zum Lösen dieser Aufgaben finden Sie im Lehrbuch „Alles versichert - Kaufmann/Kauffrau für Versicherungen und Finanzanlagen, 1. Ausbildungsjahr", in Lernfeld 5 Teil A Kapitel 2, 3 und 4.

1. **Die fünfjährige Luna ist mit ihren Eltern auf einem Bauernhof zu Besuch. Sie spielt auf dem Gelände des Bauernhofes und öffnet das Gatter zur Weide, auf der Pferde sowie Kühe stehen. Beim Betreten der Weide lässt Luna das Gatter offen stehen, was dazu führt, dass eine Kuh und zwei Pferde die Weide verlassen, über eine nahegelegene Straße laufen und dort einen Verkehrsunfall mit Blechschaden verursachen. Bei dem Unfall wird eines der Pferde getötet.**

Beachten Sie hierzu auch den Auszug aus dem Bürgerlichen Gesetzbuch:

§

§ 254 BGB
Mitverschulden
(1) Hat bei der Entstehung des Schadens ein Verschulden des Beschädigten mitgewirkt, so hängt die Verpflichtung zum Ersatz sowie der Umfang des zu leistenden Ersatzes von den Umständen, insbesondere davon ab, inwieweit der Schaden vorwiegend von dem einen oder dem anderen Teil verursacht worden ist.

2. **Der 20-jährige Auszubildende Nico Schneider ist mit seinem Pkw auf dem Weg von der Werkstatt, bei der gerade eine neue Bremsanlage in sein Fahrzeug eingebaut wurde, nach Hause.**
Als er durch eine enge Kurve fährt, bemerkt Nico Schneider, dass er nicht richtig bremsen kann und kollidiert deshalb mit Herrn Berger, der ihm entgegen kommt.

5 Haftpflichtversicherungsarten

5.1 Privathaftpflichtversicherung

5.1.1 Mitversicherte Personen

5.1.2 Versicherungsschutz

Manuel Meyer, langjähriger Kunde der Proximus Versicherung AG, hinterlässt auf dem Anrufbeantworter seine Versicherungsagentin eine Nachricht:

„Meine Tochter Sina beginnt nächsten Monat eine Ausbildung und ich frage mich, ob sie nun eine eigene Privathaftpflichtversicherung braucht. Eine Freundin meiner Tochter hat ihr erzählt, dass sie für ihre Ausbildung zur Bankkauffrau auch eine Berufshaftpflichtversicherung benötigen würde. Ich bin aber der Meinung, dass selbst wenn sie auf der Arbeit einen Schaden verursachen würde, zum Beispiel an einer Kundin oder einem Kunden, dieser auch über die Privathaftpflichtversicherung mitversichert wäre. In der Police steht jedenfalls, dass Personenschäden auch mitversichert sind.

Bitte rufen Sie mich diesbezüglich zurück."

Handlungssituation

Informationen zum Lösen der Handlungsaufgaben finden Sie im Lehrbuch „Alles versichert – Kaufmann/Kauffrau für Versicherungen und Finanzanlagen, 1. Ausbildungsjahr", in Lernfeld 5 Teil A Kapitel 5.1.1 und 5.1.2.

Handlungsaufgaben

1. **Nennen Sie die Probleme, vor denen Herr Meyer steht.**

2. **Benennen Sie das Fachwissen, das Sie sich erarbeiten müssen, um Herrn Meyer fachgerecht beraten zu können.**

3. Klären Sie, ob die Tochter von Herrn Meyer eine eigene Privathaftpflichtversicherung benötigt.

4. Erläutern Sie, was eine Berufshaftpflichtversicherung ist und wer diese abschließen kann.

5. Erläutern Sie, ob die Tochter von Herrn Meyer für ihre Ausbildung eine Berufshaftpflichtversicherung abschließen muss.

6. Nennen Sie die Schadenarten, die von einer Privathaftpflichtversicherung abgedeckt werden.

Vertiefungs- und Anwendungsaufgaben

Haftpflichtversicherungsarten

1. Tragen Sie die jeweilige Haftpflichtversicherungsart in der rechten Tabellenspalte neben den genannten Personen ein (eine PHV ist nicht zu nennen).

Lehrer/-in	
Krankenschwester/Krankenpfleger	
selbstständige/-r Versicherungskauffrau/-mann	
Rechtsanwältin/Rechtsanwalt	
Staatsanwältin/Staatsanwalt	
Freiwillige/r Feuerwehrfrau/-mann	

Mitversicherte Personen in der Privathaftpflichtversicherung

1. **Prüfen Sie, ob die genannten Personen in der Privathaftpflichtversicherung mitversichert sind.**

a) **ein 28- jähriger Student, der nach der Schule erst eine Ausbildung zum Bankkaufmann und dann unmittelbar danach ein Studium begonnen hat**

b) **die mit dem Versicherungsnehmer in häuslicher Gemeinschaft lebende Partnerin**

c) **die 19-jährige Tochter der Versicherungsnehmerin, die gerade ihre Ausbildung beendet hat**

d) **ein 20-jähriges Au-Pair-Mädchen**

e) **die pflegebedürftige Mutter des Versicherungsnehmers, die dieser in seinem Haushalt aufnimmt (Pflegegrad 3)**

f) **der Sohn einer Versicherungsnehmerin, der nach seinem Studium das Referendariat zum Lehrer beginnt**

2. **Kreuzen Sie an, ob die jeweilige Person in der Familienversicherung der Privathaftpflichtversicherung mitversichert ist.**

Person	ja	nein
16-jährige Schülerin		
Ex-Ehefrau, wohnt noch beim Versicherungsnehmer		
Pflegekind, vier Jahre alt		
verheiratete 17-jährige Tochter		

Person	ja	nein
30-jähriger Student (Erstausbildung)		
25-jährige Auszubildende in der Erstausbildung		
60-jährige Oma, die mit im Haushalt lebt (nicht pflegebedürftig)		
19-jähriger Berufssoldat		
Reinigungsfachkraft		
Nebenjob als Nachhilfelehrerin		

3. Begründen Sie, warum Sie bei Aufgabe 2 nein angekreuzt haben und diese Personen somit nicht mitversichert sind.

Schadenarten

1. Prüfen Sie, ob es sich bei den Vorfällen um einen Personen-, Sach- oder Vermögensschaden handelt und tragen Sie Ihre Antwort in die rechte Tabellenspalte ein.

Vorfall	Schadenart
Eine Person wird durch eine dritte Person am Arm verletzt.	
Bei dem vorstehenden Vorfall entstehen Arztkosten.	
Da ein Rechtsanwalt zugeparkt wird, kann er zu einem wichtigen Termin nicht erscheinen.	
Jemand zerstört versehentlich das Handy seiner Freundin.	
Bei dem vorstehenden Vorfall kann die Geschädigte über ihr zerstörtes Handy nicht erreicht werden und ihr entgeht damit ein wichtiges Geschäft im Wert von 10.000,00 €.	

5.1.3 Besondere Regelungen für einzelne private Risiken

5.1.4 Allgemeine Ausschlüsse

5.1.5 Forderungsausfalldeckung

5.1.6 Veränderungen des versicherten Risikos

Handlungssituation

Während eines Kundenberatungsgesprächs schildert Max Weber seine Lebenssituation, mit der Frage, ob dies alles mitversichert ist.

„Ich lebe mit meiner Frau und meinen zwei Kindern in einem Einfamilienhaus, zusammen mit unserer Katze. Einmal die Woche kommt eine Reinigungsfachkraft in unser Haus, um meine Frau zu unterstützen. Meine Frau ist Hausfrau, arbeitet aber ehrenamtlich in einem örtlichen Verein. Meine Tochter reitet mit ihrem eigenen Pferd in einem nahegelegenen Reitstall und mein Sohn spielt Fußball in einem Verein. Wir besitzen noch eine Wohnung, die wir vermietet haben, und mieten uns oft in Spanien ein Ferienhaus. Vor Ort tauche ich oft mit einer Sportausrüstung, die ich mir dort leihe, oder fahre Jetski.

Außerdem möchte ich gerne wissen, ob es bestimmte Ausschüsse gibt und ob ich mich melden muss, falls wir noch eine weitere Wohnung kaufen sollten.

Und zu guter Letzt hätte ich gerne gewusst, was mir der ganze Versicherungsschutz bringt, wenn eine andere Person mich schädigt und nicht versichert ist."

Informationen zum Lösen der Handlungsaufgaben finden Sie im Lehrbuch „Alles versichert – Kaufmann/Kauffrau für Versicherungen und Finanzanlagen, 1. Ausbildungsjahr“, in Lernfeld 5 Teil A Kapitel 5.1.3, 5.1.4, 5.1.5 und 5.1.6.

1. Beschreiben Sie kurz, was in der Privathaftpflichtversicherung versichert ist

2. Überlegen Sie mit Ihrem/-r Sitznachbarn/-in zusammen, welche Risiken Herr Weber versichern möchte und notieren Sie diese.

3. Beantworten Sie mithilfe von 6.1-6.12, Abschnitt 1, Teil A, AHB 2021 den Fall aus der Handlungssituation und teilen Sie Herrn Weber mit, ob die Sachen mitversichert sind.

Versicherungsgegenstand	mitversichert?

4. Nennen Sie sechs generelle Ausschlüsse in der Privathaftpflichtversicherung:

5. Erläutern Sie den Unterschied zwischen einer Risikoerhöhung und einer Risikoerweiterung. Nennen Sie jeweils ein Beispiel.

6. Erläutern Sie Herrn Weber, wie er sich verhalten muss, falls er noch eine weitere Wohnung kauft.

7. Klären Sie Herrn Weber darüber auf, was eine Vorsorgeversicherung ist und wann er den Schutz hierüber genießt.

8. **Erläutern Sie den Zweck der Vorsorgeversicherung.**

9. **Beruhigen Sie Herrn Weber bezüglich seiner Angst, ein/-e Schädiger/-in könnte nicht versichert sein.**

10. **Nennen Sie die zusätzliche Haftpflichtversicherung, die Herr Weber brauchen wird.**

Haushalt und Familie

1. **Der Versicherungsnehmer Claus Peters ist verheiratet, hat eine fünfjährige Tochter und einen zwölfjährigen Sohn. Prüfen Sie bei den Fällen, ob die Privathaftpflichtversicherung die genannten Risiken abdeckt.**

a) **Der Versicherungsnehmer beschäftigt in seinem Haushalt eine Haushälterin, die täglich vorbeikommt. Als diese in der Küche kocht, beschädigt sie versehentlich den Herd und verletzt sich dabei selbst.**

b) **Die Tochter des Versicherungsnehmers geht zu einer Tagesmutter. Bei der Tagesmutter zu Hause zerstört das Kind versehentlich deren Aquarium und verletzt sich dabei am zerbrochenen Glas.**

c) **Auf dem Kindergeburtstag der Tochter von Familie Peters sind fünf 5-jährige Kinder zu Gast. Während eines wilden Spiels schubst die Tochter des Versicherungsnehmers ein anderes Kind, sodass dieses verletzt wird. Die Frau des Versicherungsnehmers konnte die Verletzung nicht verhindern.**

d) **Die Haushälterin hat gerade die Fliesen geputzt. Eine Besucherin des Versicherungsnehmers stürzt und bricht sich einen Arm.**

e) **Während eines Umzugs von Freunden hilft eine Versicherungsnehmerin und lässt dabei versehentlich einen Karton Geschirr fallen.**

2. **Erstellen Sie selbst einen Fall zum Thema Haushalt und Familie, den ihr/-e Tischnachbar/-in prüfen soll.**

3. **Eine Tagesmutter betreut drei Kinder, im Alter zwischen ein und zwei Jahren. Prüfen Sie, ob die Kinder in den Fällen über die Privathaftpflichtversicherung der Tagesmutter mitversichert sind.**

a) **Die Tagesmutter geht mit den Kindern auf einen Spielplatz. Während die Kinder spielen, liest die Tagesmutter ein Buch und bemerkt nicht, dass eines der Kinder auf die Straße läuft. Es kommt zu einem Verkehrsunfall mit Sachschaden. Das Kind bleibt unverletzt.**

b) **Während des Spielens mit einem Ball wird die Tagesmutter von einem der Kinder an der Nase getroffen und verletzt.**

Nebenberufliche Tätigkeit

1. **Ein Versicherungsnehmer arbeitet nebenbei als Nachhilfelehrer und verdient sich damit etwas hinzu.**

2. **Eine Versicherungsnehmerin ist im Vorstand des örtlichen Fußballvereins.**

3. **Die Frau des Versicherungsnehmers ist im Betriebsrat tätig.**

Haus- und Grundbesitz

1. **Prüfen Sie ob die genannten Immobilien in der Privathaftpflichtversicherung mitversichert sind.**

a) **ein Einfamilienhaus, das ein Versicherungsnehmer selbst bewohnt**

b) **Das Einfamilienhaus aus Aufgabe a) hat zwei Garagen. Eine davon nutzt der Versicherungsnehmer, die andere hat er vermietet.**

c) **ein Zweifamilienhaus, das eine Versicherungsnehmerin zur Hälfte bewohnt, die zweite Hälfte ist vermietet**

d) ein Einfamilienhaus, das ein Versicherungsnehmer vermietet hat

e) Eine Versicherungsnehmerin lässt einen Wintergarten an ihr Haus anbauen.

f) Ein Versicherungsnehmer hat sein Einfamilienhaus vor sechs Monaten verkauft. Nun stellt sich heraus, dass ein Schaden im Zusammenhang mit dem Einfamilienhaus noch den Versicherungsnehmer betrifft.

g) Eine Photovoltaikanlage auf dem Dach des Hauses eines Versicherungsnehmers löst sich und beschädigt einen darunter stehenden Pkw einer dritten Person.

Schäden an fremdem überlassenen Eigentum und Schlüsselverlust

1. Ein Versicherungsnehmer ist Mieter einer Wohnung in einem Mehrfamilienhaus und fragt sich, welche Schäden in seiner Privathaftpflichtversicherung mitversichert sind.

a) Versehentlich beschädigt er die Glasduschwand seiner Dusche.

b) Er lässt fahrlässig einen schweren Gegenstand in sein Waschbecken fallen, das dabei beschädigt wird.

c) Als der Versicherungsnehmer aus der Mietwohnung ausziehen möchte, bemängelt die Vermieterin Schimmel an den Wänden und verlangt Schadenersatz.

d) **Der Versicherungsnehmer verliert seinen Schlüsselbund mit seinen dienstlichen und privaten Schlüsseln, sowie einen Tresorschlüssel.**

e) **Nach dem Verlust seines Schlüsselbundes aus Aufgabe d) lässt der Versicherungsnehmer zur Sicherheit das Schloss an seiner Wohnungstür austauschen.**

f) **In dem Hotelzimmer seines Urlaubsortes beschädigt der Versicherungsnehmer versehentlich den Teppich.**

Sportausübung, Waffen und Tiere

1. **Der Versicherungsnehmer Rudi Emsig und seine Familie möchten gerne wissen, ob folgende Aktivitäten mitversichert sind.**

a) **Rudi Emsig fährt an seinen Wochenenden Rennrad und möchte gerne wissen, ob damit zusammenhängende Schäden während seiner privaten Touren mitversichert sind.**

b) **Außerdem möchte Herr Emsig wissen, ob die Teilnahme an einem Fahrradrennen ebenfalls mitversichert ist.**

c) **Die Tochter von Herrn Emsig hat eine Reitbeteiligung an einem Pferd. Zweimal wöchentlich reitet sie dieses.**

d) Die Frau von Herrn Emsig ist hobbymäßige Jägerin und besitzt daher eigene Waffen.

e) Familie Emsig passt mehrfach im Jahr auf den Hund und die Katze eines Nachbarn auf.

f) Prüfen Sie ob die Tiere in der Privathaftpflichtversicherung mitversichert sind. Kreuzen Sie jeweils Ja oder Nein an.

Tierart	ja	nein
Papagei		
Vogelspinne		
Hausschwein		
Perserkatze		
Mops		
Hühner für den Eigenbedarf		

Gebrauch von Kraft-, Luft-, Wasser- und anderen Fahrzeugen

1. Beurteilen Sie, ob die aufgeführten Schäden in der Privathaftpflichtversicherung mitversichert sind.

a) Eine Versicherungsnehmerin stößt versehentlich mit einem Einkaufskorb beim Beladen ihres Pkw gegen das Nachbarfahrzeug und beschädigt dieses.

b) Ein Versicherungsnehmer verletzt versehentlich mit einem Mähroboter die Nachbarskatze

c) **Eine Versicherungsnehmerin lässt mit ihrer Tochter einen Drachen steigen. Dieser stürzt ab und verletzt einen Passanten.**

d) **Im Urlaub leiht sich ein Versicherungsnehmer ein Schlauchboot aus und verletzt versehentlich eine Schwimmerin mit dem Paddel.**

e) **Eine Versicherungsnehmerin kauft sich ein eigenes Kanu und verletzt damit versehentlich einen Schwimmer, den sie übersieht.**

f) **Ein Versicherungsnehmer lässt mit seinem Sohn ein Modellflugzeug fliegen. Es stürzt ab und beschädigt ein abgestelltes Fahrrad.**

Allgemeine Ausschlüsse

Prüfen Sie, ob die folgenden Fälle über die Privathaftpflichtversicherung abgedeckt sind.

1. **Ein Versicherungsnehmer rempelt absichtlich einen auf einem Gehweg fahrenden Radfahrer an, der bei dem unglücklichen Sturz schwere Verletzungen erleidet und an diesen stirbt.**

2. **Malermeisterin Grün besucht ihren Sohn, der zum Studium in Köln wohnt, und verursacht in der Wohnung des Sohnes einen Schaden am Wohnzimmertisch. Für diesen Schaden in Höhe von 500,00 € bittet sie um entsprechende Überweisung auf das Konto ihres Sohnes.**

3. **Ein Versicherungsnehmer macht Ansprüche gegen die in seiner Privathaftpflichtversicherung mitversicherte Haushaltshilfe geltend, die bei Arbeiten in der Küche die Küchenmaschine fallen gelassen und beschädigt hat.**

4. **Die Geschäftsführerin einer GmbH macht Schadenersatzansprüche gegen ihre GmbH geltend.**

5. **Ein Versicherungsnehmer hat sich das Fahrrad seines Nachbarn „geliehen", ohne dass dieser etwas davon wusste. Auf seinem Ausflug beschädigt der Versicherungsnehmer das Fahrrad.**

6. **Beim Spaziergang steckt der Hund eines Versicherungsnehmers einen anderen Hund und dessen Besitzerin mit Tollwut an.**

a) **Der Versicherungsnehmer wusste nicht, dass sein Hund Tollwut hat.**

b) **Der Versicherungsnehmer wusste, dass sein Hund Tollwut hat.**

7. **In einem Video, das zwei Schüler gedreht und auf Facebook eingestellt hatten, wurde eine gleichaltrige farbige Mitschülerin und deren aus Afrika stammende Familie rassistisch aufs Übelste beschimpft.**

8. **Beim Ausheben einer Baugrube entstehen durch einen Erdrutsch Schäden am Haus eines Versicherungsnehmers.**

9. **In einem Mehrparteienhaus wohnen die Versicherungsnehmerin im Erdgeschoss und ihr erwachsener Sohn in der 1. Etage in seiner eigenen Wohnung. Als die Versicherungsnehmerin bei ihrem Sohn zu Besuch ist, wirft sie dort versehentlich eine Vase um.**

10. **Der befreundete Kfz-Mechaniker eines Versicherungsnehmers wechselt bei diesem an einem Wochenende unentgeltlich die Bremsen aus und beschädigt dabei versehentlich das Fahrzeug.**

Risikoveränderung und Vorsorgeversicherung

1. **Prüfen Sie, ob es sich bei den Vorgängen jeweils um eine Risikoerweiterung oder eine Risikoerhöhung handelt und tragen Sie die Lösung in der rechten Tabellenspalte ein.**

Änderung der beruflichen Tätigkeit vom Bankkaufmann zum Arzt	
Verkauf eines Ponys und Kauf eines Großpferdes	
Vergrößerung des Öltanks im Keller von 1 000 auf 2 000 Liter	
Kauf eines zweiten Hundes	
Einstellung von zusätzlichen Mitarbeitern/-innen in einem Unternehmen	

2. **Der Versicherungsnehmer Justus Klein hat eine Privathaftpflichtversicherung und eine Tierhalterhaftpflichtversicherung für seinen Hund Hasso. Am 02.02.20.. kauft sich Herr Klein einen zweiten Hund. Außerdem vermietet er sein bisher selbst genutztes Einfamilienhaus ab dem 01.06.20..**
Am 15.10.20.. erhält Herr Klein von der Proximus Versicherung AG die Beitragsrechnung seiner Haftpflichtversicherungen zusammen mit der Aufforderung zur Angabe von Änderungen des versicherten Risikos.

a) **Geben Sie an, ab wann und unter welchen Bedingungen Versicherungsschutz für den zweiten Hund sowie das vermietete Einfamilienhaus besteht.**

b) **Geben Sie an, ab wann eine Prämie für die beiden genannten Risiken zu entrichten ist.**

c) **Erklären Sie, was bei einer unterlassenen bzw. verspäteten Anzeige mit dem Versicherungsschutz passiert.**

d) **Geben Sie an, welche Konsequenzen der Versicherungsnehmer bei einer unterlassenen oder verspäteten Anzeige zu tragen hätte. Unterscheiden Sie dabei zwischen einem unterlassenen/verspäteten und einem bewussten Verschweigen.**

3. Daniela Meier hat eine Privathaftpflichtversicherung als Single-Versicherung, Versicherungsperiode: 01.01. bis 01.01.

a) Am 15.04. Teilt Frau Meier ihrem Versicherer telefonisch mit, dass sie am 01.04. Mutter geworden ist und dass sie sich am 01.03. einen Hund gekauft hat.
Teilen Sie Frau Meier mit, ob sie bereits durch die Vorsorgeversicherung Versicherungsschutz für beide Risiken gehabt hat und wie sie ihren Vertrag ändern muss.

b) Erläutern Sie, wie der Fall zu bewerten wäre, wenn Frau Meier den Hund dem Versicherer erst am 01.04. des Folgejahres anzeigt.

c) Bewerten Sie die Situation aus Aufgabe b), wenn die Versicherungsnehmerin den Hund am 01.04. beim Versicherer anzeigt und gleichzeitig einen Schaden meldet.

Forderungsausfalldeckung

1. **Nennen Sie die Voraussetzungen, die erfüllt sein müssen, damit die Forderungsausfalldeckung greift.**

2. **Ein Versicherungsnehmer wird als Fußgänger in der Innenstadt von Köln (Fußgängerzone) von einem Fahrradfahrer angefahren und verletzt. Der Personenschaden beträgt 5.700,00 € und der Vermögensschaden 2.000,00 €. Ein rechtskräftiges Schuldanerkenntnis des Schädigers liegt zwar vor, eine Zwangsvollstreckung aus diesem Titel ist aber erfolglos geblieben, da der arbeitslose Schädiger mittellos ist. Der Schädiger hat dazu auch eine eidesstattliche Versicherung vor Gericht abgegeben. Prüfen Sie, ob die Voraussetzung zur Deckung über die Forderungsausfalldeckung zutreffen.**

5.2 Hundehalterhaftpflichtversicherung

5.3 Pferdehalterhaftpflichtversicherung

5.4 Haus- und Grundbesitzerhaftpflichtversicherung

5.5 Bauherrenhaftpflichtversicherung

5.6 Gewässerschadenhaftpflichtversicherung

6 Tarifierung der Haftpflichtversicherung

7 Vom Schadenereignis zum Versicherungsfall

8 Gemeinsame Bestimmungen aller Haftpflichtversicherungsarten

Handlungssituation

Leo Wagner, Versicherungsagent der Proximus Versicherung AG, führt mit seiner Kundin Linda Weiß ein Kundenberatungsgespräch im Bereich Haftpflichtversicherung.

Frau Weiß schildert Leo Wagner ihre derzeitige Situation und hat auch einige konkrete Fragen zum Thema:

„Wir wohnen in unserem eigenen Einfamilienhaus und haben auch noch eine vermietete Eigentumswohnung. Weiterhin haben wir noch einen Familienhund und ein eigenes Reitpferd. Ich weiß nicht, ob das für die Haftpflichtversicherung wichtig ist, aber im Keller unseres Einfamilienhauses steht ein Öltank mit 3000 Liter Fassungsvermögen, mit dem unsere Heizung versorgt wird.

Mir ist es wichtig, dass all diese Risiken versichert werden. Ich möchte gerne einen Dreijahresvertrag abschließen und jährlich bezahlen, da ich neulich in einem Zeitungsartikel gelesen habe, dass es in solchen Fällen Preisnachlässe gibt.

Im gleichen Zeitungsartikel stand auch, dass man beim Abschluss von Haftpflichtversicherungen auf die Deckungssummen achten soll, deshalb möchte ich wissen, bis zu welcher Höhe Sachschäden versichert sind und was eine Entschädigung zum Zeitwert genau bedeutet.

Mich interessiert natürlich auch, ab wann wir denn Versicherungsschutz haben und wann die erste Versicherungsprämie fällig ist."

Informationen zum Lösen der Handlungsaufgaben finden Sie im Lehrbuch „Alles versichert – Kaufmann/Kauffrau für Versicherungen und Finanzanlagen, 1. Ausbildungsjahr", in Lernfeld 5 Teil A Kapitel 5.2, 5.3, 5.4, 5.5, 5.6, 6, 7 und 8.

Handlungsaufgaben

1. **Nennen Sie die Bereiche, in denen Sie ihr Fachwissen ergänzen müssen, um die Fragen von Frau Weiß beantworten zu können.**

2. **Erklären Sie Frau Weiß, warum sie eine Haus- und Grundbesitzerhaftpflichtversicherung abschließen sollte.**

3. **Berechnen Sie die Prämie für den Vertrag von Frau Weiß inklusive der Privathaftpflichtversicherung. Nehmen Sie hierzu immer Alternative B und versichern Sie die Familie, das Pferd, den Hund, die vermietete Wohnung und den Öltank. Gehen Sie von einer jährlichen Zahlweise aus.**

4. **Gehen Sie kurz darauf ein, warum sich die Prämie im Laufe der Vertragsdauer verändern kann, auch wenn die Risiken von Frau Weiß unverändert bleiben und welche Möglichkeiten Frau Weiß in solchen Fällen hat.**

5. **Erläutern Sie Frau Weiß, wann ihr Vertrag und der Versicherungsschutz beginnen, wenn Sie diesen zum 01.05. abschließt und die Police am 28.04. erhält. Gehen Sie dabei auf die verschiedenen Versicherungsbeginne ein.**
Hinweis: Achten Sie auf die Tatsache, dass der formelle Beginn vor dem technischen Beginn ist.

6. Definieren Sie die Werte.

a) **Zeitwert**

b) **Wiederbeschaffungswert**

c) **Restwert**

d) **Neuwert**

7. Geben Sie an, welcher Entschädigungswert bei Haftpflichtversicherungen generell gilt und unter welchen Umständen eine Neuwertentschädigung möglich ist.

8. Ein Gegenstand wurde von einer Versicherungsnehmerin beschädigt. Vor dem Schaden war der Gegenstand noch 500,00 € wert und nach dem Schaden beträgt der Restwert 100,00 €. Berechnen Sie die Entschädigungsleistung und erläutern Sie die Regulierung.

Haftpflichtversicherungen

1. Prüfen Sie, ob der Abschluss einer Hundehalterhaftpflichtversicherung in den Fällen möglich oder nötig ist.

a) **Kauf eines Chihuahuas**

b) **Kauf eines Pitbull Terriers**

c) **Betreuung und Ausbildung eines Polizeihundes**

d) **Kauf eines Wachhundes für einen Bauernhof**

2. **Mara Diebel hat sich ein Pferd gekauft und möchte nun wissen, zu welchem Zweck sie eine Pferdehalterhaftpflichtversicherung abschließen sollte. Sie hat das Pferd in einem Reitstall untergebracht, in dem sie auch an Springturnieren teilnehmen wird. Beraten Sie Frau Diebel.**

3. **Der Versicherungsnehmer Markus Meier möchte sein Einfamilienhaus vergrößern und anbauen. Der Anbau wird von einer Firma durchgeführt und ca. 240.000,00 € kosten. Den Innenausbau möchte Herr Meier gerne selbst durchführen. Er fragt sich, ob dieses Bauvorhaben noch über seine Privathaftpflichtversicherung abgedeckt ist. Beraten Sie Herrn Meier.**

4. **Erläutern Sie, wann der Abschluss einer Haus- und Grundbesitzerhaftpflichtversicherung notwendig ist und wann ein Einschluss in die Privathaftpflichtversicherung ausreicht.**

5. Ein Versicherungsnehmer hat in dem Keller seines Einfamilienhauses einen 3000 l großen Öltank stehen. Eine Firma wartet diesen Tank regelmäßig, daher erschließt sich für den Kunden nicht der Sinn einer Gewässerschadenhaftpflichtversicherung. Nennen Sie drei Argumente, die für den Abschluss einer solchen Versicherung sprechen.

Versicherungsbeginn

1. Herr Grün hat am 27.07. einen Antrag auf Abschluss einer Haftpflichtversicherung mit Wirkung vom 01.08. gestellt, den der Versicherer durch Übersendung des Versicherungsscheins am 08.08. annimmt. Die Jahresprämie zahlt der Versicherungsnehmer am 10.08.

a) Geben Sie an, ab wann Versicherungsschutz besteht. Nennen Sie die drei Versicherungsbeginne zur Begründung Ihrer Aussage.

b) Bewerten Sie den Fall, wenn Herr Grün die Zahlung erst am 30.08. vornimmt.

Prämienberechnung

1. **Familie Walther möchte eine Privathaftpflichtversicherung ohne Selbstbeteiligung abschließen. Die Familie besitzt einen Dackel, wohnt in einem Einfamilienhaus mit einer Garage und besitzt einen Öltank, der sich im Keller befindet und 6 000 Liter Fassungsvermögen hat. Berechnen Sie die halbjährliche Prämie für die Alternative B und einen Dreijahresvertrag.**

2. **Die alleinstehende Jasmin Wagner möchte eine Privathaftpflichtversicherung ohne Selbstbeteiligung abschließen. Sie besitzt ein Pferd, das ebenfalls versichert werden soll. Berechnen Sie die Jahresprämie für die Alternative B und einen Dreijahresvertrag.**

3. **Herr Nico Schuster besitzt ein selbst bewohntes Einfamilienhaus und ein Ferienhaus in Bayern, das er mit seiner Familie mehrmals im Jahr bewohnt und ansonsten nicht vermietet.**
Er möchte für sich und seine Familie sowie für die beiden Häuser eine Haftpflichtversicherung. Berechnen Sie die vierteljährliche Prämie für die Alternative B und einen Einjahresvertrag.

4. **Frau Daniela Schmidt besitzt ein selbst bewohntes Einfamilienhaus mit zwei Garagen, wobei eine davon an einen Nachbarn vermietet ist. Des Weiteren hat sie zwei Wohnungen im Inland, die sie vermietet hat. Frau Schmidt möchte ausschließlich für die Wohneinheiten eine Haftpflichtversicherung abschließen, nicht für sich selbst. Berechnen Sie die Jahresprämie für Alternative B und einen Dreijahresvertrag.**

5. **Der Versicherungsnehmer Michael Meier möchte einen Wintergarten an sein Einfamilienhaus anbauen und hierfür eine Bauherrenhaftpflichtversicherung abschließen. Das Bauvorhaben wird ca. 30.000,00 € kosten und soll in drei Monaten beendet sein.**
Berechnen Sie die Prämie für die Bauherrenhaftpflichtversicherung und berücksichtigen sie hierbei eine Laufzeit von bis zu drei Monaten. Der Kunde wählt Alternative B und möchte eine einmalige Prämie zahlen.

Prämienangleichung

1. **Geben Sie an, unter welchen Voraussetzungen die Prämien in der Haftpflichtversicherung angepasst werden.**

2. **Geben Sie den Prozentsatz an, um den sich die Prämien erhöhen, wenn sich die durchschnittlichen Schadenzahlungen um den genannten Wert erhöht haben.**

a) 3,3 %

b) 13,3 %

3. **Geben Sie an, wie ein/-e Versicherungsnehmer/-in auf eine Prämienerhöhung reagieren kann, wenn er/sie mit der Erhöhung nicht einverstanden ist.**

Versicherungsfall

1. **Prüfen Sie, ob es sich bei den Fällen um die Schadenereignistheorie, die Verstoßtheorie oder die Manifestationstheorie handelt und begründen Sie Ihre Entscheidung.**

a) **Carl Mertens kauft am 10.02. bei einem Elektrofachhandel eine Deckenlampe. Am selben Tag montiert der Inhaber des Fachhandels die Lampe in der Wohnung von Herrn Mertens. Da er fahrlässigerweise zu schwache Deckendübel verwendet hat, löst sich die Lampe am 20.08. von der Decke und fällt auf einen wertvollen Esstisch, der dadurch stark beschädigt wird. Bis zum 31.03. hatte der Fachhändler bei der Venus Versicherung AG eine Betriebshaftpflichtversicherung. Seit dem 01.04. ist er bei der Jupiter Versicherung AG versichert. Prüfen Sie, welcher Versicherer zahlen muss.**

b) **Aus einem im Erdreich eingegrabenen Heizöltank sickern seit Jahren geringe Mengen Heizöl und schädigen das Grundwasser. Erst bei Bauarbeiten auf dem Nachbargrundstück wird die Kontaminierung entdeckt.**

c) **Der Architekt Klaus Klein erstellt im Januar 2017 falsche Statiken für ein Gebäude. Einige Monate später wird das Gebäude auf der Grundlage dieser falschen Berechnungen gebaut. Im September 2022 stürzt das Gebäude plötzlich ein. Bis zum 31. Juli 2022 bestand Versicherungsschutz bei der Südstern Versicherung AG. Seit August 2022 ist Klaus Klein bei der Proximus Versicherung AG versichert. Prüfen Sie, welcher Versicherer zahlen muss.**

2. **Prüfen Sie, ob in den beschriebenen Fällen die Versicherung jeweils leisten muss.**

a) **Die Oma aus Hamburg kommt zu Besuch, rutscht auf einem Teppichläufer in der Wohnung des Versicherungsnehmers aus und bricht sich ein Bein.**

b) **Während eines Urlaubs in Italien beschädigt eine Versicherungsnehmerin versehentlich das Fenster des Hotelzimmers.**

c) Nach dem Auszug aus der Mietwohnung macht eine Vermieterin den Versicherungsnehmer für einen beschädigten Laminatboden verantwortlich. Offensichtlich hatte diesen der Hund des Versicherungsnehmers während der Mietzeit zerkratzt.

d) Ein Versicherungsnehmer renoviert sein Gebäude und leiht sich dafür in einem Baumarkt eine Fliesenschneidemaschine aus. Diese lässt er versehentlich herunterfallen, wodurch die Maschine beschädigt wird.

e) Die verheiratete 18-jährige Tochter des Versicherungsnehmers ist bei diesem zu Besuch und beschädigt dort versehentlich den Fernseher.

f) Im Spanienurlaub leiht sich eine Versicherungsnehmerin einen Jetski aus und verletzt damit versehentlich einen Schwimmer.

g) Bei einem Fußballspiel eines Vereins wird ein Zuschauer von dem Fußball getroffen. Prüfen Sie, ob die Privathaftpflichtversicherung des Sportlers leistet.

h) Bernd Schuster fährt mit seinem Pkw zu einem Wochenendtrip. Sein Freund Sven Beierle kümmert sich als Beifahrer nach der Ankunft auf dem Hotelparkplatz um das Gepäck. Beim Ausladen der Koffer beschädigt dieser versehentlich einen daneben geparkten Pkw.

i) Beim Boxtraining verletzt eine Versicherungsnehmerin ihre Gegnerin.

j) Die Reinigungsfachkraft eines Versicherungsnehmers hatte diesen bereits mehrfach gebeten, die schadhafte Treppe im Flur zu reparieren. Nach einem erfolglosem Reparaturversuch durch den Versicherungsnehmer bricht eine Stufe der Treppe und die Reinigungsfachkraft stürzt. Dabei erleidet sie eine Gehirnerschütterung und ihre Hose wird zerrissen. Der Sachschaden beträgt 100,00 € und der Personenschaden 800,00 €.

k) **Eine Versicherungsnehmerin hat ihren Schlüsselbund verloren. Noch bevor sie die Schlösser austauschen lassen kann, wird der Haustürschlüssel dazu benutzt, um in die Wohnung einzubrechen. Es werden Wertsachen im Wert von 2.000,00 € gestohlen.**

l) **Da ein Versicherungsnehmer in seiner Wohnung regelmäßig seine Wäsche auf einem Wäscheständer hat trocknen lassen, kommt es zu einem Schimmelschaden.**

m) **Der Chef einer Firma geht trotz einer Corona-Erkrankung in den Betrieb, da so viel zu tun ist. Eine Kundin beruhigte er mit den Worten, dass er nur leicht erkältet sei. Drei Tage später muss die Kundin mit hohem Fieber ins Krankenhaus, da sie sich angesteckt hat. Die Kundin möchte die Krankenhauskosten vom Betriebsinhaber ersetzt haben.**

n) **Eine Versicherungsnehmerin hat sich von einem Bekannten einen Fotoapparat ausgeliehen, den sie zu einem Ausflug mitnimmt. Als sie nach Hause kommt, muss sie feststellen, dass sie den Fotoapparat unterwegs verloren hat.**

o) **Ein Versicherungsnehmer befindet sich auf einer Dienstreise in London. In seinem Hotelzimmer angekommen, stürzt er versehentlich und wirft dabei eine teure Vase um.**

p) **Ein Besucher einer Versicherungsnehmerin fällt auf deren Gehweg vor der Haustür, da die Platten uneben sind.**

q) **Bewerten Sie den Fall aus Aufgabe p), wenn der Versicherer die Versicherungsnehmerin bereits vor drei Monaten aufgefordert hatte, die unebenen Platten begradigen zu lassen, da es bereits zwei Schäden gegeben hatte.**

Veränderungen während der Laufzeit

1. Prüfen Sie, ob die Kündigungen in den Fällen rechtswirksam sind.

a) **Der Erwerber eines Reitpferdes kündigt die bestehende Pferdehalterhaftpflichtversicherung innerhalb eines Monats nach Kauf des Pferdes mit Monatsfrist.**

b) **Der Veräußerer eines Betriebes kündigt die Betriebshaftpflichtversicherung wegen Wagniswegfall.**

c) **Die Erwerberin einer Gaststätte kündigt ihre Betriebshaftpflichtversicherung innerhalb eines Monats nach Kenntnis zum Ende der Versicherungsperiode.**

d) **Der Versicherer kündigt dem Erwerber einer Gaststätte die Betriebshaftpflichtversicherung innerhalb eines Monats mit sofortiger Wirkung.**

Gemischte Fälle aus der Haftpflichtversicherung

1. Bei der Proximus Versicherung AG geht eine E-Mail ein (Auszug).

Sehr geehrte Damen und Herren,

leider muss ich Ihnen mitteilen, dass Ihre langjährige Kundin, meine Großtante Rita Müller letzten Monat im Alter von 102 Jahren friedlich eingeschlafen ist.

Ich bin Alleinerbin und kümmere mich nun um den Nachlass. Bei der Haushaltsauflösung sind mir mehrere Versicherungspolicen Ihres Versicherungsunternehmens in die Hände gefallen:

- eine Hundehaftpflichtversicherung für den Dackel Bodo
- eine Privathaftpflichtversicherung (Single-Versicherung)

Jetzt würde ich gerne von Ihnen wissen, was nun mit den Verträgen meiner Tante geschieht. Der Dackel Bodo wird bei mir leben.

Mit freundlichen Grüßen

Monika Sommer

Ergänzen Sie die Übersicht.

	Fortbestehendes vom Tod unabhängiges Risiko	Speziell auf die Person der Versicherungsnehmerin bezogenes Risiko (personengebundene Versicherung)
Versicherungszweig		
Was passiert mit dem Risiko?		
Was passiert mit dem Vertrag?		
Was passiert mit der Prämie?		

2. Die Witwe des Versicherungsnehmers Oliver Schwarz meldet sich nach dessen Tod bei der Proximus Versicherung AG und fragt, ob sie weiterhin in der Privathaftpflichtversicherung versichert ist. Beraten Sie Frau Schwarz.

3. **Die Kinder eines Versicherungsnehmers bringen einen streuenden Hund mit nach Hause, den die Familie behält. Drei Monate später beißt dieser Hund das Nachbarskind. Der Versicherungsnehmer hatte den Hund bisher noch nicht bei seiner Versicherung gemeldet.**
Die Versicherungsperiode läuft vom 01.01. bis 01.01. Der Hund lebt seit 01.03. bei der Familie.
Klären Sie, ob der Hund versichert ist.

4. **Ein Versicherungsnehmer hat eine Betriebshaftpflichtversicherung. Weil sein Geschäft floriert, stellt er nach und nach neue Mitarbeiter/-innen ein, ohne dies dem Versicherer mitzuteilen. Prüfen Sie ist die Rechtslage.**

5. **Eine Versicherungsnehmerin gibt an, dass sie versehentlich das Handy ihres Freundes zerstört hat. Bei der Prüfung durch einen Gutachter wird festgestellt, dass die Versicherungsnehmerin den Versicherer angelogen hat. Prüfen Sie den Fall.**

9 Kundenberatungsgespräche in der Haftpflichtversicherung

Handlungssituation

Herr Krause, Leiter einer Agentur der Proximus Versicherung AG, legt der Auszubildenden Leni Stern einen Ausdruck der E-Mail vor (Auszug).

> Hallo Herr Krause,
>
> bei mir haben sich in den letzten Wochen einige Änderungen ergeben, über die ich mich gerne mit Ihnen oder mit einem Ihrer Mitarbeiter unterhalten möchte. Ich bin inzwischen mit meiner Freundin in ein eigenes Einfamilienhaus eingezogen. Da wir nun auch einen Garten haben, haben wir kürzlich einen Hund angeschafft.
> Ich möchte, dass meine Freundin schnellstmöglich in meine bestehende Privathaftpflichtversicherung eingeschlossen wird. Da unser Hund ein recht kleiner Chihuahua ist, überlege ich derzeit noch, ob hier eine Versicherung überhaupt sinnvoll ist. Was soll schon so ein kleiner Kerl großartig anstellen?
>
> Bitte rufen Sie mich zwecks Terminvereinbarung an.
>
> Mit freundlichen Grüßen
>
> Michael Schweizer

Herr Krause: *„Frau Stern, ich habe Ihnen hier eine E-Mail eines langjährigen Kunden ausgedruckt. Wir gehen gemeinsam zum Kunden, aber Sie führen das Gespräch.*

Ich werde mich nur einschalten, wenn ich merke, dass Sie nicht mehr weiter wissen. Schauen Sie sich die Vertragsdaten und die E-Mail an und überlegen Sie sich, wie Sie vorgehen wollen. Denken Sie auch darüber nach, was wir dem Kunden zusätzlich zu seinen konkreten Wünschen noch anbieten können. Wenn Sie alles vorbereitet haben, gehen wir Ihr Konzept gemeinsam durch.“

Informationen zum Lösen der Handlungsaufgaben finden Sie im Lehrbuch „Alles versichert – Kaufmann/Kauffrau für Versicherungen und Finanzanlagen, 1. Ausbildungsjahr“, in Lernfeld 5 Teil A alle Kapitel, besonders Kapitel 9.

Handlungsaufgaben

1. Geben Sie an, welche Materialien Sie für den in der Handlungssituation beschriebenen Fall benötigen und welche weiteren organisatorischen Vorbereitungen Sie für den Kundenbesuch treffen müssen, um die Beratung erfolgreich durchführen zu können.

2. **Stellen Sie eine Liste der risikorelevanten Daten zusammen, die Sie zusammen mit dem Kunden für die gewünschte Haftpflichtversicherung prüfen und gegebenenfalls erfassen müssen.**

3. **Prüfen Sie, ob sich aufgrund der schon vorhandenen Informationen ein spezieller Beratungsbedarf zum erforderlichen Umfang des Versicherungsschutzes abzeichnet und bereiten Sie auch diesen vor.**

4. **Überlegen Sie sich, welche weiteren Vertragssparten Sie bei dem Kundenberatungsgespräch ebenfalls ansprechen könnten.**

5. **Bereiten Sie sich auf das Kundenberatungsgespräch vor, indem Sie dieses mit Ihrem/-r Tischnachbarn/-in üben. Wechseln Sie sich danach ab. Der Rest der Klasse sollte die Gespräche beobachten und anschließend sollten alle Gespräche in der Klasse diskutiert und beurteilt werden.**

Teil B: Kunden zu Rechtsschutzversicherungen beraten

1 Gründe für den Abschluss einer Rechtsschutzversicherung

2 Gegenstand der Rechtsschutzversicherung

Handlungssituation

Leo Wagner, Angestellter einer Agentur der Proximus Versicherung AG, erhält einen Telefonanruf seines Versicherungskunden Herbert Panus. Dieser schildert ihm, dass sein Nachbar vor kurzem einen Autounfall in den Niederlanden hatte und nun vom Unfallgegner verklagt wird. Herbert Panus möchte dies zum Anlass nehmen, um einen Beratungstermin wegen einer Rechtsschutzversicherung zu vereinbaren.

Aus der Vertragsakte ergeben sich die Daten der Familie Panus (Auszüge):

Versicherungsnehmer	**Herbert Panus**
Wohngebäudeversicherung Nr.	WG 178-125-975-2
Hausratversicherung Nr.	HR 115-647-876-8
Familienhaftpflichtversicherung Nr.	PH 320-500-789-1
Kfz-Versicherung Nr.	KF 820-715-700-9
Unfallversicherung Nr.	UV 540-875-412-5

Kfz-Versicherung Nr.	**KF 820-715-700-9**
Versicherte Fahrzeuge	Pkw, BMW 118, 136 PS Motorrad, 125 ccm Yamaha Roller, Tauris Capri 125
Zulassung	Herbert Panus
Fahrerkreis	Pkw: alle

Unfallversicherung Nr.	**UV 540-875-412-5**
Versicherte Personen	- Herbert Panus, Bankkaufmann bei der örtlichen Sparkasse - Ehefrau Sabine Panus, Angestellte in einem Reisebüro - Tochter Madeleine Panus, 17 Jahre, Abiturientin - Tochter Marie Panus, 19 Jahre, Lehre zur Bankkauffrau - Sohn Vincent Panus, 23 Jahre, Jurastudium
Tarif	Familien

Informationen zum Lösen der Handlungsaufgaben finden Sie im Lehrbuch „Alles versichert – Kaufmann/Kauffrau für Versicherungen und Finanzanlagen, 1. Ausbildungsjahr“, in Lernfeld 5 Teil B alle Kapitel, besonders Kapitel 1 und 2.

Handlungsaufgaben

1. **Entnehmen Sie aus der Vertragsakte alle relevanten Daten, die Sie benötigen, um Herrn Panus ordnungsgemäß zu beraten.**

2. Erläutern Sie Herrn Panus die Bedeutung einer Rechtsschutzversicherung.

3. Informieren Sie Herrn Panus über ...

a) den Geltungsbereich einer Rechtsschutzversicherung.

b) die Wartezeiten in einer Rechtsschutzversicherung.

4. Informieren Sie sich mithilfe des Bedingungswerkes der Proximus Versicherung AG, welche Bausteine der Rechtsschutzversicherung für Herrn Panus in Betracht kommen würden.

5. **Begründen Sie Herrn Panus die gewählten Bausteine der Rechtsschutzversicherung hinsichtlich seiner Lebensumstände.**

Vertiefungs- und Anwendungsaufgaben

1. **Welchen Rechtsschutzversicherungstarif würden Sie in den jeweiligen Situationen empfehlen. Kreuzen Sie Ihre Antwort an.**

Situation	Verkehrs-rechtsschutz	Fahrer-rechtsschutz
Die 18-jährige Mirella hat von ihren Eltern zur bestandenen Führerscheinprüfung ein Auto geschenkt bekommen, das auf sie zugelassen wird.		
David Hummel ist Angestellter in einer Werbeagentur. Für seine zahlreichen Geschäftsreisen benutzt er den Dienstwagen, den ihm sein Arbeitgeber zur privaten und geschäftlichen Nutzung überlassen hat.		

2. **Der 37-jährige Martin Tracht besitzt bei der Proximus Versicherung AG eine Verkehrsrechtsschutzversicherung. Er ruft bei seinem Versicherungsagenten an und möchte wissen, ob er und seine Frau als Mieter eines Pkw im dreiwöchigen Italienurlaub Versicherungsschutz genießen.**
Geben Sie Herrn Tracht Auskunft.

3. **Nils Hopp ist langjähriger Kunde der Proximus Versicherung AG und wünscht sich eine Rechtsschutzversicherung für den privaten und beruflichen Bereich. Aus dem Vertragsspiegel entnehmen Sie, dass Herr Hopp als angestellter Frisör tätig ist. Im Beratungsgespräch erklärt er Ihnen, dass er nebenbei einer gewerblichen Tätigkeit mit einem Jahresumsatz von 7.000,00 € nachgeht.**
Prüfen Sie die Aussagen bezüglich des Versicherungsschutzes von Herrn Hopp. Kreuzen Sie die richtige Aussage in der rechten Tabellenspalte an.

Nach den ARB 2021 ist eine Absicherung des privaten und beruflichen Bereichs möglich, da die selbstständige Tätigkeit einen Jahresumsatz von 10.000,00 € nicht überschreitet.	
Nach den ARB 2021 ist nur eine Absicherung des privaten Bereichs möglich.	
Eine Absicherung ist nach den ARB 2021 nicht möglich, da Herr Hopp eine selbstständige Tätigkeit ausübt.	
Eine Absicherung nach den ARB 2021 ist möglich, wobei die selbstständige Tätigkeit ausgeschlossen ist.	

4. **Kreuzen Sie in der rechten Tabellenspalte die Lebensbereiche an, für die in der Rechtsschutzversicherung eine Wartezeit von drei Monaten besteht.**

Arbeitsrechtsschutz	
Rechtsschutz im Vertrags- und Sachenrecht	
Schadenersatzrechtsschutz	
Wohnung- und Grundstücksrechtsschutz	
Strafrechtsschutz	
Steuerrechtsschutz vor Gerichten	

5. **Der Kunde Rainer Heß ruft bei einem Mitarbeiter der van Bloemen Agentur der Proximus Versicherung AG an. Er teilt diesem mit, dass er sich vor zehn Tagen ein neues Auto gekauft hat, das auch schon auf ihn zugelassen ist. Außerdem erklärt er, dass er den bisherigen (versicherten) Pkw wahrscheinlich in den nächsten Tagen verkaufen möchte. Da dies noch ungewiss ist, möchte er wissen, ob für beide Pkw die abgeschlossene Verkehrsrechtsschutzversicherung greift. Aus der Vertragsakte ergeben sich die Daten (Auszüge).**

Versicherungsnehmer	**Rainer Heß**
Wohngebäudeversicherung Nr.	WG 350-489-975
Hausratversicherung Nr.	HR 140-785-248
Kfz-Versicherung Nr.	KF 810-753-445
Rechtsschutzversicherung Nr.	RS 650-479-697
Anschrift	An der Welt 87, 97586 München

Rechtsschutzversicherung Nr.	**RS 650-479-697**
Versicherungsbeginn	01.08.20.. (Dreijahresvertrag)
Versicherte Lebensbereiche	Privat-, Berufs- und Verkehrsrechtsschutz
Tarif	Singleversicherung (Normaltarif)
Fahrzeug	Pkw, Kennzeichen M FR 751
Tarifprämie	137,72 € + 24,94 € + 73,34 €
Beitragskonto	ausgeglichen
Aktennotiz	vorhanden, in Bearbeitung

Aktennotiz
Kunde hat sich telefonisch gemeldet. Er hat sich ein neues Auto gekauft. Angebot zur Kfz-Versicherung ist in Arbeit. Rechtsschutzvertrag wegen Fahrzeugwechsel prüfen und Kunden informieren.

Informieren Sie Herrn Heß entsprechend.

6. **Der Mitarbeiter der Agentur Kunz der Proximus Versicherung AG erhält eine E-Mail des Versicherungsnehmers Paul Hildebrandt (Auszug).**

Sehr geehrte Damen und Herren,

seit drei Monaten lebe ich jetzt mit meiner neuen Lebensgefährtin zusammen. Da sie bei mir eingezogen ist, stellt sich mir die Frage, ob wir etwas an meiner Hausratversicherung verändern müssen.

Außerdem besitzt meine Lebensgefährtin eine preisgünstige Rechtsschutzversicherung bei der Pfefferminzia Versicherung AG. Diese würden wir gerne behalten, da sie ein wenig günstiger ist, als mein bei der Proximus Versicherung AG bestehender Vertrag. Somit möchte ich meine Rechtsschutzversicherung bei Ihnen kündigen.

Bitte setzen Sie sich hierzu mit mir in Verbindung.

Mit freundlichen Grüßen

Paul Hildebrandt

Erörtern Sie Herrn Hildebrandt die Rechtslage.

7. **In einem Beratungsgespräch zur Umstellung eines Kfz-Versicherungsvertrages mit der Kundin Alexandra Köchling offenbart diese ihrem Versicherungsagenten, dass sie zurzeit große Schwierigkeiten mit ihrem Arbeitgeber hat. Dieser hat von Frau Köchling zum wiederholten Mal eine noch größere Leistungsbereitschaft gefordert. Frau Köchling fühlt sich schikaniert und sieht sich nicht in der Lage, die übertriebenen Anforderungen ihres Arbeitgebers zu erfüllen. Seitdem droht ihr ihr Arbeitgeber mit einer fristlosen Kündigung.**
Laut Vertragsspiegel besitzt Alexandra Köchling eine Privat-, Arbeits- und Verkehrsrechtsschutzversicherung.
Erklären Sie Frau Köchling, wie sie in dieser Angelegenheit abgesichert ist.

8. **Der Mitarbeiter einer Agentur der Proximus Versicherung AG erhält eine E-Mail seines Kunden Raphael Pitt (Auszug).**

Sehr geehrte Damen und Herren,

hiermit möchte ich Ihnen mitteilen, dass meine Ehefrau Sabrina Pitt letzten Monat ausgezogen ist. Daher bitte ich Sie, sie als versicherte Person aus meiner Unfallversicherung zu entfernen.

Außerdem bitte ich Sie um eine Bestätigung zur Kostenübernahme durch meine Privatrechtsschutzversicherung, da ich mich jetzt von meiner Ehefrau scheiden lassen möchte.

Mit freundlichen Grüßen

Raphael Pitt

9. **Die Versicherungsnehmerin Frau Claudia Meyer erwirbt in Köln eine Eigentumswohnung in bester Lage. Die Wohnung befindet sich in einem Altbau. Zwei Wochen nach dem Einzug in die neue Wohnung stellt Frau Meyer fest, dass sich in zwei von fünf Räumen unter der Tapete Schimmel gebildet hat. Frau Meyer ist der Meinung, dass der Veräußerer der Wohnung sie auf den Schimmel hätte hinweisen müssen und sie arglistig getäuscht hätte. Im Kaufvertrag wurde eindeutig festgehalten, dass sich die Wohnung in einem schimmelfreien Zustand befindet. Ein Gutachter, der von Frau Meyer beauftragt wurde, stellte in seinem Gutachten fest, dass die Beseitigung des Schimmels rund 30.000,00 € kosten würde.**
Frau Meyer hat bei der Proximus Versicherung AG eine Privatrechtsschutz- sowie eine Wohnung- und Grundstücksrechtsschutzversicherung.
Kreuzen Sie die hierzu richtige Aussage in der rechten Tabellenspalte an.

Die Rechtsschutzversicherung wird nicht leisten, da der Erwerb von Immobilien nicht versichert ist.	
Es besteht Versicherungsschutz über die Leistungsart Wohnungs- und Grundstücksrechtsschutz.	
Es besteht Versicherungsschutz über die Leistungsart Vertrags- und Sachenrechtsschutz.	
Es besteht Versicherungsschutz über die Leistungsart Schadenersatzrechtsschutz.	

10. **Der Versicherungskunde Martin Lom veranstaltete zu seinem 50. Geburtstag eine große Gartenparty. Zu diesem Anlass bestellte er extra einen DJ, der den ganzen Abend über für gute Musik und Laune sorgte. Da die Geburtstagsparty um Mitternacht herum noch in vollen Gang war und die Gäste lautstark die Songs mitsangen, verständigten die Nachbarn von Herrn Lom aufgrund der hohen Lautstärke die Polizei. Herr Lom erhielt nach einigen Tagen ein Bußgeldbescheid wegen Lärmbelästigung in Höhe von 350,00 €.**
Herr Lom möchte nun wissen, ob er sich mit seiner Rechtsschutzversicherung gegen die Zahlung des Bußgeldes wehren kann. Er besitzt bei der Proximus Versicherung AG eine Privatrechtsschutz- sowie eine Wohnung- und Grundstücksrechtsschutzversicherung.
Kreuzen Sie die hierzu richtige Aussage in der rechten Tabellenspalte an.

Herr Lom besitzt Versicherungsschutz über die Leistungsart Wohnung- und Grundstücksrechtsschutz.	
Die Proximus Versicherung AG würde die Leistung ablehnen, da die Lärmbelästigung vorsätzlich verursacht wurde.	
Es besteht Versicherungsschutz über die Leistungsart Ordnungswidrigkeitenrechtsschutz.	
Herr Lom besitzt Versicherungsschutz über die Leistungsart Schadenersatzrechtsschutz.	

11. **Frau Frauke Sebering erhält für ihre Mietwohnung in der Frankfurter Innenstadt eine Mitteilung über eine Mieterhöhung von 10 %. Der Vermieter begründet es mit dem allgemeinen Mietspiegel in Frankfurt, der sich in den letzten Jahren deutlich erhöht habe. Frau Sebering erkundigt sich bei der Verbraucherzentrale und stellt fest, dass die Miete für ihre Wohnung nach der Erhöhung um 18 % über der ortüblichen Vergleichsmiete liegt.**
Frau Sebering möchte nun wissen, ob sie sich mit ihrer Rechtsschutzversicherung gegen die Mieterhöhung wehren kann. Sie besitzt bei der Proximus Versicherung AG eine Privatrechtsschutz- sowie eine Wohnung- und Grundstücksrechtsschutzversicherung.
Kreuzen Sie die hierzu richtige Aussage in der rechten Tabellenspalte an.

Frau Sebering besitzt Versicherungsschutz über die Leistungsart Wohnung- und Grundstücksrechtsschutz.	
Die Proximus Versicherung AG wird die Leistung ablehnen, da Rechtsstreitigkeiten von Mieterhöhungen erst ab 20 % übernommen werden.	
Frau Sebering besitzt Versicherungsschutz über die Leistungsart Vertrags- und Sachenrechtsschutz.	
Es besteht Versicherungsschutz über die Leistungsart Ordnungswidrigkeitenrechtsschutz, da die Mieterhöhung eine Ordnungswidrigkeit des Vermieters darstellt.	

8 Leistungsumfang von Rechtsschutzversicherungen

Handlungssituation

Der Versicherungsnehmer Mark Art kommt am Montagmorgen völlig aufgelöst zu Frau Willems, Mitarbeiterin einer Agentur der Proximus Versicherung AG, und schildert einen Sachverhalt:

Herr Art: *„Guten Morgen Frau Willems."*

Frau Willems: *„Guten Morgen Herr Art. Wie geht es Ihnen?"*

Herr Art: *„Danke der Nachfrage."*

Frau Willems: *„Was kann ich für Sie tun?"*

Herr Art: *„Ich habe am Samstag einen Brief eines Anwaltes aus London bekommen. Können Sie sich noch an meinen Autounfall vor drei Monaten erinnern?"*

Frau Willems: *„Ein Moment bitte, Herr Art. Ich öffne kurz ihre Vertragsakte."*

Frau Willems öffnet an ihrem Notebook die Vertragsakte (Auszug).

Versicherungsnehmer	**Mark Art**
Kfz-Versicherung Nr.	KF 880-539-342
Rechtsschutzversicherung Nr.	RS 320-975-110
Anschrift	Marktplatz 9, 47906 Kempen
Geburtsdatum	23.04.1960
Familienstand	verheiratet

Rechtsschutzversicherung Nr.	**RS 320-975-110**
Versicherungsbeginn	01.01.20..(Dreijahresvertrag)
Versicherte Lebensbereiche	Privat-, Berufs- und Verkehrsrechtsschutz
Tarif	Singleversicherung (Normaltarif)
Fahrzeug	Pkw, Kennzeichen KK TB 265
Tarifprämie	137,72 € + 24,94 € + 73,34 €
Beitragskonto	ausgeglichen
Aktennotiz	vorhanden

Aktennotiz
Kunde hatte Kfz-Auffahrunfall im Ausland. Kfz-Schaden beglichen. Da Fahrer der Gegenseite verletzt wurde, kann eventuell RS in Anspruch genommen werden.

Frau Willems: *„Ja. Den Schaden des Auffahrunfalles haben wir komplett beglichen."*

Herr Art: *„Jetzt möchte mich der Unfallbeteiligte auf Schmerzensgeld verklagen."*

Frau Willems: *„Keine Sorge, Herr Art."*

Herr Art: *„Was kann ich denn jetzt tun?"*

Informationen zum Lösen der Handlungsaufgaben finden Sie im Lehrbuch „Alles versichert – Kaufmann/Kauffrau für Versicherungen und Finanzanlagen, 1. Ausbildungsjahr", in Lernfeld 5 Teil B alle Kapitel, besonders Kapitel 8.

Handlungsaufgaben

1. **Erläutern Sie, welche Möglichkeiten dem Versicherungsnehmer im Rahmen der Allgemeinen Bedingungen für die Rechtsschutzversicherung geboten werden.**

2. **Beschreiben Sie die Problematik, die sich ergibt, wenn die Gerichtsverhandlung in London stattfindet.**

3. **Stellen Sie dar, unter welchen Voraussetzungen die Kosten eines Korrespondenzanwalts oder einer Korrespondenzanwältin für einen inländischen oder ausländischen Rechtsschutzfall übernommen werden.**

a) **inländischer Rechtsschutzfall**

b) **ausländischer Rechtsschutzfall**

4. **Auch die Haftpflichtversicherung gewährt Rechtsschutz. Nennen Sie den Unterschied zur Rechtsschutzversicherung.**

5. **Teilen Sie Herrn Art mit, welche Kosten in seinem Fall von der Proximus Versicherung AG übernommen werden.**

1. **Herr Walter besitzt eine Privatrechtsschutzversicherung und will seine Eigentumswohnung in Düsseldorfer Bestlage verkaufen. Vorsorglich lässt er den Kaufvertrag über die Eigentumswohnung von seinem Rechtsanwalt aufsetzen. Herr Walter fragt sich, ob die Anwaltskosten von seiner Rechtsschutzversicherung übernommen werden. Kreuzen Sie die hierzu richtige Aussage in der rechten Tabellenspalte an.**

Die Kosten sind über die Leistungsart Vertrags- und Sachenrechtsschutz mitversichert.	
Es besteht kein Versicherungsschutz, da jegliche Interessenwahrnehmungen, die in ursächlichem Zusammenhang mit dem Verkauf von Immobilien stehen, ausgeschlossen sind.	
Es besteht Versicherungsschutz über die Leistungsart Wohnungs- und Grundstücksrechtsschutz.	
Es besteht kein Versicherungsschutz, da kein Versicherungsfall vorliegt.	

2. **Frau Renger besitzt eine Privatrechtsschutzversicherung und meldet sich telefonisch bei der Proximus Versicherung AG mit einem Anliegen:**

„Meine Tante ist schwer erkrankt und wir rechnen in wenigen Wochen mit ihrem Ableben. Übernimmt die Proximus Versicherung AG die Kosten für einen Anwalt, wenn ich mich über meine Erbansprüche beraten lassen möchte?"

Kreuzen Sie die hierzu richtige Aussage in der rechten Tabellenspalte an.

Die Kosten werden übernommen, da im Privatrechtsschutz die Leistungsart Beratungsrechtsschutz im Familien-, Lebenspartnerschafts- und Erbrecht enthalten ist.	
Die Kosten werden nicht übernommen, da das Ereignis, das zur Änderung der Rechtslage einer mitversicherten Person führt (hier Todesfall der Tante), noch nicht eingetreten ist.	
Die Kosten werden übernommen, allerdings nur bis zu einem Betrag von 250,00 €.	
Die Kosten werden nicht übernommen, da Beratungsleistungen bei der Proximus Versicherung AG grundsätzlich nicht versichert sind.	

3. **In der Agentur Kleindyk der Proximus Versicherung AG geht eine E-Mail ein (Auszug).**

Hallo Herr Kleindyk,

vor einigen Wochen habe ich mir einen gebrauchten Pkw bei einem Gebrauchtwagenhändler gekauft. Wenige Tage nach der Zulassung musste ich feststellen, dass das Fahrzeug nicht die angegebene Höchstgeschwindigkeit erreicht und der Motor demnach wohl nicht seine Höchstleistung erbringt, wie der Händler gesagt hatte. Ich möchte jetzt von dem Gebrauchtwagenhändler eine Preisminderung erhalten. Dieser weigert sich, da aus seiner Sicht der Motor völlig intakt ist.

Muss ich mich mit dieser Aussage zufrieden geben, oder kann ich über meine Rechtsschutzversicherung etwas bewirken?

Bitte rufen Sie mich diesbezüglich einmal an.

Mit freundlichen Grüßen

Ben Hummel

Auszug aus der Vertragsakte

Versicherungsnehmer	**Ben Hummel**
Kfz-Versicherung Nr.	KF 880-652-654-017
Rechtsschutzversicherung Nr.	RS 320-843-290
Anschrift	Theaterplatz 72, 49090 Osnabrück
Geburtsdatum	16.11.1979
Familienstand	Single

Rechtsschutzversicherung Nr.	**RS 320-843-290**
Versicherungsbeginn	01.02.20.. (Dreijahresvertrag)
Versicherte Lebensbereiche	Privat-, Berufs- und Verkehrsrechtsschutz
Tarif	Singleversicherung (Normaltarif)
Fahrzeug	Pkw, Kennzeichen OS BH 1979
Tarifprämie	137,72 € + 24,94 € + 73,34 €
Beitragskonto	ausgeglichen
Aktennotiz	keine

Erläutern Sie, ob Herr Hummel Versicherungsschutz besitzt oder sich mit der Ablehnung der Preisminderung zufrieden geben muss.

4. **Matthias Heine befindet sich mit ein paar Freunden im Fußballstadion seines Lieblingsvereins. Als er in der Halbzeit zurück zur Tribüne möchte, touchiert er versehentlich einen gegnerischen Fan, der zu Boden stürzt und dann die Treppe der Stadiontribüne hinunter fällt. Dabei bricht sich dieser ein Bein und erleidet leichte Verletzungen am Arm und am Kopf. Aufgrund dessen wird Matthias Heine von dem gegnerischen Fan wegen vorsätzlicher Körperverletzung angezeigt. Es kommt zu einer Gerichtsverhandlung und Herr Heine wird in der ersten Instanz wegen vorsätzlicher Körperverletzung verurteilt. Im anschließenden Berufungsverfahren wird er wegen fahrlässiger Körperverletzung verurteilt.**
Prüfen Sie, ob die bei der Proximus Versicherung AG bestehende Privatrechtsschutzversicherung die Kosten, die dem Versicherungsnehmer für die Verteidigung vor Gericht entstanden sind, übernimmt.

5. **In der Abteilung Rechtsschutz-Schaden geht eine E-Mail ein (Auszug).**

Sehr geehrte Damen und Herren,

mein vierjähriger Sohn Dennis hat vor kurzem das Fahrradfahren gelernt. Leider meint mein Nachbar jetzt Schadenersatz von mir zu verlangen, da mein Sohn beim Fahrradfahren gegen sein geparktes Auto gefahren wäre und einen Lackschaden verursacht hätte. Ich war bei dem Vorfall leider nicht dabei. Ich besitze bei Ihnen eine Rechtsschutzversicherung.

Werden Sie die Schadenersatzansprüche abwehren?

Mit freundlichen Grüßen

Julia Mackenburg

Beurteilen Sie die Rechtslage.

11 Kundenberatungsgespräche in der Rechtsschutzversicherung

Handlungssituation

Leo Wagner, Mitarbeiter einer Agentur der Proximus Versicherung AG, ist zu einem Kundenberatungsgespräch zu seiner Kundin Martina Theis gefahren. Frau Theis hatte angerufen und um eine Beratung zum Thema Rechtsschutzversicherung gebeten.

Frau Theis ist verwitwet und hat zwei Kinder, Mark (17 Jahre) und Jorden (21 Jahre). Die Kundin besitzt keinen Führerschein und keinen Pkw. Ihr ältester Sohn Jorden, der seit einem Jahr in München studiert, hat vor kurzem seinen Führerschein der Klasse B erworben und benutzt den Pkw seiner Freundin. Frau Theis ist vor einigen Wochen in ihre neue Eigentumswohnung gezogen, die sie zusammen mit ihrem jüngsten Sohn bewohnt. Allerdings hat sie ein Zimmer an ihren Neffen vermietet, da dieser in der Nähe eine Ausbildung begonnen hat. Zurzeit ist Frau Theis noch Hausfrau, jedoch möchte sie demnächst wieder in ihrem alten Beruf als Erzieherin arbeiten.

Aus der Vertragsakte ergeben sich als Informationen (Auszug):

Versicherungsnehmerin	**Martina Theis**
Privathaftpflichtversicherung Nr.	PH 810-352-649
Hausratversicherung Nr.	HR 310-445-854
Anschrift	Vierkant Straße 17, 48143 Münster
Geburtsdatum	06.09.1978
Familienstand	verwitwet

Informationen zum Lösen der Handlungsaufgaben finden Sie im Lehrbuch „Alles versichert – Kaufmann/Kauffrau für Versicherungen und Finanzanlagen, 1. Ausbildungsjahr“, in Lernfeld 5 Teil B alle Kapitel, besonders Kapitel 11.

Handlungsaufgaben

1. **Geben Sie an, wie Sie angesichts der gegebenen Informationen bei Frau Theis vorgehen möchten.**

2. **Unterbreiten Sie Frau Theis ein bedarfsgerechtes Angebot für eine Rechtsschutzversicherung und erläutern Sie ihr die einzelnen Bestandteile des Angebots.**

3. **Überlegen Sie sich, welche weiteren Versicherungssparten Sie bei Frau Theis ansprechen könnten.**

4. Führen Sie das Kundenberatungsgespräch und nutzen Sie dabei Ihre/-n Tischnachbarn/-in als Kunden/-in. Wechseln Sie sich danach ab. Der Rest der Klasse sollte die Gespräche beobachten und anschließend sollten alle Gespräche in der Klasse diskutiert und beurteilt werden.

Bildquellenverzeichnis

fotolia.com, New York: contrastwerkstatt 132.1; FM2 45.1; Fotosenmeer.nl 221.1; Jeanette Dietl 198.1; Kneschke, Robert 9.3; Mainka, Markus 284.1.
Gerner, Melanie, Krefeld: 267.1, 267.2, 268.1.
stock.adobe.com, Dublin: Asier 70.1, 70.3; auremar 236.1; BillionPhotos.com 272.1; Blue Planet Studio 159.1; contrastwerkstatt 7.1, 36.1, 56.1; Cookie Studio 70.2, 70.4; DDRockstar 230.1; dp@pic 102.1; Drazen Titel, Titel; Ernst, Daniel 9.2; fotomek 50.1; fotomowo 23.1; Kitty 30.1; Lin, Dada 9.1; MQ-Illustrations 34.1; nico99 299.1; perawit 162.1; Povozniuk, Maksym 112.1; Vladychenko, Pavel 58.1; Yang, Stefan 39.1.

Abkürzungsverzeichnis

AG	Aktiengesellschaft
AGlB	Allgemeine Bedingungen für die Glasversicherung
AHB	Allgemeine Versicherungsbedingungen für die Haftpflichtversicherung
AKB	Allgemeine Bedingungen für die Kfz-Versicherung
ALB	Allgemeine Bedingungen für die kapitalbildende Lebensversicherung
AMG	Arzneimittelgesetz
ARB	Allgemeine Rechtsschutzversicherungs-Bedingungen
AtG	Atomgesetz
AUB	Allgemeine Unfallversicherungs-Bedingungen
AVB	Allgemeine Versicherungsbedingungen
B2B	Business-to-Business
B2C	Business-to-Consumer
BaFin	Bundesanstalt für Finanzdienstleistungsaufsicht
BBG	Beitragsbemessungsgrenze
BBiG	Berufsbildungsgesetz
BDSG	Bundesdatenschutzgesetz
BetrVG	Betriebsverfassungsgesetz
BewG	Bewertungsgesetz
BGB	Bürgerliches Gesetzbuch
CAC	Customer Acquisition Costs
CLV	Customer Lifetime Value
CRM	Customer Recovery Management
DGB	Deutscher Gewerkschaftsbund
DSB	Datenschutzbeauftragter
DSGVO	Datenschutz-Grundverordnung
ELStAM	Elektronische Lohnsteuerabzugsmerkmale
ELSTER	Elektronische Steuererklärung
EStG	Einkommensteuergesetz
eTin	elektronische Transfer-Identifikations-Nummer
EWR	Europäischer Wirtschaftsraum
FB	Formeller Beginn
GDV	Gesamtverband der Deutschen Versicherungswirtschaft
GewO	Gewerbeordnung
GG	Grundgesetz
GmbH	Gesellschaft mit beschränkter Haftung
HaftPflG	Haftpflichtgesetz
HGB	Handelsgesetzbuch
IHK	Industrie- und Handelskammer
JArbSchG	Jugendarbeitsschutzgesetz
JAV	Jugend- und Auszubildendenvertretung
KPI	Key Performance Indicators
LuftVG	Luftverkehrsgesetz
MB	Materieller Beginn
PflVG	Gesetz über Pflichtversicherung für Kraftfahrzeughalter
ProdHaftG	Produkthaftungsgesetz
p. r. t.	pro rata temporis (= anteilmäßig auf einen bestimmten Zeitablauf bezogen)
ROI	Return on Investment
SB	Selbstbeteiligung
StGB	Strafgesetzbuch
StVG	Straßenverkehrsgesetz
TB	Technischer Beginn
UmweltHG	Umwelthaftungsgesetz
UWG	Gesetz gegen den unlauteren Wettbewerb
VAG	Versicherungsaufsichtsgesetz
VdS	Verband der Sachversicherer
VDZ	Vorläufige Deckungszusage
VersStG	Versicherungsteuergesetz
VersVermV	Versicherungsvermittlungsverordnung
VGB	Verbundene Gebäudeversicherungs-Bedingungen
VHB	Verbundene Hausratversicherungs-Bedingungen
VN	Versicherungsnehmer/-in
VomVO	Verfahrensordnung des Versicherungsombudsmanns
VR	Versicherer
VS	Versicherungssumme
VVaG	Versicherungsverein auf Gegenseitigkeit
VVG	Versicherungsvertragsgesetz
VVG-InfoV	Verordnung über die Informationspflichten bei Versicherungsverträgen
VW	Versicherungswert
WHG	Wasserhaushaltsgesetz